现代酒店管理与市场营销新拓展

颜家楠 / 著

中国商业出版社

图书在版编目（CIP）数据

现代酒店管理与市场营销新拓展 / 颜家楠著. -- 北京 : 中国商业出版社, 2022.12
ISBN 978-7-5208-2424-8

Ⅰ. ①现… Ⅱ. ①颜… Ⅲ. ①饭店—商业企业管理—研究 Ⅳ. ①F719.2

中国版本图书馆CIP数据核字(2022)第244289号

责任编辑：杜　辉

中国商业出版社出版发行
（www.zgsycb.com　100053　北京广安门内报国寺1号）
总编室：010-63180647　编辑室：010-83118925
发行部：010-83120835/8286
新华书店经销
天津和萱印刷有限公司印刷

*

787毫米 × 1092毫米　16开　15 印张　300千字
2023年 6 月第 1 版　2023年 6 月第 1 次印刷
定价：68.00 元

* * * *

（如有印装质量问题可更换）

前　言

服务质量是酒店的生命线，服务工作是酒店的中心工作。没有过硬的产品、优质的服务、有效的酒店管理体系、训练有素的员工，酒店将无法在日趋激烈的竞争中占有一席之地。因此，对酒店管理进行深入的研究，不仅有利于提升酒店的服务质量，对于提高酒店经营效益、增强酒店竞争力也具有十分重要的作用。

酒店是典型的顾客导向型企业，顾客因素对酒店的创新和成长有着不容忽视的影响。顾客在日趋成熟和理性的过程中，其需求呈现出多元化发展趋势，因此要提高酒店成长性，必然离不开强化服务创新。在当今时代发展背景下，顾客和酒店之间是一种相互影响的关系，把顾客融入服务创新过程中，实践开放式服务创新，是酒店获取竞争优势、促进成长的重要途径。

在当今激烈的市场竞争中，谁掌握了有效的营销手段，谁就能在竞争中处于不败之地；谁的营销手段胜出一筹，谁就能在竞争中独占鳌头。可以说，成功的市场营销是快捷型酒店处于不败之地的有力保障。

营销不仅仅是指狭义上的销售，而是企业通过市场调查之后，准确发现或挖掘出消费者的需求，从整体氛围和自身产品形态的营造方面去推广和销售产品的内涵，使其切合消费者的需求，让消费者深刻了解该产品，进而购买的过程。

基于此，本书从现代酒店管理基础理论介绍入手，对现代酒店财务管理、现代酒店业务及顾客关系管理和现代酒店信息系统及安全管理进行了研究，对现代酒店品牌管理、现代酒店个性化服务管理做了一定的介绍，还对现代酒店营销环境、现代酒店市场营销策略和现代酒店促销策略做了简要分析，旨在摸索出一条适合现代酒店管理与市场营销工作创新的科学道路，帮助酒店工作者在实际工作中少走弯路，运用科学方法，提高效率。

本书在编写的过程中，参考了许多前辈和同人的研究成果，在此一并表示感谢。由于作者水平有限，书中难免存在不足之处，恳请广大读者和各界朋友不吝赐教。

目 录

第一章

现代酒店管理基础理论

第一节　酒店基本概念与内涵

一、酒店的概念

人们出门在外，都有寻求“旅途之家”以满足其休息和栖身的需求，这类专门为顾客提供临时性住宿服务的行业，通常称之为住宿业。在我国的现代日常用语体系中，酒店、宾馆、旅馆、旅店、旅社、旅舍、招待所等都是常见的住宿业企业称呼，它们之间的主要区别在于，酒店、宾馆一般指较高档的住宿业企业，其他称呼则指相对较低档的住宿业企业。为了论述的方便，本书统一使用“酒店”作为住宿业企业的称谓。

实际上，酒店除了能够为人们提供居住场所之外，一般还可提供饮食、购物、娱乐、安全保障等其他综合性服务。因此，被视作“短期房产租赁”和“旅行生活服务”的综合体。概括地讲，酒店就是以一定的建筑设施为平台，为人们提供住宿、饮食、购物、娱乐及其他服务，并由此取得收入的企业。

关于酒店的上述界定，突出了酒店的两大特性，即服务性与企业性。酒店的服务性体现在其产品的使用价值中包含大量的服务性劳务价值，并且这种服务性劳务价值在其产品价值构成中占据主体地位，直接通过酒店员工向顾客提供的服务劳动实现。酒店的企业性则表现为它是依法自主经营、自负盈亏、独立核算的商品生产和销售的经济组织，追求市场中经济效益的最大化是酒店与其他类别企业的共性。

二、酒店的功能

酒店的服务水平是衡量一个国家或地区综合接待能力的重要标志之一，其数量规模和档次结构直接表征着该国家或地区的整体形象和经济发展水平。酒店的功能具体表现在以下四个方面。

（一）酒店是国家创汇的贡献者

一些大型酒店大多具有涉外性质，其境外目标市场主要包括有较高社会地位或政治地位的知名人士和入境旅游者，他们一般具有较强的消费能力。涉外酒店通过为这类顾客提供各种高档服务，可以获取非常可观的外汇收入。

（二）酒店是解决就业的抓手

酒店属于劳动密集型企业，具有很强的就业吸纳能力和产业关联带动能力，可以直接或间接地解决相当数量人员的就业问题，社会效益显著。根据有关机构测算，酒店每增加一间客房，就可为社会提供1～3个直接就业岗位和3～5个间接就业机会。

（三）酒店是旅游业发展的物质基础

酒店是旅游业发展不可或缺的物质基础，缺乏适量酒店的依托，任何一个地方要想发展旅游业都是不切实际的。作为旅游业“三大支柱”之一，酒店不仅是较为理想的食宿场所，它同时还能为广大游客提供娱乐、购物、保健、订票等多种服务，以满足现代旅游者日益多元化的需求。

（四）酒店是多元交流的重要场所

酒店往往是文化、科学、技术交流和社会交往的中心。许多新闻发布会、学术研讨会、产品推介会等都会在酒店举行，尤其是一些国际性的盛会，吸引着来自五湖四海的宾客到访，极大地促进了文化艺术和科学技术的交流。同时，酒店提供的幽雅环境，如咖啡厅、茶坊和娱乐场所等也促进了社交活动的发展。

三、酒店的类型

酒店发展到一定时期必然会出现类型众多的局面，于是就产生了对其进行分类的需要。通过对酒店的分类，不仅能够方便其市场定位，同时也有利于酒店产品的推销和在同类酒店之间进行比较。酒店通常有以下四种划分标准。

（一）根据酒店特色和客人特点划分

商务型酒店：指为那些从事企业活动的商务旅行者提供住宿、饮食服务和商业活动场所及有关设施的酒店。

度假型酒店：指为度假旅客提供住宿、餐饮、娱乐、休闲服务和各种交际活动场所的酒店。

会议型酒店：指主要接待对象为各种会议团体的酒店。

长住型酒店：指主要接待常住或长期居住的商务性、度假性客人或者家庭的酒店。

汽车酒店：指设在公路旁，主要为自备汽车进行旅游的客人提供食宿等服务的酒店。

（二）根据酒店计价方式划分

欧式计价酒店：这种酒店的客房价格仅包括房租，不含食品、饮料等其他费用。世界上绝大多数酒店均属此类。

美式计价酒店：这种酒店的客房价格包括房租和一日三餐的费用。目前，尚有一些地处偏远的度假型酒店仍属此类。

修正美式计价酒店：这种酒店的客房价格包括房租和早餐以及午餐或晚餐的费用，以便宾客有较大的自由时间安排白天的活动。

欧陆式计价酒店：这种酒店的客房价格包括房租及一份简单的欧陆式早餐，即咖啡、面包和果汁。此类酒店一般不包括餐厅。

百慕大式计价酒店：这种酒店的客房价格包括房租及美式早餐的费用。

（三）根据酒店等级与档次划分

国际上，一般将酒店分为五个等级，用星号“☆”（或字母“A”）的数目来表示，称之为星级，星数越多表明酒店档次越高。

一星级酒店：最低星级的酒店。设备简单，提供食、宿两项最基本的酒店产品，能满足旅客基本的旅行需要，设施和服务符合国际流行的基本水平。

二星级酒店：较低星级的酒店。设备一般，除食、宿基本设施外，还设有简单的小卖部、邮电、理发等便利设施，服务质量较好。

三星级酒店：中等星级的酒店。设备齐全，有多种综合服务设施，服务质量较高。

四星级酒店：较高星级的酒店。设备豪华，服务设施完善，服务项目齐全，服务质量优秀。

五星级酒店：最高星级的酒店。其设备、设施、服务项目设置和服务质量均达到世界酒店业的最高水平。

需要指出的是，即使国际上按照等级档次一般都将酒店划分为五个星级，但实际上并不存在一个统一通行的酒店等级“国际标准”，各国都是根据自己的国情来制定酒店等级标准并进行星级评定。也有一些顶尖的酒店超越了“五星”的概念，如位于阿联酋迪拜的阿拉伯塔大酒店就享有“七星级”酒店的称誉。

（四）根据酒店经济性质划分

这是我国特有的一种酒店分类方法，可分为国营经济酒店、私营经济酒店、联营经济酒店、股份制经济酒店、中外合资经济酒店、外商投资经济酒店、港澳台投资经济酒店等。

（五）根据酒店规模大小划分

按照酒店的规模，即房间数量，可以将酒店划分为大型、中型和小型。通常，大型酒店是指拥有600间以上客房的酒店，中型酒店是指拥有300间至600间客房的酒店，少于300

间客房的酒店则为小型酒店。

此外，随着社会的变化与发展，酒店类型也日趋多元。“新常态”的提出，促进了经济型酒店的蓬勃发展；消费者需求的多元化趋势，使得主题酒店、民宿等类型的酒店越来越受到广大消费者的青睐。

主题酒店是以某一特定的主题，来体现酒店的建筑风格和装饰艺术，体现特定文化氛围，让顾客获得富有个性的文化感受，与此同时，也将服务项目融入主题，以个性化的服务取代刻板的服务，使顾客获得欢乐、知识与刺激。

民宿是一种私人经营的小型家庭旅馆，通常房间不如商务旅馆多，也不一定有接待柜台与穿着制服的服务人员。与旅馆不同的是，民宿通常没有先进的网络订房系统、刷卡等服务，且清扫、订房、接待客人等服务也往往都是由主人与其家人负责。民宿也许没有高级奢华的设施，但它能让人体验当地风情、感受民宿主人的热情与服务、体验有别于以往的生活，因此当下受到很多人的追捧。在我国很多地区，如台湾、云南都十分盛行原住民宿。酒店业竞争的不断加剧，也在不断丰富着酒店的类型。

第二节　酒店管理概念与内涵

一、酒店管理的概念

酒店管理是酒店经营与管理的简称，既包括经营，又包括管理，两者既有联系又有区别。经营属于商品经济特有的范畴，面向的是外部市场，是以商品生产和交换为手段，使酒店的内部条件与外部环境达到动态平衡的一系列有组织、有计划的经济活动。管理则侧重于酒店内部，是指酒店管理者针对酒店的业务特点，对所拥有和能够支配的人力、物力、财力、信息、知识等资源加以优化配置和有效整合，以期用最小投入获取最大收益的经济活动。可见，酒店的经营和管理相辅相成、密不可分，和谐地统一于酒店的各项业务活动中。

基于上述认识，可以对酒店管理的概念做出如下表述：酒店管理是指酒店管理者在进行市场需求分析的基础上，为了有效地实现酒店预定的综合目标，根据酒店具备的经营条件和所处的经营环境，遵循一定原则，运用多种方法，对酒店的各种生产要素进行决策、计划、组织、领导、协调、控制、激励、督导、创新等一系列活动的总和。这一概念将酒店管理的目标、对象与职能集于一体，充分展示了酒店管理丰富的内涵。

酒店管理既定目标的实现程度是衡量酒店管理成效的主要依据，这些目标包括经济效益目标、社会效益目标和生态效益目标，酒店管理谋求的是三大效益目标的有机统一。酒店管理的对象是酒店管理者在管理过程中可以凭借的各种生产要素，如人力资源、物力资源、财力资源、信息资源等，其中人力资源最为重要。酒店管理的职能是管理者与酒店实体相联系的纽带，计划、组织、控制、领导、创新是酒店管理的核心职能，而酒店管理的本质在于管理者能够科学地执行这些管理职能。

二、酒店管理的特征

酒店管理的特征是由其产品特性和顾客需求共同决定的，主要有以下四个方面。

（一）酒店管理的系统性

人们常说“酒店就是一个小社会”，足见对其进行管理是一项复杂的系统工程。由于顾客对酒店产品的感知贯穿于从抵店至离店的全过程，涉及多部门、多环节、多岗位的服务细节，任何一个细枝末节出现失误，都将导致顾客的不满。因而酒店管理必须着眼于酒店本身的系统性，恰当地处理好整体与局部、局部与局部之间的关系，从而取得最佳的综合管理效益。

（二）酒店管理的服务性

酒店管理的服务性包含两层意思：一是酒店管理过程中应始终渗透着服务理念，即“员工是为顾客服务的，而管理人员则是为员工服务的”，以此来调动基层员工工作的积极性和主观能动性；二是酒店管理的重点落脚于为顾客提供的服务产品的质量，管理过程中必须严格督控服务员按照酒店的服务标准与程序，提供使顾客满意的服务产品。服务管理不仅是酒店管理的重头戏，也是酒店管理的特色之一。

（三）酒店管理的前瞻性

不同于人们日常的衣食住行等基本生活需求，酒店需求是一种非基本的派生需求，人们住店往往是因为公务出差或外出旅游度假而附带产生的住宿需求，因而当地的经济和旅游发展态势将决定酒店业的发展水平。所以，酒店管理必须具有高度的预见性和先进性，应正确把握当地的经济发展趋势，制定科学合理的经营战略，同时还要注意引导消费、创造需求，从而有效地扩大市场。

（四）酒店管理的多变性

酒店开门迎宾，客人来源与层次千差万别，文化背景各不相同，需求偏好因时因人而异，给服务工作提出了较高的要求。同时，酒店员工的情况也是多样且变化着的，员工素质不尽相同，针对同一项服务，不同的员工会有不同的服务质量，即使是同一位员工，在不同的情绪状态下也会有不同的服务效果。因此，酒店必须能够适应多变的管理环境，视客人和员工的变化情况，积极实施各种相应的管理措施。

三、酒店管理的形式

根据经营管理主体的差异，酒店管理存在自主管理、委托管理、参与管理、顾问管理、租赁管理、特许管理等多种形式。它们本身并无好坏之分，酒店应该本着从实际出发的原则恰当地选择行之有效的管理形式。

（一）自主管理

自主管理是由酒店业主自行组织酒店领导班子的管理形式，我国大多数酒店都采取这种管理形式。具体做法是酒店业主任命本系统的人员，或招聘、调进外部职业经理人担任总经理、副总经理及其他高层管理人员，然后再由他们面向社会招聘或在系统内部调配中、基层管理人员。自主管理酒店的经营者通常有以下几种情况：一是业主自己经营管理，很多民营酒店即采取这种方式；二是经营者与业主在行政上有上下级关系，如国有酒店委任的总经理；三是由外聘职业经理人担任总经理，他们仅受聘于该酒店；四是由业主挂名法人总经理，实际经营管理权由所聘请的副总经理来行使。

（二）委托管理

委托管理是指酒店业主通过签订管理合同、支付一定的管理费用，将酒店全权委托给专业酒店集团或管理公司管理的形式，被委托者既可以是来自国外的也可以是来自国内的。委托管理的酒店必须采用被委托酒店集团或管理公司的成熟管理模式，但可以选择是否采用该酒店集团或管理公司的名称，其中高层管理人员全部或大部分由被委托的集团或公司委派。为了提高业主方的管理能力，也有的酒店在中高层管理人员的副职岗位配备业主自己的管理人员作为后备力量，在实际工作中向正职学习管理经验，待委托合同期满后挑起独立管理的重担。

（三）参与管理

参与管理是介于自主管理和委托管理之间，将酒店的经营管理部分委托给专业酒店管理公司的一种管理形式。参与管理的酒店，其中高层管理人员由业主与管理公司共同派出。一般来说，前台管理人员由管理公司派出，后台一些部门的管理人员由业主方派出。酒店要向管理公司支付管理费，同时还须支付派出管理人员的工资。参与管理还有一种低成本运作模式，即委托有一定名望的管理专家组织一个团队进行管理，它虽然可以为酒店节省一定的管理费用，但由于受聘人员只是个人行为而没有组织保证，容易产生随意性。

（四）顾问管理

顾问管理，又称咨询管理。它是指在自主管理的基础上，聘请酒店管理专家组成智囊团对酒店的管理做咨询指导、开展检查监督、进行问题诊断、提出决策方案或临时负责酒店某一部分工作的管理形式。顾问管理既可以请管理专家个人，也可以请顾问咨询管理公司负责。与前几种管理形式相比，咨询管理人员与酒店之间的关系较为松散，不要求一定要在酒店坐班，但他们经常参与酒店的决策，有时参加店务会议和日常的业务活动，有些咨询管理人员虽无具体职务，却拥有一定的指挥权。

（五）租赁管理

租赁管理是酒店业主通过签订租赁合同，将酒店租赁给酒店管理公司或个人经营管理，从而获取租金收入的一种管理形式。在这里，酒店资产的所有权与经营权完全分离，业主不干预承租者的经营管理，但要监督承租者对资产的责任和行为及其经营的合法性。承租者享有全权管理酒店的权利，同时也必须承担按约定向业主缴纳租金的义务。租金的缴付约定通常有以下三种方式：一是承租者向业主缴纳固定租金，并承担酒店所有经营费用的支出；二是以收入分成的方式缴纳租金；三是以利润或经营毛利分成的方式缴纳租金。

（六）特许管理

特许管理就是使用特许经营权来管理酒店，它实质上是一种品牌延伸和管理模式移植的管理形式。特许经营权，代表着知名酒店集团的品牌及其管理模式，酒店向品牌酒店集团支付品牌使用费获得特许经营权后，不但可以按照该集团的管理模式和标准来管理酒店，而且还可以借助其品牌价值广泛招徕客源。我国的许多酒店在使用特许经营权时，往往还会要求对方向酒店派出管理人员帮助酒店进行经营管理，双方的共同目标是使酒店的管理能够切实达到特许经营权授予方要求的水准。

四、酒店管理的框架体系

酒店管理工作千头万绪，管理者应该在自己的意识中对酒店管理的内容形成一个明确的框架概念，即厘清思路，把握酒店管理的纲要，因循纲要来实施其管理。酒店管理纲要具体如下。

（一）酒店建筑实体

酒店建筑实体包括：

①建筑实体的外观和体量，外装修、外环境；②建筑实体的功能结构，内部布局，空间利用；③装修形成的风格特色；④建筑实体节省能源，节省活劳动和物化劳动。

（二）酒店组织

酒店组织包括：

①酒店的管理体制与组织形式；②组织结构，部门的设置和层次划分，业务范围的划分和归属，岗位的设置和确立岗位责任制，对各管理层权力的规定；③管理人员的配备，评价、选拔、确定管理人员；④分配任务，把酒店全部业务分解并分配到各部门；⑤编制定员，核定各部门各班组及酒店的全体人员；⑥形成劳动组织形式；⑦建立酒店各项制度。

（三）酒店管理的决策和计划

酒店管理的决策和计划包括：

①决策的分类和决策权限的划分，形成决策体系；②对酒店管理的各种决策进行选择并形成计划；③实施计划。

（四）服务质量管理

服务质量管理包括：

①明确服务质量的概念、含义和内容，树立牢固的质量意识；②确定酒店及各部门、各岗位的服务质量标准，制订服务质量计划；制定并实施服务规程，鼓励员工按规程服务；③灌输质量意识，建立质量控制系统、质量信息系统、服务质量考评奖惩措施等服务质量保证体系；④实施全面质量管理。

（五）业务管理

业务管理包括：

①确定业务内容。业务决策，各部门业务内容、业务范围的确定；②酒店整体业务的设计管理；③各部门具体业务的设计及部门间的业务衔接；④业务形式、业务流程的设计及管理；⑤业务信息系统，业务表单的设计、传递及管理；⑥业务运转过程的管理。

（六）人力资源开发

人力资源开发包括：

①区别于人事管理和劳动管理的人力资源开发；招收、会集各种合格人才，合理的人才流动；②对员工的分析评价，做到知人善用；③对全体人员的训练和塑造，包括思想素质训练、业务培训、形体训练等；④合理使用人才，合理使用、积极培养、从严考核；⑤劳动报酬的分配原则、形式及实施；⑥员工福利，包括大型福利、经常性福利；⑦对员工的鼓励，企业文化建设，各种激励方式的使用。

（七）财务管理

财务管理包括：

①酒店投资与负债，资金计划的制订，投资决策；②资金的筹措，投入方式与运作管理、融资管理；③资金分配，包括时间上的纵向分配，部门间的横向分配；④资金运动管理，包括固定资产、流动资金、专项基金运动管理；⑤投资回报、营业收入和利润管理；⑥成本费用的管理；⑦严格财经纪律，财务制度的管理。

（八）市场营销和公共关系

市场营销和公共关系包括：

①市场调查，市场状况和趋势，酒店的市场定位和决策；②酒店市场策略，产品设计，价格策略；③市场开拓，包括产品开拓，市场经营开拓；④对公共关系概念的把握和理解，制订公关计划；⑤公关决策和实施形象决策，公众认定，策划，公共关系活动的审定和实施，CIS的策划和实施；⑥日常工作中的公关活动，着眼长远的公关活动。

（九）设备工程管理

设备工程管理包括：

①设备设施配置、安装，投资决策，正常运行管理，设备更新改造的管理；②设备的资产管理，设备档案资料管理；③对水、电、汽、冷、暖供应的管理；④建立设备维护保养体系，建立科学的维修体系；⑤节能环保管理；⑥技术队伍和人员素质管理。

（十）物资管理

物资管理包括：

①酒店物资管理体系，包括组织系统、采购系统、供应系统、控制系统；②酒店物资决策，包括种类、等级、品牌、数量、价格、成本；③物资采购供应计划，资金计划；④物资采购、验收、进仓、管理、采购批量、采购方式；⑤物资定额管理，包括消耗定额、储备定额、资金定额；⑥仓库管理，包括进仓、堆放、保管、发放、盘点、账务。

（十一）安全保卫管理

安全保卫管理包括：

①酒店安全保卫的特点；②安全保卫系统的组织；③安全保卫工作计划；④和业务运行同步，切实做好安全保卫工作。

第三节　酒店管理理论溯源与职能体系

一、酒店管理理论溯源

（一）古典管理理论阶段

20世纪初到20世纪30年代，是管理理论形成的初始阶段，侧重于从管理职能、组织方式等方面研究效率问题，对人的心理因素考虑很少或根本不考虑。这一阶段，在美国、法国、德国分别活跃着具有奠基人地位的管理大师，即“科学管理之父”——泰勒（F.W.Taylor）、“管理理论之父”——法约尔（H.Fayol）以及“组织理论之父”——马克斯·韦伯（M.Weber）。

1.泰勒的科学管理理论

美国人弗雷德·温斯洛·泰勒出版其代表作《科学管理原理》，从此创立了科学管理理论，也标志着人类管理理论的正式诞生，其本人也被誉为“科学管理之父”。

泰勒的科学管理理论主要包括以下原理。

一是工作定额原理。泰勒认为，科学管理的中心问题是提高劳动生产率。为此必须配备“第一流的工人”，即根据人的能力和天赋把他们分配到最适合的工作岗位上去，在科学实验的基础上，为他们制定出较高的劳动定额，并通过培训使他们掌握科学的工作方法，这样工人就能顺利地完成定额，提高工效。

二是标准化原理。泰勒通过一个工具标准化的实验证明，铲运工人工作时，使用按不同物料设计制作的标准铲子，将大大提高生产效率。后来这种工具的标准化原理普及到操作方法的标准化，以及工人所使用的工具、机器、材料、作业环境等的标准化上。

三是差别计件工资制。泰勒认为，要提高生产率，就要取得雇主和工人两方面的合作。而当时的付酬制度存在问题，造成雇主与工人之间的对抗，阻碍生产效率的提高。为此泰勒提出了差别计件工资制，在科学定额的前提下，采用差别计件工资制来鼓励工人完成和超额完成工作任务。这种工资制度大大提高了工人的积极性，同时由于利润的提高幅度大于工资的提高幅度，所以对雇主也是有利的，因此成为雇主和工人协调与合作的基础。

在泰勒的科学管理理论指导下，传统的经验工作方法逐渐转变为科学工作方法，管理职能同执行职能开始分离，为管理理论的进一步发展建立了基础。同时泰勒还首先提出领导的权力要与员工共享，而非加之于员工，他把这个想法叫作参与式管理。

2.法约尔的管理理论

法国人法约尔发表了他的著作《工业管理与一般管理》，标志着一般管理理论的形成，也从此确立了他的“管理理论之父”的历史地位。

法约尔的一般管理理论主要包括以下内容。

一是从企业经营活动中提炼出了管理职能。法约尔区别了经营和管理，认为这是两个不同的概念，管理包括在经营之中。他通过对企业全部活动的分析，将管理活动从经营职能（包括技术、商业、业务、安全和会计五大职能）中提炼出来，成为经营的第六项职能。同时进一步得出了普遍意义上的管理定义，即“管理是一种普遍的单独活动，有自己的一套知识体系，由各种职能构成，是管理者通过完成各种职能来实现目标的一个过程”。

二是倡导管理教育。法约尔认为管理能力可以通过教育来获得，“缺少管理教育”是由于“没有管理理论”。每一个管理者都按照自己的方法、原则和个人的经验行事，但是谁也不曾设法使那些被人们接受的规则和经验变成普遍的管理理论。

三是提出五大管理职能。法约尔将管理活动分为计划、组织、指挥、协调和控制五大管理职能，并进行了相应的分析和讨论。同时他认为管理的五大职能并不是企业管理者个人的责任，它同企业经营的其他五大活动一样，是一种分配于领导人与整个组织成员之间的工作。

四是提出14项管理原则。法约尔提出了一般管理的14项原则：劳动分工、权力与责任、纪律、统一指挥、统一领导、个人利益服从整体利益、人员报酬、集中、等级制度、秩序、公平、人员稳定、首创精神、团队精神。

3.马克斯·韦伯的组织理论

德国人马克斯·韦伯在其著作《社会和经济理论》中，提出了“理想的”行政管理体制，对古典管理组织理论做出了重大贡献，因此被称为“组织理论之父”。

韦伯主张建立一种高度结构化的、正式的、非人格化的“理想的行政组织体系”。他认为这是对个人进行强制控制的最合理手段，是达到目标、提高劳动生产率的最有效形式，而且在精确性、稳定性、纪律性和可靠性方面优于其他组织。

上述三位及其他一些先驱者创立的古典管理理论被以后的许多管理学者广泛研究和传播，并加以系统化。其中贡献较为突出的是英国的厄威克（L.F.Urwick）与美国的古利克（L.Gulick）。前者提出了他认为适用于一切组织的十条原则，后者概括提出了“POSDCRB”，即管理的七项职能——计划、组织、人事、指挥、协调、报告和预算。

（二）现代管理理论阶段

20世纪30年代到60年代，以梅奥（G.E.Mayo）为代表的一批管理学家在古典管理理论的基础上，对行为科学理论进行了集中研究，产生了许多具有代表性的、今天依然非常著名的现代管理理论成果。同时在这一时期，许多管理学者（包括社会学家、数学家、人类学家、计量学家等）都从各自不同的角度发表了自己对管理学的见解，涌现了一大批著名的现代管理理论学派。

1.行为科学理论

20世纪20年代末到30年代初，全世界曾出现经济大危机。在美国，罗斯福政府从宏观上对经济实施管制，管理学者们则开始从微观上研究“硬件”以外的造成企业效率下降的影响因素，以研究人的心理、行为等对高效率地实现组织目标（效果）的影响作用为重心的行为科学理论开始萌芽。

行为科学理论早期被称为人际关系学说。它的研究起源于以梅奥为首的美国国家研究委员会与西方电气公司合作进行的霍桑实验（1924—1932年）。该实验的结论如下。

第一，工人是“社会人”而非“经济人”。这对古典管理理论的“经济人”假设提出了异议。在此基础上，梅奥等人认为，金钱并不是刺激工人工作积极性的唯一动力，要调动工人的生产积极性，首先要从社会心理方面对工人进行鼓励。

第二，企业中存在着“非正式组织”。梅奥认为正式组织与非正式组织有着很大的区别，前者以效率准则为其行动标准，后者则出于某种感情而采取行动。因此，在认为企业中存在着“非正式组织”的基础上，梅奥指出在管理过程中不仅要依据效率逻辑，也不能忽视感情逻辑，否则非正式组织将对企业的生产效率产生负面影响。

第三，新型的领导能力在于提高员工的满意度。从社会人和非正式组织的观点来看，金钱或者刺激对于提高工人劳动生产率只能起第二位的作用，而起第一位作用的是工人的满意度。因此，新型的领导能力在于保持正式组织的经济需求与非正式组织的社会需求之间的平衡，通过增强员工满意度，提高生产和工作效率。

上述结论就形成了人际关系学说。此后，西方许多行为科学家以此为基础进行了更加深入细致的研究，包括个体行为、团体行为和组织行为三个层次。其中比较有代表性的理论主要集中在对个体行为的研究中，具体包括以下五方面。

第一，马斯洛（A.H.Maslou）的需求层次激励理论。他认为人的需求分为生理的需求、安定或安全的需求、社交和爱情的需求、自尊与受人尊重的需求以及自我实现的需求等五个层次，当某一层次的需求满足之后，该需求就不再具有激励作用。在任何时候，主管人员都必须随时了解和正确对待人们的各种需求。

第二，赫茨伯格（F.Herzberg）的双因素激励理论。他把影响人员行为绩效的因素分为“保健因素”与“激励因素”。前者指“得到后则没有不满，得不到则产生不满”的因素，后者指“得到后则感到满意，得不到则没有不满”的因素。主管人员必须抓住能促使职工满意的因素。

第三，麦克莱兰（D.C.Macleland）的成就需求激励理论。他指出任何一个组织及每个人都代表了为实现某种目标而集合在一起的工作群体，不同层次的人具有不同的成就需求。因此，主管人员要根据不同人的不同需求来实施激励，尤其应设法提高人们的成就需要。

第四，麦格雷戈（D.M.McGregor）的“X理论—Y理论”的人性问题理论。他把传统的“经济人”假设概括为X理论，认为人的本性是懒惰的，组织要完成目标必须对工人加强管制和监督。而Y理论是根据“社会人”“自我实现人”的假设而提出的，认为人并不是懒惰的，在正常情况下人愿意承担责任，只要给人创造一定的条件，他们就会努力工作，是行为科学理论中较有代表性的观点。他认为只有Y理论才能在管理实践中获得成功。随着对人的假设发展至“复杂人”，有人又提出了超Y理论。

第五，波特（L.M.Porter）和劳勒（E.E.Lawler）合作提出的波特·劳勒模式。该模式提出，激励不是一种简单的因素关系，人们努力的程度取决于报酬的价值、自认为所需要的能力及实际得到报酬的可能性，管理者应当仔细评价其报酬结构，把“努力—成绩—报酬—满足”这一连锁关系结合到整个管理系统中。

2.管理丛林理论

在古典管理理论和行为科学理论产生之后，特别是20世纪40年代到60年代，随着科学技术的进步和生产力的巨大发展，生产社会化程度日益提高，管理理论的研究也出现了空前繁荣的局面，涌现出众多的管理理论学派。这一阶段被美国管理学家哈罗德·孔茨（H.Koontz）称为“管理理论的丛林”。其中较有影响力的管理理论学派有以下三种。

（1）社会合作系统学派。社会合作系统学派的创始人是美国的巴纳德（Chester I. Barnard），其代表作为《经理的职能》。巴纳德利用社会学和心理学的理论与方法，用社会系统的观点分析管理，将马克斯·韦伯等人的组织理论向前推进一大步。他认为社会的各级组织都是一个协作的系统，即由相互进行协作的两人或多人组成的系统。正式组织的存在需要有三个条件：明确的目标、协作意愿和意见交流。三个条件中若有一条不满足，组织就要解体。组织中管理人员的权威并不是来自上级的授予，而是来自下级的认可。

（2）决策理论学派。决策理论学派是在社会合作系统学派基础上发展而来的，吸收了行为科学、系统理论、运筹学、计算机程序等学科的内容。主要代表人物是赫伯特·西蒙（Herbert Alexander Simon）等人，主要著作有《组织》《管理决策新科学》等。该学派理论认为管理的关键在于决策，决策贯穿于管理的全过程，管理就是决策，组织是由作为决策者的个人所组成的系统，决策分为程序性决策和非程序性决策。该学派对决策的过程、决策的准则、决策组织的建立与决策过程的联系等问题进行了研究与分析。

（3）经验主义学派。经验主义学派的代表人物是美国的德鲁克（Peter F. Drucker）等人，主要著作有《管理：任务、责任和实践》《有效的管理者》《伟大的组织者》《企业管理的理论与实践》等。该学派认为古典管理理论和行为科学都不能完全适应组织发展的实际需要，而成功的组织管理者的经验是最值得借鉴的。因此，有关组织管理的科学应该从组织管理的实际出发，分析管理人员的经验，然后加以理论化和系统化的概括。

在同一时期，还有个新的现象不容忽视，就是对顾客需求的重视。经济的发展、市场的繁荣促使卖方市场开始向买方市场转变。于是，由美国质量管理专家费根堡（A.V.Feigenbaum）首倡的全面质量管理（TQM）"始于顾客，终于顾客"的思想开始引起管理界的重视，并被世界各国广为传播和接受。与其说TQM是质量管理，不如说它是以质量为中心的企业管理，而质量好坏的评判是由顾客说了算的，因此需要首先从外部了解需要，然后实施内部质量控制，最后落脚于"顾客满意"。

（三）全球化和知识经济时代的管理变革阶段

20世纪90年代至今，信息化和全球化浪潮迅速席卷世界，人类进入知识经济时代，信息和知识成为重要的战略资源，信息处理和传递技术的发展正在和仍将继续使企业生产经营活动及其组织产生重大变革。在上述环境影响下，现代企业管理在管理思想、经营目标、经营战略、生产系统和企业组织等方面开始了全面创新，管理理论学界则主要针对学习型组织、虚拟组织及柔性组织问题展开研究。

1.建立学习型组织

彼得·圣吉（P.M.Senge）在其所著的《第五项修炼》一书中首次指出，企业应成为一个学习型组织。他提出了建立学习型组织的四条标准：一是人们能不能不断检验自己的经验；二是人们有没有生产知识；三是大家能否分享组织中的知识；四是组织中的学习是否和组织的目标息息相关。该书出版不久，就在全球范围内引起轰动，并于1992年荣获世界企业管理协会最高荣誉奖——开拓奖，作者本人也被冠以20世纪90年代"管理学宗师"的称号。

随后，在阿里·德赫斯（Arie.de Geus）所著的《长寿公司》一书中，作者通过考察40家国际长寿公司，得出结论："成功的公司是能够有效学习的公司。"在他看来，知识是未来的资本，只有学习才能为不断的变革做好准备。

此外，罗勃特·奥伯莱（R.Aubrey）与保罗·科恩（P.M.Cohen）合著的《管理的智慧》一书中则描述了管理者在学习型组织中角色的变化——他们不仅要学会管理的技巧，也要自己扮演学习的领导者、师傅和教师等多重角色。

2.建立虚拟组织

虚拟组织与传统的实体组织不同，它是围绕核心能力，利用计算机信息技术、网络技术及通信技术与全球企业进行互补互利的合作，合作目的达到后，合作关系随即解散。以此种形式能够快速获取处于全球各处的资源，为我所用，从而缩短“观念到现金流”的周期。不仅如此，灵活的“虚拟组织”还可避免环境的剧烈变动给组织带来的冲击。

3.建立柔性组织

相对于传统的直线制的组织结构，柔性组织有众多突出的特征：它是一个多极组织，拥有与全权核心机构地位平行的多个分支机构，各分支机构既分权独立又进行战略联盟；它是一个二元系统，在基础组织单元稳定的前提下，从各部门抽调人员组成临时的多功能项目组；它有着全员面向一线的制度，管理人员需具有双重身份，既能幕后决策，又能一线操作；它有着开放的经营思想，同时致力于全球化产品和地区性项目的开发，力图将企业文化辐射全球；它有着众多能力型、多面手的员工，这些员工能适应多种岗位的工作，而且知道何时何地该干什么；它有着半渗透的边界，能够打破与合作伙伴之间的壁垒，根据对方的要求制订自己的商业计划和营销策略。

二、酒店管理职能体系

管理活动是管理主体通过“某种力量”作用于管理客体的过程，这种力量就是我们所说的管理职能。法国管理学家法约尔提出的计划、组织、指挥、协调、控制五大职能论一直被奉为管理学的经典，之后不断有管理学者在其基础上对管理的职能进行不同的取舍或补充。现代企业的管理实践表明，管理的核心职能逐渐演化为计划、组织、控制、领导和创新，酒店管理的职能体系也包含这五个方面。酒店管理者必须对管理职能有深刻的认识，并在实际的管理工作中自觉地执行管理职能。

（一）计划职能

1.计划职能的含义

《现代汉语词典》中对“计划”一词的解释是“工作或行动以前预先拟定的具体内容和步骤”。计划面向未来，立足现实。通俗地讲，它需要解决做什么、怎么做、何时做、谁来做等一系列问题。计划的前提是决策，决策的结果形成计划。酒店的计划职能是指酒店通过充分的调查研究和分析预测，在决策的基础上进一步明确未来特定时期内的发展目标，并规定实现目标的具体途径与方法的管理活动。因此，在酒店管理中，首先要科学、合理地拟订计划。

2.计划管理的任务

酒店计划管理的任务，简单地说就是编制计划、指导业务，执行计划、达到目标。具体而言，有以下几个方面的内容。

（1）科学确立目标体系。计划管理的首要任务就是要提出酒店经营管理的目标体系。由于酒店的经营管理是一个长期的过程，涉及多个层面和多个部门，故其目标体系需包含各阶段酒店管理的整体目标和各部门的分目标，且各目标应具有广泛的一致性，共同为酒店内各环节及各位员工的工作或行动指明方向、明确责任，促进相互之间的沟通与协调。同时，目标体系的确定还要注重其可达性，充分考虑现实中存在的困难和不可抗拒的不利因素。

（2）合理调配各种资源。酒店作为企业，追求的是以最小的劳动要素投入换取最大的经济收益。通过计划管理可使酒店对所拥有的人力、物力、财力、信息等资源进行优化组合与科学调配，达到人尽其才、物尽其用的效果，有效地减少各种资源的浪费，从而形成尽可能大的接待能力，实现酒店的效益最大化。

（3）明确规范业务活动。计划制订后的主要任务就是遵照计划中的业务活动规范来开展工作。计划除了提出目标之外，还应对实现目标的途径、方法和一些具体步骤做出说明和规定，提出建设性的措施。根据计划，酒店管理者要组织各部门、各层次、各岗位的员工积极开展业务活动，分阶段地将计划目标一一落实。

3.计划的制订

制订计划是管理的基础。计划是否恰当，直接影响到酒店管理的成效。因此，计划的制订应该是一个集思广益的过程，必须在对酒店内外的各种信息进行广泛收集、整理和深入分析的基础上，由管理者拟订出计划草案以供相关人员讨论，并根据讨论意见对草案反复进行修改，使之更加可行、更加具体化。当酒店上下相关人员对计划草案达成共识后，即可将其确定下来，由有关部门正式行文，作为日后工作的依据。

4.计划的实施

从系统的角度看，计划的实施是紧随计划的制订工作，并在其后与之相互交叉进行的，两者之间实际上形成了一个“制订→实施→反馈→再制订→再实施→再反馈”的动态系统。计划的实施分为计划的执行与计划的修订两个方面。

（1）计划的执行。酒店计划确定后，应按照目标体系将具体的工作任务分部门、分层次、分阶段地逐一落实到部门、班组、员工，分解至酒店业务活动的淡季、平季、旺季或月、周等。为了切实地完成这些任务，酒店可采取岗位责任制和经济责任制，要求各岗位的员工和管理者按规定的标准完成工作任务，并承担一定的经济责任。同时，酒店也须授予部门、班组及员工相应的权力，并承诺达到计划目标后的相应利益，做到责、权、利三者的统一。在执行计划的过程中，酒店管理者还必须通过严格的考核制度和有效的激励机制调动员工的积极性，监督计划的执行情况，评估计划的执行结果。

（2）计划的修订。计划是对未来发展状态的一种谋划，在计划实施过程中，由于某些不可预知因素的影响，很可能出现实际结果与预期目标错位的情况。这时，就需要对出现这种情况的原因进行分析和诊断，正确判断是工作失误使然还是目标偏离实际造成的，如果是后者，必须及时调整目标，对计划进行修订。但无论是局部修订还是整体修订都要慎重，须经酒店办公会议反复讨论、论证决策。

（二）组织职能

1.组织职能的含义

如果将酒店比作一个人，组织就是这个人的骨架。酒店的组织职能贯穿于酒店管理的全过程，是酒店管理的重要支撑。它是指为了有效地达到酒店的计划目标，管理者通过设定组织结构、划分部门、分配权力等手段对人力、物力、财力、信息等资源进行调配以协调酒店各种业务的管理活动。组织职能是计划职能的自然延伸，既是实现计划的重要保证，又是其他管理职能的基础和前提。

2.组织职能的内容

酒店管理的组织职能就是管理者对酒店组织的管理。它包含两重含义：一是形成酒店的组织机构和管理体制；二是为达到酒店管理目标，合理地调配酒店的人力、财力、物力、信息等资源，对接待业务进行有效的组织。

（1）酒店的组织机构。酒店的组织机构是我们通常所说的企业社会结构层面上的组织概念，它在本质上反映出酒店系统内部人与人之间的关系。组织机构形式的设计必须符合酒店运行的客观规律、必须有利于生产关系的改善和管理效率的提升，同时还必须有完善的管理体制与之相适应，即需要有一系列的规章制度、行为规范和监督机制为组织的良性运行保驾护航。随着时代的发展，酒店组织的重构与管理体制的改革创新正逐渐推动着酒店管理水平向着新的高度跃进。

（2）酒店的业务组织。酒店的业务组织包括酒店接待能力的组织和酒店接待业务周期的组织。

酒店接待能力是指酒店能够接待顾客并满足其需要的各种条件，如设施设备、服务水平、环境气氛等的总和。酒店接待能力的组织则是管理者根据酒店顾客的需求、客源流向等变化，审时度势，合理安排酒店的人、财、物、信息、时间等资源，达到以最小的投入接待尽量多的客人的目的，使酒店接待能力符合酒店计划目标的要求。

酒店接待业务周期是指酒店周而复始不断地为客人提供服务的过程。如客房经过员工清理、管理者检查后即具备接待能力，到顾客入住，接待业务开始；顾客离店，该客房失去接待能力；客房经重新整理合格后就又恢复了接待能力。当酒店形成接待能力后，还需进行接待业务周期的组织才能真正接待顾客并满足其需要。所以，在管理过程中，酒店管理者应根据业务的进行情况对酒店所拥有的各种资源进行及时的组合和调配，并做好现场控制，使酒店的接待业务按计划、有序地进行。

（三）控制职能

1.控制职能的含义

《现代汉语词典》对于“控制”词条的解释是“掌握住不使任意活动或越出范围”。在酒店管理过程中，管理者应始终以计划目标为基准，使各项业务工作按照既定的计划有序地开展，并随时调整和改变策略，以适应酒店经营的需要。酒店的控制职能是指酒店根据计划目标和预定标准，对酒店的运转过程进行监督、检查、分析、调节，以确保目标任务完成的管理活动。当酒店运作的实际情况与目标之间的偏差超出允许范围时，管理者应及时分析和诊断，迅速采取相应的处理措施以避免造成更大的损失。控制职能的实质是对酒店业务的实际运行活动的反馈信息做出反应。

2.控制的类型

根据控制职能在酒店管理过程中发挥作用的时机，可以将控制分为预先控制、实时控制和反馈控制三种类型。

（1）预先控制。预先控制又称事前控制，是一种“防患于未然”的控制行为。它是指管理者通过对酒店业务情况的观察、预测和分析，估计可能出现的问题，在问题未发生前加以防止的管理活动。一般来说，酒店应专门对一些常见的可能出现的异常情况制订预案，一旦问题出现，就可以依照预案有条不紊地进行处理。因此，应急预案的制订工作是一种预先控制行为。

（2）实时控制。实时控制又称现场控制，是指管理者在酒店业务进行过程中的控制行为。它通过管理者的现场巡视，督导下属员工按服务规程操作；根据业务活动的需要，对预先安排的人力、物力、财力等资源进行合理的重新组合、调配；及时处理顾客投诉以消除不良影响，保证酒店的服务质量。

（3）反馈控制。反馈控制又称事后控制，是指管理者在酒店经营业务活动结束以后实施的控制行为，它通常是将实际工作结果与预定目标相比较，找出偏差并分析产生差异的原因，提出整改措施，以便在下一轮的经营工作中改进和提高。

3.执行控制职能的程序

在执行酒店的控制职能时，要分以下四步走。

（1）制定标准。标准是控制的必要条件。所谓控制标准是指在正常条件下员工完成工作的方式方法应达到的要求。控制标准的制定需要以酒店计划为依据，标准应尽量详细、具体，便于执行和衡量。在酒店中，控制标准有数量标准与质量标准之分。前者如营业额、成本费用等，可以用精确的数字加以量化。后者如服务规程、卫生标准等，主要用描述性的语言来表达。

（2）评估效果。制定控制标准以后，就可以通过检查将实际工作与这些标准进行比较，评估其效果。作为经营性企业，酒店工作效果评估主要侧重于营业额与预期的成果，成本、费用支出的合理性，服务质量水平等直接影响到酒店综合效益的内容。需要指出的是，对于不同的考核对象，宜采取不同的评估要求，如对中高层管理者主要以酒店经营管理目标为衡量标准，对操作层员工主要以工作量、工作时间以及服务质量等作为衡量标准。

（3）分析差异。当评估结果出现偏差时，管理者必须分析差异产生的原因及其对未来经营业务活动的影响。只有找出问题的症结所在和出现偏差的主要原因，才能进行有效的控制。常见的产生差异的原因有计划目标或标准不合理、实际工作中的误差、外部环境变化的影响以及各种因素的综合作用。

（4）纠正偏差。找到问题的症结后就要对症下药，予以纠正。管理者应针对产生差异的不同原因采取不同的纠正偏差的措施。在采取纠正措施时，一定要落实纠偏时间和责任，并采取有效的控制方法，以达到管理的目的。

（四）领导职能

1.领导职能的含义

领导职能是与计划、组织、控制并列的职能，同时又与这三种职能互有交叉。领导者既是酒店计划的决策者，又是酒店业务的组织者，还是酒店运行的控制者。酒店领导者的权力与权威能否有效行使，将直接影响整个酒店的经营成果。酒店的领导职能就是酒店管理者通过塑造自我形象，影响下属的价值观和态度，改变下属的认知，给予下属利益和授予下属权力，率领下属组成较高凝聚力的团队，从而实现酒店的既定目标。

2.领导者的能力要求

领导者是酒店管理的核心主体，因而对其能力有着较高的要求。对最高层经理人员，即领导者而言，概念形成方面的技能和做人的工作技能要比技术方面的技能更为重要。概念形成方面的技能，如宽阔的视野、长远的眼光、攻势型的创业和决策精神等，是指能看清企业与环境之间关系的技能，是指能将企业看作一个完整系统的能力。做人的工作技能，包括清楚地表达实现目标的方针、乐于听取他人意见、具有通过合理分配及奖罚分明来充分发挥雇员能力的技能等，是一种激励人的技能，是能使一般人去完成特殊工作的能力。领导者要给下属传达基本政策，使他们了解企业的任何一种新的动向、重要的信息和想法。

3.领导职能的内容

酒店领导职能是酒店管理不可或缺的重要职能之一，其内容十分广泛，主要包含以下四个方面。

（1）科学决策。进行科学的决策是领导职能的首要内容。酒店的各级领导者，无论层次高低，都有责任对面临的现实问题做出决策。其决策应该当机立断，这也反映出领导者的一种魄力。当然，由于领导者所在层次的差异，其决策的内容和重要程度也有所不同。

（2）合理用人。任人唯贤、人适其岗是领导者用人最基本的原则，也是领导职能的另一基本内容。酒店的各级领导者要善于吸引人才、发现人才、团结人才和使用人才。在此，酒店领导者的人格魅力尤为重要，只有独具人格魅力的领导者才会得到专业人才的认可与追随。

（3）综合协调。酒店业务涉及多部门、多岗位和多成员，一旦部门、岗位或成员之间在工作中就某些具体问题未能达成共识时，就需要酒店领导者出面进行综合协调，使各方面的业务活动能互相配合、互相衔接、互相制约，相互间形成一个和谐的整体。协调的目的是保证酒店经营活动的顺利进行，并有效地实现酒店的计划目标。

（4）统一指挥。酒店业务的有序开展还有赖于领导者的指挥调度。指挥是上级对下级的一种管理行为，表现为领导者通过语言、文字等信息形式将指令传达给指挥对象，使之服从自己的意志，并付诸行动。在酒店这样的层级制组织中，指挥链是逐级向下的，为了避免下级对上级的多头指令无所适从，一般不能越级指挥。

（五）创新职能

1.创新职能的含义

美籍奥地利经济学家约瑟夫·熊彼特（Joseph Alois Schumpeter）在其力作《经济发展理论》中首次提出了著名的“创新理论”。时至今日，创新性活动已成为企业提升核心竞争力的必要手段，进而从管理活动中延伸出来，成为创新职能。酒店的创新职能是指管理者基于保持酒店在既定良性轨道向着计划目标运行的前提下，根据内外环境的动态变化，不断调整组织活动内容以适应环境变化，或者在一定程度上改造环境，从而使酒店以新观念、新面貌、新形式、新产品、新渠道等进一步发展的管理活动。

2.创新的基本原则

酒店创新要结合时代和现实需要，通过变通、改造或重塑的形式使酒店的各项工作具有现代性，从而更趋合理化。酒店创新应遵循以下基本原则。

（1）市场导向原则。市场是酒店生存与发展的生命线。作为典型的服务型企业，酒店应树立“顾客至上”的经营理念，将最大限度地满足顾客需求作为努力的方向。市场导向的创新原则要求酒店在做出创新开发决策之前，必须进行详细周密的市场调研预测和可行性分析。

（2）特色导向原则。在充分调查和研究的基础上准确地确定创新的特色和鲜明的主题，是酒店创新获得成功的重要因素。酒店创新具有了鲜明的个性主题，就能获取差异化优势，区别于竞争对手，避免或减少重叠性的市场竞争，从而有利于酒店产品的定位和市场促销。

（3）文化导向原则。酒店是具有高文化附加值的企业，应非常注重企业文化的建设。因此，酒店创新还必须坚持文化导向原则，进行全方位的文化创新活动，不断开发出高文化含量的创新型产品和服务，满足酒店顾客和员工的需求，在满意的员工基础上产生满意的顾客。

第二章

现代酒店财务管理

第一节　酒店财务管理概述

一、酒店财务管理的概念

所谓财务，是对社会经济环节中涉及钱、财、物的经济业务的泛指。酒店财务客观地存在于酒店的生产经营活动中，是指通过货币资金的筹集、分配、调度和使用而同有关方面发生的经济关系。

酒店财务管理是指对酒店财务活动的管理。酒店财务活动即酒店财产物资方面的业务活动及事务活动，包括各种财产物资的取得、配置、耗用、回收、分配等活动。

在市场经济中，各种财产物资具有价值和使用价值，财产物资价值的货币表现就是资金。为了保证业务经营活动的正常进行，酒店首先要筹集一定数额的资金，有了资金后，还要做好资金的投放，使之形成酒店业务经营所需的各种财产物资，即各项资产。酒店业务经营过程中，资产的价值形态不断地发生变化，由一种形态转变为另一种形态。酒店是借助有形的设备、设施，通过提供服务而获取经济效益的生产经营单位。

酒店经营者运用投资者提供的资金进行经营。从形式上看，酒店财务是货币等财产资源的收支活动，它表现为酒店资源量的增加与减少，其基本内容体现为筹资、投资与分配等；从实质上看，酒店财务体现着酒店与各方面的关系，由此体现着一定的经济利润。酒店财务活动包括酒店由于筹集资金、运用资金、分配利润而产生的一系列经济活动，酒店财务活动的总和构成了酒店的资金运动。酒店财务管理的对象，就是资金的运动。

酒店财务管理是随着酒店规模不断扩大、管理不断深化而出现的一种管理职能，它主要解决酒店经营中的一些理财问题。管理者根据酒店的经营目标和经营需要，按照资金运动规律，对酒店的财务问题进行科学有效的管理，并正确处理酒店同社会各种利益关系团体和个人之间的经济关系。

“财务管理”英文为“Financial Management”或“Managerial Finance”，是一门独立性、专业性很强的，与社会实践密切相关的经济管理学科。它最初产生于17世纪末，发展于20世纪。随着企业生产经营规模的不断扩大和金融证券市场的日益繁荣，筹资越来越不容易，风险也逐渐加大，人们逐渐认识到财务管理的重要性，其理论与方法得到不断的发展。西方国家每一家企业都有专门从事财务管理的机构，设有财务副经理，直接向总经理报告并负责财务会计工作。这一工作在酒店经营管理中处于特别重要的地位。

二、酒店财务管理的主要职能、主要内容及财务关系

（一）酒店财务管理的主要职能

酒店财务管理从计划管理开始，通过对整个经营过程实施必要的控制，以求达到预定的目标，并且通过对酒店财务状况的分析，对整个酒店的经营状况做出评价。因此，酒店财务管理具有财务预算、财务控制和财务分析三项基本职能。

（二）酒店财务管理的主要内容

财务管理是有关资金的筹集、投放和分配的管理工作。财务管理的主要内容包括以下六个方面。

1.筹资管理

酒店为了保证正常经营或扩大经营的需要，必须具有一定数量的资金。酒店的资金可以从多种渠道，用多种方式筹集。不同来源的资金，其可使用时间长短、附加条款的限制和资金成本的大小都各不相同。这就要求酒店在筹资时不仅需要从数量上满足经营的需要，而且要考虑筹资方式给酒店带来的资金成本的高低和财务风险的大小，以便选择最佳筹资方式。

2.投资管理

酒店筹集的资金要尽快用于经营，以便取得盈利，但任何投资决策都带有一定的风险性。因此，在投资时必须认真分析影响投资决策的各种因素，科学地进行可行性研究。对于新增的投资项目，一方面要考虑项目建成后给酒店带来的投资报酬，另一方面也要考虑投资项目给酒店带来的风险，以便在风险与报酬之间进行均衡，不断提高酒店的价值。

3.营运资金的管理

酒店营运资金也称“营运资本”或“流动资金”，一般是指流动资产减流动负债后的余额，即酒店存置于银行的现金、投放于易售有价证券的资金、占用于应收账款与应收票据和存货储备等项流动资产的总额，减去在经营过程中发生的流动负债（应付账款和应付票据等）。有时将此余额称为“净营运资金”，将“营运资金”称为流动资产。但是，如果提到营运资金的管理则包括对流动资产和流动负债的管理。酒店的经营活动无不涉及营运资金的范围。因此，对营运资金进行管理显得相当重要。

4.成本费用管理

酒店成本费用管理是酒店财务管理的重要内容。酒店成本费用的耗费是指经营活动中发生的各种资金耗费，因此，对成本费用的管理也就是对资金耗费的管理，降低成本费用是增加盈利的根本途径。

5.股利管理

利润是酒店一定时期的经营活动所取得的主要财务成果。当前我国国有酒店将其称为利润，而股份制酒店称之为股利。从整个社会来看，利润是社会再生产的重要来源；从酒店来看，取得利润既是酒店生存与发展的必要条件，也是评价一家酒店经营状况的一个重要指标。股利（利润）管理是酒店财务管理的一个主要内容，对提高酒店的经济效益具有重要意义。

6.财务评价

提高经济效益是一切经济工作的出发点和归宿点。经济效益评价（财务评价）是经济工作中不可缺少的一部分。

合理的财务评价方法，是决策科学化的有力工具。任何一个经济管理干部、任何一个酒店领导、任何一个需要同资金使用打交道的主管人员，都应当懂得财务评价的基本原理和方法。

（三）酒店财务管理的财务关系

随着酒店经营活动的不断进行，财务活动也日益频繁。在进行财务活动的过程中，酒店必然与各方面发生经济联系，产生各种经济利益关系。酒店在财务活动中与有关各方面所发生的经济利益关系称为财务关系（Financial Relations）。主要包括以下三个方面。

1.筹资活动中的财务关系

在筹资活动中，酒店是接受投资者，而向酒店出资的投资者可分为所有权投资者和债权投资者。因其对酒店的投资责任不同，享有权利也不同，具体表现在以下几个方面。

（1）投资者以其投入的资本承担财务风险而产生的经济责任。

（2）投资者对酒店获得的利润按投资份额享有分配权。

（3）投资者对企业破产承担责任。

在这些关系中，投资者要选择合理的投资方式和所要投资的酒店。相应地，酒店也要适当选择合理的筹资方式和投资者，最终实现投资者与酒店之间的利益均衡。

2.投资经营中的财务关系

投资经营是将筹集的资金用于生产经营的各个方面。投资经营中的财务关系与筹资中的财务关系相同，只是酒店的角度由接受投资变成了投资者。酒店作为投资者，与受资者之间的关系，即投资与分配的关系，属于所有权关系。投资经营会使酒店的资金流动，资金流动既会带来资金收益，也会相应地带来投资经营风险，这就要求酒店在收益与风险之间进行权衡，以求冒最小的风险获得最大的收益。酒店若作为债权人将其资金以购买债券、提供借款或商业信用等形式和他人形成的经济关系，在性质上属于债权债务关系。

3.分配中的财务关系

参与企业分配的主体有以下四个方面。

（1）国家。以行政管理者的身份无偿参与社会剩余产品，包括企业利润的分配。酒店必须依法经营并按照税法规定缴纳各种税款，包括流转税、所得税和各种计入成本的税金。这种财务关系体现的是酒店同政府之间的一种强制和无偿的财务分配关系。

（2）所有者。所有者参与酒店分配的方式是按资分配，即按其对企业投资的多少进行分配。

（3）债权人。为酒店借入资金，以贷款者的身份参与酒店分配，即酒店要按时以还本付息的方式向债权人偿还本金和支付利息，这是一种有偿分配，这种分配带有一定的强制性。

（4）职工。以其自身提供的劳动参与酒店分配，即按劳分配，也是一种有偿分配。酒店根据职工的劳动情况，向职工支付工资、津贴，用利润向职工支付奖金、提取公益金等。职工分配最终会导致所有者权益的变化。

酒店的上述财务关系是酒店在从事生产经营，进行资金的筹集、调拨、使用、分配、偿还等财务活动中产生的。酒店财务的本质就是酒店经营过程中的资金运动及其体现的财务关系，而财务管理的对象就是资金运作及财务关系。酒店财务管理是根据国家政策法规和资金运作规律，组织财务活动，处理各种财务关系，通过对资金的运用过程实施管理与控制，实现财务控制，促进经营发展，提高经营效益。

三、酒店财务管理的主要目标

（一）以利润最大化为目标

利润代表了酒店新创造的财富，利润越多，酒店的财富增加得越多。因此，股东把利润作为考核酒店经营情况的首要指标，把酒店员工的经济利益同酒店盈利的多少紧密地联系在一起。以利润最大化作为财务管理的目标，酒店必须讲求目标管理，以目标来指导和控制酒店的经营活动，以目标作为管理人力、财力、物力等各要素的基础，使酒店管理行为始终围绕目标的实现而各司其职、各尽其责。

（二）以财富最大化为目标

财富最大化是通过酒店的合理经营，采用最优的财务政策，在考虑资金的时间价值和风险报酬的情况下不断增加酒店财富，使酒店总价值达到最大化。在股份制酒店中，股东的财富由其所拥有的股票数量和股票市场价格两个方面来决定，当股票数量一定的情况下，股票价格达到最高时，则股东的财富也达到最大化。也就是说，酒店总价值最大化与股东财富最大化是一致的，所以，在股份制酒店中，财富最大化也可以表述为股东财富最大化。

以财富最大化作为酒店财务管理的目标，就是要正确权衡报酬增加与风险增加的得与失，努力实现两者之间的最佳均衡，使酒店价值达到最大，即财富最大化。一般而言，财富最大化是财务管理的最优目标。

（三）以社会责任为目标

酒店应承担对社会应尽的义务，如果每一家酒店都能够积极承担一定的社会责任，如维护消费者权益、合理雇用员工、为职工提供培训和深造的机会、消除环境污染、保护环境等，那将会为整个社会的繁荣和发展做出积极的贡献。但企业在追求利润及财富最大化时，往往与一些社会利益相矛盾，过多承担社会责任则会影响酒店的收益和利润的增加。如酒店进行环境保护的投资，尽管由于保护生态环境而带来收入的减少，但酒店在承担这一社会责任的同时，也保持和改善了酒店在社会公众中的形象，提高了酒店在公众中的地位，从而获得长远的经济效益。

四、酒店财务管理的组织机构

建立健全酒店财务管理组织，是有效开展财务活动、调节财务关系、实现财务管理目标的重要条件。

酒店财务管理组织的机构设置一般有以下三种类型。

（一）以会计为核心的财务管理机构

这种机构的特点是会计核算职能和财务管理职能不分，同时具备两种职能。在这种机构内部，是以会计核算职能为核心来划分内部职责的，设有存货、长期资产、结算、出纳、成本、收入、报表等部门。这种机构适用于中小型酒店。

（二）与会计机构并行的财务机构

这种机构的特点是会计核算与财务管理职能分离，财务管理职能由独立于会计机构以外的财务管理机构履行。财务管理机构专门负责筹资、投资和分配工作，组织资金运动。在该机构内部，按照职责的不同划分为规划部、经营部和信贷部三个部门。

1.规划部（Planning Dcpartment）

规划部的主要职责是进行财务预测和财务计划。预测的内容是金融市场的利率与汇率、预期证券市场价格和现金流量，为筹资和投资提供依据。计划的主要内容是编制现金预算，确定筹资计划；编制利润计划，确定酒店生产经营目标；编制投资计划，确定酒店实物投资和金融投资的动向。

2.经营部（Operating Department）

经营部的主要职责是寻找资金的筹措渠道，进行金融市场融资及投资，实施资金分配。

3.信贷部（Loan Department）

信贷部的主要职责是调查客户的资信状况，掌握其生产及经营状况和偿债能力，对拖欠款进行债务催收或清理，对还款情况进行后续跟踪调查。这种财务管理机构适用于大型酒店。

（三）公司型的财务管理机构

公司型的财务管理机构是一个独立的公司法人，能够独立对外从事财务管理活动，在公司内部，除了设置从事财务活动的业务部门以外，还设有一般的行政部门。这种财务管理机构一般设置在集团或跨国公司内部，其主要职责是负责集团公司或跨国公司的整体财务管理和各个成员之间的财务协调，以及各企业成员的自身财务管理。这种财务管理机构适用于一些大型酒店集团或跨国公司。这种机构已不局限于发挥企业的财务管理，而是发挥对众多酒店集团进行整体财务管理的职能，这种财务机构通常又称作财务公司。采用法人形式的财务公司，有利于其对外履行筹资和投资职能。

五、酒店财务管理的主要特点

酒店作为一个综合性的服务组织，它所提供的商品与其他企业生产、提供的商品不同，酒店的产品是为旅游者提供以食宿为主的各种服务，因而酒店财务管理又有其自身的特点。

（一）投资效益的风险性

酒店固定资产投资金额大，一般要占总投资额的80%。由于固定资产具有使用年限长的特点，一旦投入往往难以改变，如果酒店市场形势不好，必然导致投资效益低下。酒店的巨额固定资产投资在建成以后，要经过较长时期的经营活动才能逐步收回。所以其投资决策成功与否对酒店未来的发展方向、发展速度和长期获利能力都有重大影响。在投资决策之前，一定要对投资方案的预期经济效益做深入全面的评价，用审慎的态度、科学的方法选择最有利的投资方案，规避风险，获取最大利益。

（二）客房商品销售的时间性

酒店是通过提供服务或劳务直接满足宾客需要的，当宾客在酒店消费时，酒店设施与服务的结合表现为商品。客房商品销售有着强烈的时间性，如果当天不能实现销售（出租给宾客），则当日的租金收入则永远失去，即客房商品无法实现库存。客房商品销售的时间性，要求酒店财务部门应积极支持营销部门的促销活动，提高客房出租率，增加客房收入。

（三）宾客结算的即时性

酒店为了方便宾客结账，一般在宾客离店时一次性结清付款。无论宾客何时离店，都应立即办理结账手续，防止出现错账、漏账和逃账。这就要求酒店的财务部门必须昼夜提供值班服务，尤其是及时为客人提供入住、货币兑换、离店的各种业务。从这一方面讲，酒店财务管理工作的时间性比一般企业的财务管理时间性要强。

（四）更新改造的紧迫性

酒店的各类设备、设施是否新颖，对营业状况的影响很大，这种情况决定了酒店的资产设备更新周期短，需要经常进行更新和改造，以保持酒店的全新风貌。因此，酒店财务管理人员要注意研究各种资产设备的经济寿命周期，寻求最佳更新时机，适时装修改造，以获得更高的资产使用效益。

（五）经济效益的季节性

酒店的经营具有明显的季节性，导致酒店经济效益也随之出现明显的季节性波动。结合季节性的特点，酒店应合理进行安排，尽量使淡季不淡，以取得最佳的经济效益。

第二节　酒店预算管理

一、酒店预算及预算管理的含义

（一）酒店预算的含义

计划是企业管理的首要职能，是用文字说明企业未来经营活动的主要目标和实现目标必须完成的任务。预算就是对计划的数量说明，是把有关经济活动的计划用数量和表格的形式反映出来，以此作为控制未来行动和评价其结果的依据。对酒店而言，预算既是用来帮助酒店管理人员规划和控制各项经济活动的重要工具，也是提高酒店管理水平和经济效益的主要工具。

要理解预算的含义必须注意以下两点。

1.预算不等于预测

预测是对未来不可知的因素、变量以及结果不确定性的主观判断，预算则是根据预测的结果提出的对策性方案。

2.预算不等于财务计划

从预算的内容上看，预算是一个企业全方位的计划，而财务计划只涉及财务方面，预算的范围大于财务计划。

从预算的形式上看，预算的表现形式多种多样，而财务计划仅以货币形式表示。

从预算的组织过程上看，预算是一个系统工程，而财务计划主要侧重于编制和执行。

（二）酒店预算管理的含义

酒店预算管理是利用预算对酒店内部各部门、各单位的各种财务及非财务资源进行分配、考核、控制，以便有效地组织和协调企业的生产经营活动，完成既定的经营目标。酒店预算的职能与种类如下。

1.酒店预算的职能

酒店预算包括预算编制和预算控制两个职能。

（1）预算编制职能。预算编制就是把有关企业全部经营活动的总体计划用数量或表格的形式反映出来，又称全面预算。在市场经济导向的环境下，全面预算是以利润为目标，以销售预算为基础，综合协调其他预算的结果。

（2）预算控制职能。准确、合理的预算本身并不能改善经营管理、提高企业经营效益。要想提高企业经营效益，只有认真严格执行预算，使每一项业务的发生都与相应的预算项目联系起来，这就必须强化预算的控制职能。

企业预算管理的关键在于控制。在编制预算的活动中，为了控制利润目标的实现，不能仅关注目标利润或营业收入、成本费用指标，还必须把预算管理的重点延伸到经营过程和经营质量，这样才能真正控制住企业运行，真正实现利润目标。

2.酒店预算的种类

根据不同的预算编制基础，可将酒店预算分为以下几类。

（1）根据预算涵盖的时间跨度不同，可将预算分为长期预算和短期预算。长期预算又称战略性预算，是酒店各方面1～5年的预算，这种预算研究的是酒店的主要计划（开拓市场、筹资等）。短期预算可以是一天、一个星期、一个月、一个季度或者一年的预算，是短于一年的任何一个时期的预算。

（2）根据预算的对象不同，可将预算分为营业预算和资本预算。营业预算是指对营业收入和支出项目的预测，或对损益表有影响的项目的预测，如客房月营业收入预算。资本预算是指对资产负债表有关项目的预测，如某餐厅半年的现金预算。

（3）根据预算包括的范围不同，可将预算分为部门预算和总预算。部门预算是针对某个特定部门的，并为那个特定部门指出营业收入减去营业支出后余额的预测。酒店的有些部门并不直接创造收入，如维修部门，这些部门预算只需做出用以详细说明某一时期费用的预算。

（4）根据预算所依据的业务是否单一，可将预算分为固定预算和弹性预算。固定预算就是以一定的经济活动规模或销售水平为基础编制的预算。在这种预算里，不涉及销售水平的变动，因而也与各种费用高低无关。其缺点是当实际的销售水平与预算发生差异时，其支出只能凭主观判断在短期内加以调节。弹性预算是以多个不同的经济活动规模为基础编制的预算，如客房部的营业收入可以根据60%、70%、80%的客房出租率来预测。这种预算方法的实用性在于，当实际情况需要对预算进行调整时，管理人员早已做好了充分的准备。

（5）根据预算的起点不同，可将预算分为增量调整预算和零基预算。增量调整预算是指在确定预算项目金额时，以基期该项目实际发生额为基础，然后再考虑预算期内可能会使该项目发生变动的有关因素，从而确定预算期该项目应增、应减数额的预算方法。零基预算又称零底预算，是指在编制预算时，所有预算支出均不考虑基期的费用开支水平，而是以零为起点，从根本上分析每项预算是否有支出的必要和支出数额的大小。

（6）根据预算期是否固定，可将预算分为定期预算和滚动预算。定期预算是指在编制预算时预算期固定的一种预算编制方法。一般全面预算的预算期是1年，从1月1日到12月31日，以便与会计年度、计划年度相配合。滚动预算又称永续预算，即编制预算时的预算期不是固定的，而是连续不断的，始终保持12个月的时间跨度，每过去1个月，就根据新的情况调整和修订后几个月的预算，并在原来的预算期末随时补充1个月的预算。

二、酒店预算的编制

对小型酒店来说，预算可以由业主来编制。若要编制正式预算，可以请一个会计师来做。对于非正式预算的编制，业主仅在心中计划怎样做，然后日复一日地经营，以尽可能接近业主心中的目标。

大型酒店预算的编制必须有一定的组织，按既定的程序，采用科学的方法，这样才能使预算的编制具有科学性和先进性。

同时，大型酒店的预算编制还需要从基层到高层多方面人员的参与。一般而言，部门经理必须参加，如果他们今后的业绩将以预算来评价，那么这些管理者就必须做出其部门预算，也许还要与其所属职员一起讨论预算数字。采用这种自编方式编制的预算，能较好地得到预算执行人员的支持，提高他们完成预算的主动性和积极性。另外，基层管理人员和职工直接接触业务活动，熟悉情况，由他们自行编制的预算，一般更为准确可靠，更有利于提高酒店的经济效益。

（一）酒店预算的编制模式

酒店预算的编制模式有自上而下、自下而上和参与制预算三种模式。

1.自上而下编制模式

自上而下编制模式是指预算由最高管理层具体编制和下达，分部不参与预算编制，而只是预算执行主体。这种预算编制模式的缺点是可能会造成下级对预算的抵触情绪，导致执行预算波动；预算也可能偏离实际，使预算控制流于形式，达不到预期效果；或者造成下级弄虚作假，虚报成绩，造成信息失真。这种编制预算的模式一般只适用于规模较小、经营单一的集权型管理模式的酒店。

2.自下而上编制模式

自下而上编制模式是由基层开始，由基层提出成本费用控制指标、收入利润完成指标，逐级汇总形成整个企业收入、利润总目标。这种预算编制模式往往导致基层单位为自己“留一手”：一方面为了能比较轻松地完成预算指标，以获得较高的收益；另一方面为了防止预算期的某些不可预见的事件，导致无法预计的成本。这种基层预算逐级汇总上报后，很可能与整个企业的整体目标不一致，产生不良的预算行为。因此，这种预算编制模式一般只适合集团资本型控股母公司对其有独立法人地位的控股子公司编制预算时采用。

3.参与制预算编制模式

参与制预算编制模式是自上而下与自下而上相结合的预算编制模式。这种模式首先由企业最高管理层根据企业的战略目标，提出预算目标，然后自下而上编制部门预算，并层层汇总，形成总预算，再自上而下进行协调和调整，最后形成年度预算。参与制预算的关键在于上下级的沟通。上下达成共识，这样编制的预算与企业预算目标相一致，是积极、科学、稳妥的。目前，大多数企业都采取参与制预算编制模式。

下面就采用参与制预算编制模式具体介绍酒店预算的编制程序。

（二）酒店预算的编制

1.制定预算时间表

为了保证有充分的时间准备编制预算和确保它的及时批准，应制定一份预算时间表，并严格遵守。

2.召开酒店预算会议

酒店预算会议要为部门经理编制详细的部门预算提供指导方向。在预算会议上需要完成的工作有审视当年的经营情况，分析整个经营条件，分析目前的竞争形势，分析价格以及计划客房出租率和总的销售额等。

3.制定预算总目标

预算委员会根据酒店预算会议上的预测，结合酒店的战略目标，提出预算总目标及具体的考核标准，如利润比去年增长多少，收入要达到什么水平，预算年度要发展的优势领域，并提出资本预算以及对各部门业绩的考核标准等。

4.编制部门预算

部门预算是整个预算过程的基础，它以销售预算为起点，具体过程如下。

（1）预测部门营业收入。

（2）营业收入减去各部门的预计直接经营费用。

（3）根据预测的部门经营利润减去预测的未分摊费用，得出净利润。

5.部门预算的综合

各部门预算制定完成后送交财务部门，由财务部门进行汇总，上报预算委员会。

6.预算在上下级之间的协调

由于部门预算与总预算可能产生背离，这就需要不断进行上下级的交流与沟通，并在沟通过程中相互让步，使上下级对预算达成共识。

7.预算的审核

总经理和财务总监要先审查各部门预算，确保所有项目是合理的，营业收入和费用目标是实际可行的，再交由董事长审批。

8.预算的核定与分发

预算方案经董事会批准后，由预算委员会下发到各部门执行。

9.对执行结果的反馈

预算管理的目的不在于编制预算，而在于控制。在酒店的经营活动中，要随时与预算进行对照，从而达到控制的目的。年末，还要综合分析差异，找出原因，并严格执行预定的奖惩机制。

第三节　酒店财务控制

酒店制定了预算之后，就必须加强财务控制。只要预算没有控制，预算就没有实际的意义，预定目标的实现只能顺其发展。因此，酒店财务管理应对酒店经营的收支等各方面实施有效的控制以确保预算指标的完成。

一、建立酒店财务控制制度

酒店实施财务控制，首先必须建立起完善的财务控制制度，使财务控制工作能在组织机构、人事分工、岗位责任等诸方面得到保证。酒店应在各部门之间及部门内部建立起一套行之有效的管理制度，使各部门、各岗位的工作人员既相互联系、相互协作，又相互监督、相互制约，以防止舞弊等各种不正常行为的发生。

二、营业收入控制

（一）一次性结账的收费办法

酒店一般采用一次性结账的收费办法，即宾客一旦入住酒店就可在酒店内部（除商场等个别消费点）签字赊账消费，因此酒店应建立起与之相配套的管理办法和控制制度，如宾客总账单上的每一笔账目都应附有宾客签字的原始附件，同时应规定欠款的最高限额，一旦超过限额，就应及时催促宾客付款，以免因欠款累计太多、太久而使酒店陷入被动。

（二）营业收入稽核

为防止经营过程中作弊、贪污等不正常行为的发生，酒店应建立营业收入稽核制度，确保营业收入的回收，维护酒店的利益。为此，酒店应设立收入核算岗位，以便由收款员到夜审、到日审层层审核，层层把关，保证营业收入不受损失。

夜审的目的主要是控制营业收入中的宾客签字挂账，一般在每个营业日结束时进行。日审是夜审工作的继续，需在夜审的基础上，对前一天营业收入的情况再深入进行全面的检查复核。例如，对餐饮收入的核对，需对餐厅服务员开出的点菜单、餐厅菜单、餐厅收款员开出的宾客账单三者进行复核，以防出错。

（三）收款的控制

酒店应加强对各收款点的控制，如对账单的管理，酒店应建立起专人负责账单发放的管理制度，对发出的账单进行编号登记，对账单存根逐笔逐号进行审核。

各营业点收款员当班结束后，都需填报“收入日报表”和“交款单”，酒店据此检查收回的账单与交来的表单是否相符，账单是否连号，与上一天账单的编号是否相连。

（四）应收账款控制

应收账款是指酒店已经销售但款项尚未收回的赊销营业收入。酒店加强对应收账款的控制，可以确保营业收入款项的回收，防止坏账损失的产生。

酒店应收账款的大小，通常取决于企业外部的大环境和企业内部自身的方针政策。就酒店的外部环境而言，宏观经济情况会影响企业应收账款数额的大小，如在经济不景气时，就往往会有较多的客户拖欠付款。这种情况是酒店主观上无法加以控制的。但是，从另一个角度来看，酒店可以通过内部的管理，通过自身信用政策的变化，来改变或调节应收账款的数额，对应收账款的大小施以影响，加以控制。

酒店的政策包含了信用期限、现金折扣、信用标准和收款方针等内容。信用政策的松紧直接决定了企业赊销数额的大小和应收账款数额的大小。松弛的信用政策虽然能够刺激销售、增加收入，但同时也增加了应收账款的数额和一些信用管理上的费用。紧缩的信用政策，虽然能减少应收账款，减少信用管理费用，但也相应地减少了收入。酒店信用政策的成功与否，关键在于这些增加（或减少）的收入和增加（或减少）的费用具体的幅度如何，两者相比的利润增加与否及幅度如何，即增量利润（增量收入－增量费用）的大小、正负如何。

一般采用赊销的酒店都有专门的信用管理部门。根据酒店的具体情况，这类部门可由总经理、总会计师、信用经理、前厅经理、餐饮经理等人员组成，由他们来研究决定酒店的信用政策。信用政策一旦确定，就应使与信用工作有关的人员对它充分理解和熟悉，并严格照章执行，以使酒店的应收账款控制有一个理想的结果。

三、成本费用控制

酒店成本控制是指按照成本管理的有关规定和成本预算的要求，对成本形成的整个过程进行控制，以使企业的成本管理由被动的事后算账转为比较主动的预防性管理。

酒店成本控制主要有预算控制、主要消耗指标控制和标准成本控制三种基本方法。

（一）预算控制

成本预算是酒店经营支出的限额目标。预算控制就是以分项目、分阶段的预算指标数据来实施成本控制。

这种方法是以当期实际发生的各项成本费用的总额及单项发生额，与相应的预算数据相比较，在业务量不变的情况下，成本不应超过预算。这里，由于考虑了现实的情况与预算预计的情况有时并不绝对一致，因此往往需要事先进行几个不同业务量水平上的预算数据的测算，编制出弹性预算，以使成本的实际发生额和预算数额两者便于比较，而不能只有某一种业务量水平上的预算数据。当然，在弹性预算中，只有业务量和变动成本的变化，固定成本仍保持不变。因此，一般以变动成本随业务量变化而变化的幅度为依据，确定弹性预算中业务量数值的档距。

（二）主要消耗指标控制

主要消耗指标是指对酒店成本具有决定性影响的指标。主要消耗指标控制也就是要对这部分指标实施严格的控制。只有控制住这些指标，才能确保成本预算的完成。例如，如果客房物料消耗失控，就很难再完成成本预算目标。

主要消耗指标控制，关键在于这些指标的定额或定率，不但定额或定率本身应当积极可行，而且一旦指标确定，就必须严格执行。此外，除这些主要消耗指标以外的其他指标，即非主要指标，也会对酒店的成本产生影响。因此，在对主要消耗指标进行控制的同时，也应随时注意非主要指标的变化，一旦主要指标相对稳定，或是非主要指标变化加大，那么控制非主要消耗指标的意义就更大。

（三）标准成本控制

标准成本是指正常条件下某营业项目的标准消耗（注：只包括营业成本与营业费用，不分摊到部门的管理费用、财务费用除外）。标准成本控制也就是以各营业项目的标准成本为依据，以此来对实际成本进行控制。采用标准成本控制，可将成本标准分为用量标准和价格标准，以便分清成本控制工作的责任。由于用量原因导致实际成本与标准成本产生差异，应主要从操作环节查找原因；由于价格原因导致实际成本与标准成本产生差异，则应主要从采购环节查找原因。例如，对某一时间段某一种餐饮原材料成本进行检查，就可从价格和用量两个方面进行考察。

从价格方面看，应检查标准价格（预计价格）和实际价格（采购价格）两者相比的差异情况，而后再进一步分析是何原因产生的差异，是工作失误（如事先估计不足、临时采购、市场行情了解不够等）还是不可避免的客观因素（如物价上涨、自然灾害等）。

从用量方面看，应将该种原材料的实际用量同按标准应消耗的用量进行比较，即先将某个时间段使用该种原材料的餐饮制品全部列出，根据每一种餐饮制品中该原材料的标准用量和这一时间段内该种餐饮制品的销售量，得出按实际销售情况，该种原材料应该消耗的用量，再用倒记成本的办法推算出该时间段内该种原材料的实际用量。即：

本期实际用量＝期初盘存＋本期进料－期末盘存

最后通过实际用量同按标准应该消耗的用量相比，确定差异后再进一步分析原因，是所定标准不当，还是操作失误或其他原因。当然，若采购的原材料规格不符合要求，也可能导致成本的差异。

以上是成本控制的主要方法。应当指出的是，酒店成本控制除了对消耗阶段的控制以外，还应注意加强材料物资采购、库存阶段的控制，即对材料物资的进货价格、到货验收、储存、盘点等一系列环节进行严格管理，以使酒店对成本的控制更加全面和完善。

第四节　酒店财务分析

一、酒店财务分析的一般程序

财务分析是一项复杂的工作，所涉及的内容十分宽泛。不同的财务分析主体可能会运用不同的财务分析方法，达到不同的分析目的。一般而言，财务分析需要经过以下几个步骤：明确分析目标并制订分析方案、收集相关信息、分析各项指标、做出分析结论。

（一）明确分析目标并制订分析方案

财务分析的目的依分析主体的不同而不同。投资者的分析目标主要是分析投入资金的安全性和盈利性，债权人的分析目标主要是分析供应资金的保障程度如何，政府的分析目的主要是分析酒店经营运作的情况和社会责任的履行情况等。在明确了分析目标之后，要根据实际情况，如分析问题的难度、分析工作的复杂程度等制订分析方案，是全面分析还是重点分析，是定量分析还是定性定量相结合分析，列出具体需要分析的指标，安排工作进度，确定完成时间等。

（二）收集相关信息

分析方案确定后，要根据具体的分析任务，收集分析所需的数据资料。前面已经指出，财务分析的依据包括内、外部资料。因此，一般收集的内容应包括财务报告、各种会计资料、市场占有率、宏观经济形势信息、行业情况信息等。

（三）分析各项指标

根据制定的分析目标，运用所收集到的相关信息计算出各项指标。深入研究各项指标，并将每一指标与同行业标准、不同会计年度的指标进行对比，分析其中存在的问题。

（四）做出分析结论

由于经济活动的复杂性和外部环境的多变性，在综合分析各项指标之后，需要对分析结果进行解释，并结合各项非财务信息，如宏观经济环境的变化、竞争对手的情况等，撰写分析报告，提供对决策者有帮助的会计信息。

二、酒店财务分析的方法

进行财务分析时，要讲究方式与方法。为了全面反映酒店的财务状况和经营成果，达到财务分析的目的，就要选择恰当的分析方法。常用的几种分析方法如下。

（一）比较分析法

比较分析法是通过主要项目或指标数值变化的对比，确定出指标间的数量关系或数量差异，从而达到分析目的的一种方法。比较分析法既是财务分析最基本的方法，也是运用范围最广泛的方法。比较分析法的意义在于，通过确定指标间的数量关系和存在的差距，从中发现问题，为进一步分析原因、挖掘潜力指明方向。比较分析法的形式多种多样，既可以是绝对额的比较，又可以是相对额的比较；既可以是某一酒店不同年度的比较，又可以是不同酒店同一年度之间的比较。不同的分析目的，有不同的比较标准，所采用的比较分析法的形式也是不同的。一般常见的比较标准有以下三种。

1.本期实际指标与预算指标相比较

将本期实际指标与预算指标相比较，由此可以看出预算指标的完成情况，考核酒店本期的经营业绩。但是，这种比较分析方法要求制定科学和切合实际的预算指标，否则在此基础上进行的财务分析是无意义的。

2.本期实际指标与前期实际指标或历史最好水平相比较

通过这种动态对比，可以了解酒店经营过程中的规律和薄弱环节，有利于改善酒店经营管理。

适用比较分析法的指标有很多，计算方法基本是相同的。以本期实际指标与前期实际指标比较为例，可按照以下两个公式进行计算分析。

本期实际指标较前期实际指标的增减变动数额＝本期实际指标－前期实际指标

本期实际指标较前期实际指标的增减变动率＝增减变动量÷前期实际指标×100%

这种分析方法计算简便，虽然可以直观地看出酒店的经营业绩或财务状况的变动情况，但是，需要注意指标的可比性，即指标的时间长短和经济内容必须一致。否则，不具有可比性。

3.本期实际指标与同行业平均水平或先进水平相比较

将本期实际指标与同行业平均水平或先进水平相比较分析，发现存在的差距，并分析差距产生的原因，进而提出解决问题的措施，有利于提高酒店的市场竞争力。

（二）因素分析法

因素分析法是根据指标与其影响因素的关系，从数量上确定各因素对分析指标影响方向和影响程度的一种方法。采用这种方法的关键在于确定影响指标的各个因素，并确定各个因素对指标产生的影响程度。在分析时，假定其他各个因素不变，顺序确定每一个因素单独变化对指标产生的影响。因素分析法又可具体分为以下两种。

1.连环替代法

连环替代法是将指标分解为可计量的因素，并根据因素之间的依存关系，按顺序将各因素的标准值用分析值代替，据以测定各因素对分析指标的影响程度。其分析程序如下。

（1）将指标分解为若干个影响因素，分析指标与影响因素的关系，按照它们之间的依存关系排列，将主要因素排在前面，将次要因素排在后面。

（2）按照分解后各因素的顺序，计算标准值。

（3）以标准值为计算基础，按顺序用各因素的分析值分别替换标准值，每次只替代一个因素，替代后分析值被保留下来，替换过程直到所有的标准值都被分析值所替代为止。

（4）将每次替换结果与这一因素被替换前的结果相比较，其差额即为替换因素对指标的影响程度。

（5）检验分析结果，将所有因素的影响额加总，其代数和应等于分析值与标准值之差。

2.差额分析法

差额分析法是连环替代法的一种简化形式，其分析原理与连环替代法相同，只是在分析过程中稍有不同。它直接利用各个因素的比较值与基准值之间的差额，计算各因素对分析指标的影响。

（三）比率分析法

比率分析法是通过计算有内在联系的两项或多项指标之间的关系，确定酒店经济活动变动程度的一种分析方法。比率分析法将分析的数值转化成相对数后进行比较，并从中发现问题。比率分析法相对其他分析方法而言，计算简便，计算结果比较容易判断，因而它是较为常用的一种分析方法。常见的比率指标有以下两类。

1.效率比率

效率比率是用来计算某项财务活动中所费与所得的比率，从而确定投入与产出的关系。如成本利润率是指一定时期的利润总额与成本费用总额的比率，表明酒店在一定时期为取得利润而付出代价的大小。

2.相关比率

相关比率是用来计算除部分与总体、投入与产出关系之外的具有相关关系指标的比率。如资产负债率是指酒店负债总额与资产总额的比率，反映酒店长期偿债能力的大小；流动比率是指酒店流动资产与流动负债的比率，反映酒店短期偿债能力的大小。

使用比率分析法时，需要注意以下几个问题：首先，对比指标应具有相关性，即在构成比率指标中，部分指标必须是总体指标这个大系统中的一个小系统，小系统同时是大系统的组成部分，相互之间具有相关性，才可以相互比较。对不相关的指标进行比较是无意义的。其次，对比指标的口径应一致，即在构成比率的指标中，必须在计算标准、计算时间、计算范围上保持一致。最后，衡量标准应具有科学性，即在进行财务分析时，需要选用科学合理的标准与比率相比较。通常科学合理的标准有：①预定目标，如预算指标、定额指标等；②历史标准，如上期实际水平、历史先进水平等；③行业标准，如行业平均水平、国内同类酒店先进水平等。

（四）综合分析法

综合分析法是对企业的财务状况和经营业绩进行综合分析与评价的一种分析方法。它包括以下两种主要方法。

1.杜邦财务分析法

杜邦财务分析法就是利用几种主要的财务比率之间的关系来综合分析企业财务状况的方法。它是将企业的财务状况作为一个系统进行综合分析，反映了企业财务状况的全貌。

2.财务状况综合评价法

财务状况综合评价法是将若干财务比率综合在一起进行系统分析，据以评价企业的整体财务状况的方法。

第五节　酒店综合实力评价指标体系

对一家酒店来说，财务指标并不能完全反映其综合实力，对其综合实力的测评，需从下列因素考虑。

一、经营绩效指标

（一）获利能力指标——利润

利润是酒店经营绩效评估最常用的指标，它可以考核酒店资本投资额所赚取的利润。资本回报率等指标能体现酒店的发展状况。

净资产收益率＝净利润率 ÷ 平均净资产 × 100%。本指标是评价酒店自有资本及其积累获取报酬水平的最具综合性与代表性的指标。

资本回报率＝利润 ÷ 运用资本 × 100%，也称资本运用回报率。本指标是一种评估酒店盈利的指标，指酒店利润占运用资本的百分比，说明酒店投入的资本能够创造的利润大小。

主营业务利润率＝主营业务利润÷主营业务收入净额×100%。本指标体现了酒店主营业务利润对利润总额的贡献，以及对酒店全部收益的影响程度。

市场增加值（MVA），是股东已经投资到酒店的金额与其他以今天的市价出售其股份收回的金额之间的差异。本指标是酒店当前市场价值与在整个酒店生命期中已投入资本的总和之差，即MVA＝总市值－投入资本。

（二）营运收益指标——收入

经营绩效可以用主营收入或营业增长率来衡量，其充分体现了酒店发展成功与否的状况。

客房收益率＝实际客房销售额÷潜在客房销售额＝出租率×房价实现率。本指标从客房平均房价和平均出租率反映酒店收益水平及市场占有份额。

营业增长率＝本年主营业务收入增长额 ÷ 上年主营业务收入总额 ×100%。本指标衡量酒店的经营状况和市场占有能力，不断增加主营业务收入是酒店生存的基础和发展的条件。

餐饮毛利率＝毛利额÷主营业务收入×100%。本指标是通过食品原材料及饮料进货成本、验收、加工、烹饪、销售等各环节的餐饮成本控制，评价餐饮获利能力。

（三）成本控制指标——成本

大多数酒店的财务计划有费用预算、产品、服务计划成本，绩效评估的一般方法是看其实际成本费用比预算成本费用高还是低，以此判断成本费用控制是否失控。

成本费用降低率＝（实际成本费用-预算成本费用）÷预算成本费用×100%。

存货周转天数＝平均存货×360÷主营业务成本。本指标数值越小，资金占用水平越低，表示酒店由于销售顺畅而具有较高的流动性。

应收账款周转天数＝平均应收账款×360÷主营业务收入净额。本指标数值越小，说明收回应收账款越快，收账费用和坏账损失越少。采用本指标的目的在于促进酒店通过合理制定赊销政策、严格销货合同管理、及时结算等途径，加强应收账款的前后期管理，加快应收账款回收速度，活化酒店营运资金。

成本费用利润率＝利润总额÷成本费用总额×100%。本指标从耗费角度评价酒店收益状况，有利于促进酒店加强内部管理，节约支出，提高经营效益。

（四）现金流量指标

酒店也应监控其现金流量，以确保酒店从经营中创造充足的现金去满足可预见的负债。测定现金流量能力的指标是酒店在某一期间赚取的自有现金流量金额。自有现金流量是指酒店管理层日常有权开销的现金。

资产负债率＝负债总额÷资产总额×100%。本指标是衡量酒店债务偿还能力和财务风险的重要指标。

速动比率＝速动资产÷流动负债×100%。本指标表明酒店偿还流动负债的能力。

盈余现金保障倍数＝经营现金净流量÷净利润。本指标从酒店经营活动所产生的现金及其等价物的流入量与流出量的动态角度，对酒店收益的质量进行评价，充分反映出酒店净收益中有多少是有现金保障的。

现金流动负债率＝年经营现金净藏量÷年末流动负债×100%。本指标从现金流入和流出的动态角度，充分体现酒店经营活动所产生的现金净流入可以在多大程度上保证当前流动负债的偿还，直观反映酒店偿还流动负债的能力。

二、顾客服务指标

（一）市场份额指标

全部市场占有率＝企业的销售额÷全行业的销售额×100%。本指标反映出相对于竞争者，企业自身的经营状况，以及满足市场需求的能力。使用这种测量方法必须做出以下两项决策：一是要以单位销售量或销售额来表示市场占有率，二是要正确认定行业范围。

可达市场占有率＝企业销售额÷可达市场销售额×100%。所谓可达市场，一是企业产品最适合的市场，二是企业营销所及的市场。

相对市场占有率＝企业销售额÷市场领先竞争者销售额×100%。本指标是以企业销售额相对市场领先竞争者销售额的百分比来表明企业的市场地位。

（二）顾客满意度指标

用顾客满意度指标来度量企业经济运行的水平，弥补了经营指标的不足，为测评企业综合能力提供了科学依据。

企业顾客总体满意度＝顾客期望÷服务实绩。通过可靠性、反应性、保证性、移情性和有形性五大服务质量标准，测定顾客期望与服务实绩之间的差异，计算企业顾客的满意度指数。

总体顾客满意指数＝企业顾客总体满意度÷行业外顾客平均满意度。本指标是本企业顾客总体满意度与行业外顾客平均满意度之间的比较，从服务质量的角度确定它在市场上的位置。

相对顾客满意指数＝企业顾客总体满意度÷企业竞争对手的顾客满意度。本指标是通过本企业顾客满意度与主要竞争对手的顾客满意度对比，确定在行业竞争中的地位。

（三）顾客忠诚度指标

顾客保留率＝回头客人数÷入住本酒店人数×100%。顾客忠诚度与企业利润和持续增长有密切的关系。回头客即重复购买的顾客。重复购买的人数越多，意味着企业忠诚顾客越多。

顾客推荐率＝愿意向他人推荐本酒店的客人数÷入住本酒店人数×100%。

顾客保持度＝回头客维系时间总长度÷回头客人数×100%。

所谓顾客保持度，是描述企业和顾客关系维系的时间长度，本指标是企业与顾客关系维系时间数值越大，酒店越能赢得顾客忠诚。

（四）顾客抱怨度指标

化解顾客抱怨是赢得顾客忠诚的重要内容。通过顾客抱怨，企业可以了解顾客需求，改进企业工作。对顾客抱怨有一个满意的处理，可赢得顾客的好感与信任。

顾客投诉率＝投诉次数÷入住本酒店人数×100%。

重大投诉率＝重大投诉次数÷一般投诉次数×100%。

抱怨处理满意率＝对投诉处理感到满意的客人数÷投诉的客人数×100%。

三、员工内部管理指标

（一）员工满意度指标

员工整体满意度＝员工绩效÷员工报酬。酒店员工满意与否，实际上取决于员工的劳动付出与劳动回报之间的比较，其差异程度就是员工满意的程度。该指标探索员工满意度与管理工作之间的关系，了解员工满意度的改善重点，为酒店管理工作指明方向，同时也可用以考核中低层管理人员的管理水平。

部门满意度＝部门绩效÷部门报酬。该指标主要考核各部门的团队精神和凝聚力，以及高层管理人员的管理水平。

（二）员工忠诚度指标

员工保留率＝1－年内员工流失人数÷年内员工总人数。该指标反映了酒店对员工工作环境、前程发展等的关怀程度。

员工勤奋度＝1－操作余裕时间÷主体操作时间。该指标是服务人员从事某项工作所必需的特定熟练程度和适应能力，用以评价员工的服务效率。

员工流动率＝年内新进员工人数÷年内员工总人数。该指标反映了酒店的活力。

（三）劳动生产率指标

全员劳动生产率=年内营业收入总额÷年内员工总人数。该指标反映了酒店劳动效率的数量状况。

人均创利指标=年内利润总额÷年内员工总人数。该指标反映了酒店劳动效率的质量状况。

四、员工素质及培训指标

（一）员工素质指标

知识结构=f÷（知识深度×知识广度×知识时间度）。该指标反映了员工的学习能力和知识的变通能力、更新率、转化率，也反映了酒店的竞争优势。

员工素质值=员工人数×［高学历员工人数÷（管理人员数+服务人员数）］。该指标反映了酒店的员工队伍建设状况。

（二）员工培训指标

员工培训率=受训员工数÷员工总数。该指标反映了员工工作能力的获得与提高，是酒店实现人力资源质的飞跃的关键，是提高工作效率和工作质量的根本保证。

培训费用率=年内培训费用÷全年营业收入总额。该指标既反映了酒店对培训的投入，也反映了酒店对人才的渴求程度与重视程度。

培训达标率=培训后能胜任工作人数÷受训员工总数。该指标反映了酒店的培训效果，以及员工的知识转化能力。

（三）员工能力指标

人才储用率=大专以上学历人数÷酒店员工总人数。该指标反映了酒店的可持续发展能力。

法约尔参决率=主管参与决策次数÷酒店完成管理项目次数。该指标反映了酒店的民主化程度和员工参事议事的能力。

德鲁克成效率=酒店技术开发完成成果数÷酒店技术开发计划项目数。该指标反映了酒店的科研开发能力和科研成果转化能力。

泰罗激励率=已实施激励政策条款数÷酒店管理激励政策条款数。该指标反映了酒店的诚信程度和执行政策的能力。

第三章

现代酒店业务及顾客关系管理

第一节　酒店前厅业务管理

酒店的前厅部是酒店接待客人的重要部门，是酒店直接对客服务的起点，是客人在店消费的联络中心和客人离店的终点。它的主要任务是负责销售酒店的主要产品——客房，联络和协调酒店各部门的对客服务，为客人提供前厅部的综合性服务。前厅部工作质量的高低，不仅直接影响到客房的出租率和酒店的经济效益，而且还能反映酒店的工作效率、服务质量和管理水平的高低。

一、酒店前厅的主要职能

前厅部的工作职能具体表现在以下几个方面。

（一）立足客房销售

客房产品的销售是前厅部的中心工作，其他一切工作都是围绕这个中心进行的。客房是酒店最主要的产品，是酒店经济收入的主要来源。客房产品具有所有权的相对稳定性、地理位置的固定性、价值补偿的易逝性等特点，受时间、空间和数量的限制。因此，能否积极发挥销售作用，做好客房产品的销售，将会影响到整个酒店的盈利水平。

（二）掌握正确房态

客房状况的正确显示，既是酒店服务质量与管理水平的体现，也是客房产品顺利销售的基础。前厅部的客房状况显示系统包括客房预订显示系统、客房现状显示系统。只有做好客房状况的实时显示，掌握正确的房态，才能更好地开展对客服务。

（三）协调对客服务

前厅部将通过销售所掌握的客源市场预测、客房预订与到客情况以及客人的需求，及时通报给其他相关业务部门，使各部门能够相互配合协调，有计划地完成本部门应该承担的工作任务。前厅部通过对客房的售后服务，及时将客人的意见反馈给有关部门，以改善酒店的服务质量。

（四）提供各类服务

前厅部直接为客人提供各种服务，为住店客人办理住宿手续、接送行李、委托代办业务、记账结账等。酒店前、后台之间以及各部门与客人之间的联络、协调关系等也需要通过前厅部来牵头。

（五）提供客账管理

目前，国内大多数酒店为了方便客人、促进消费，已向客人提供统一的结账服务。客人提供必要的信用证明或预付账款后，可在酒店各部门签单消费，客人的账单可在预订客房或办理入住登记手续时建立。前厅部的责任是区别每位客人的消费情况，建立正确的客账，以保证酒店的良好信誉及应有的经营收入。

（六）建立客史档案

由于前厅部为客人提供入住及离店服务，因而自然就成为酒店对客服务的调度中心及资料档案中心。大部分酒店为住店一次以上的散客建立了客史档案，记录了酒店接待客人的主要资料，既是酒店给客人提供个性化服务的依据，也是酒店寻找客源、研究市场营销的信息来源。

二、酒店前厅业务管理

（一）预订业务管理

1.客房预订

客房预订是推销客房产品的重要手段之一。

目前，随着旅游业的发展和酒店业的激烈竞争，订房已不仅是客人为了使住宿有保证而进行的单方面联系客房的活动，还成为酒店争取客源、保证经济效益的实现而进行的主动式推销，是双向的预约客房的行为。随着客源市场竞争的加剧，主动式推销客房逐渐引起酒店管理人员的重视，订房已成为酒店重要的推销工作。客房预订的种类，一般有以下四种形式。

（1）保证类预订。保证类预订使酒店与未来的住客之间有了更为牢靠的关系，通过信用卡、预付订金、订立合同三种方法来保证酒店和客人双方的利益，但使用时要注意其效果。一是信用卡。客人使用信用卡，收银人员要注意信用查询，防止出现恶意透支现象。二是预付订金。预付订金是酒店最欢迎的，特别是在旺季，一般由酒店和客人双方商定。订金既可以是一天的，也可以是整个住宿期间的。三是订立合同。订立合同指酒店与有关单位签订的供房合同。但应注意合同履行的方法、主要签单人及对方的信用，并注意防止呆账的发生，明确规定最高挂账限额和双方在违约后应承担的责任。

（2）确认类预订。客人向酒店提出订房要求时，酒店根据具体情况，以口头或书面的形式表示接受客人的预订要求。一般不要求客人预付订金，但客人必须在规定的时间内到达酒店。否则，在用房紧张的情况下，酒店不保证提供房间，可将客房出租给未经预订直接抵店的客人。

（3）等待类订房。酒店在订房已满的情况下，为了防止由于客人未到或提前离店而给酒店带来经济损失，仍然接受一定数量的客人订房。但对这类订房客人，酒店不确认订房，只是通知客人，在其他订房客人取消预订或提前离店的情况下才予以优先安排。

（4）超额预订。在用房旺季，酒店为防止因订房客人未到或住店客人提前离店而造成客房闲置现象的发生，可适当增加订房数量，以弥补酒店的经济损失。但超额预订会因为客人的全部到达而出现无法供房的现象，并可能损失酒店的经济利益和损害酒店的形象。

2.客房预订业务的程序

（1）受理预订。接到客人的订房要求时，预订员将客人的订房要求填写在统一规格的订房单内，以明确酒店接受预订的各种信息，如客人姓名、联系方式、抵店时间、需要房间种类与数量等。

（2）接受或婉拒预订。酒店根据客人的需求与本酒店的具体情况，确定能否满足客人的预订需求。能满足客人的预订需求时，则接受预订。否则，可婉言拒绝。

（3）确认预订。酒店接受了客人的预订后应及时给客人发出预订确认书。确认书中应复述客人的订房要求，申明酒店对客人订房变更及取消预订的有关规定，向确认类预订的客人申明抵店的时间，对保证类客人申明收取订金及取消预订的有关规定。

（4）记录、储存订房资料。预订员将客人的订房资料分类整理，按客人的抵店时间顺序排列存放。

（5）预订的变更、取消及客人抵店前的准备。如果已确认的预订客人要求变更单或取消预订，预订人员应及时办理手续，填写订房变更或预订取消单，以防出现差错影响客房出租。客人抵店前，预订员应及时将有关资料转交总台接待人员。

客房预订工作中应注意的问题：客人预订一经酒店确认，就产生法律效力，所以应该注意，订房信息记录应准确无误；客人抵店前，订房信息要及时传达到相关部门，做好接待客人的准备工作；酒店房源方面有任何变化，都应及时通知客人；酒店任何人员为他人办理预订业务，都应按照规定的程序进行，防止造成损失与混乱；将取消预订与违约的有关处理规定告诉客人。

（二）接待业务管理

客房预订并没有完成客房产品的销售，它只是增加了提高客房出租率的可能性，接待服务和分房管理才是最终完成客房产品的销售。分房管理是直接出售客房产品，是一种艺术，分房工作管理得好，就能将高价客房或闲置客房出售，从而减少闲置，增加销售量。

1.按有关规定办理入住登记手续

入住登记的过程是客人与酒店工作人员第一次面对面的接触机会。对于酒店总台来说，入住登记手续是对客服务的第一个关键阶段，这一阶段的工作效果将直接影响到前厅部客房产品的销售。提供信息、协调对客服务、与客人建立正式的合法关系，是办理入住登记手续的目的。需要注意的是，在办理入住登记手续时，应该做到：遵守国家法律法规中有关户籍管理的有关规定，如没有身份证等有效证件，不得办理手续；获取住店客人的详细个人资料；合理满足客人对房价的要求；建立正确的客人账户。

酒店为了维护自身和其他客人的合法权益，保障酒店和其他客人的生命财产不受伤害，可以行使“拒绝入住权”。

2.客房状况的控制

在前厅部的业务运转中，客房状况的控制是一项重要内容。控制客房状况是确保客房状况准确的有效手段，它往往是前厅部业务运转的一个核心。掌握酒店的客房状况及其变化，应当引起管理者的高度重视。在客房状况的控制过程中，客房状况信息的传递、有效的信息沟通是十分重要的。客房状况的变化取决于客人的住宿需求。客人住宿登记后，其对应的客房状况就由原来的空房或待租状况变为住客房。客人结算后客房状况变为走客房，然后变为空房。客房状况就是这样不停地随着客人住宿的变化而变化。客房状况的变化主要通过客房部、开房处、收银处沟通。这三个部门在沟通和控制客房状况方面应负主要责任。客房部要及时、准确地向开房处报告房态，接待员以此作为接待客人、分派客房的依据。客人离店结算退房时，收银处负责通知客房部，客房部在清理完客房后，再次将最新客房状况通知开房处。因此，准确的客房状况信息取决于这三个部门的信息传递。

（三）日常服务管理

1.迎送服务管理

迎送工作是酒店显示档次与服务质量的关键。客人抵达或离开酒店时，迎宾员应主动相迎，热情服务，将车辆引领到合适的地方，并主动帮助行李员清点客人的行李，以免出现差错。迎宾员还应负责维持大厅门前的秩序，指挥、引导、疏散车辆，保证酒店门前的交通畅通无阻。

2.问询、邮件服务管理

客人有了疑难问题，会向酒店有关人员询问，酒店有责任与义务帮助客人排忧解难。酒店应对问询处的工作人员进行相关知识的培训，而问询员除必须有较广的知识面以外，还需要掌握大量最新的信息和书面材料，以保证在工作中给客人准确而满意的答复。问询处还设有钥匙、信件架，按房号顺序排列，存放客人的钥匙及信件。

3.行李服务管理

行李服务是由行李员负责进行的。行李服务中需要注意的问题包括：①运送行李过程中，需要得到客人的确认，以防止行李出现差错而给客人的行程带来不必要的麻烦；②团队行李交接过程中，应注意行李的检查验收工作，并办理必要手续，防止行李的损坏和财物的丢失；③多个团队出现时，应采取必要的方法加以区分，防止出现混乱现象。

4.电话总机服务

电话总机是酒店内外信息沟通、联络的通信枢纽。绝大多数客人对酒店的第一印象是在与话务员的第一次声音接触中产生的。话务员热情、礼貌、耐心、快捷和高效的对客服务，起到了连接客人与酒店的桥梁作用。电话总机服务包括接转电话、问询服务、叫醒服务和联络服务四个方面的内容。

5.客人投诉管理

投诉是客人对酒店服务工作不满而提出的意见。酒店一般前厅部设有大堂副理来接待和处理客人的投诉。通过客人的投诉，酒店可以及时了解工作中存在的问题，有利于酒店不断改进和提高服务质量及管理水平。正确处理客人投诉，可以加深酒店与客人之间的相互了解，处理好酒店与客人之间的关系，改变客人对酒店工作的不良印象。圆满处理客人投诉，可以树立酒店良好的声誉，让客人对酒店的不满降到最低。酒店大堂副理应掌握处理客人投诉的方法、原则和技巧。

6.商务中心服务管理

为满足客人日益增长的商务需要，酒店通过商务中心向客人提供打字、复印、传真、秘书、翻译、代办邮件、会议室出租、文件整理和装订等服务。酒店商务中心除应拥有电脑、复印机、传真机、装订机、有关商务刊物和报纸、办公用品和设备外，还要配备有一定专业和经验的工作人员，以提供高水平、高效率的对客服务。

7.其他服务管理

为方便客人，满足客人多方面需要，酒店前厅还向客人提供旅游代办、机（车、船）票预订、出租汽车预约、收发邮件等服务。这些服务可以由旅行社、出租汽车公司、邮电局等专业部门在酒店设置专业机构办理，也可以由酒店代理。

第二节　酒店客房业务管理

客房，是酒店的主体部分，是酒店向客人提供住宿和休息的场所，是酒店经济收入的重要来源。客房经营管理的好坏，直接关系到酒店的声誉，影响酒店产品的质量。客房部担负着客人住店期间的大部分服务工作，其业务范围涉及整个酒店和公共区域的清洁卫生、物资用品消耗的控制、设备的维修保养等。客房管理是连接客房产品生产和消费的纽带与桥梁。客房能否根据客人类型、客人心理，尽量满足客人需求，则成为直接影响客源的重要条件。同时，因客房使用低值易耗品多，物料比例大，如何最大限度地降低成本，提高利润，也是客房管理的重要任务。

一、酒店客房部的主要职能与组织结构

（一）酒店客房部的主要职能

1.提供基本的酒店产品

客房是宾客旅游投宿的物质承担者，是住店宾客购买的最大、最主要的产品。所以，酒店的客房是酒店存在的基础，没有了客房，实际意义上的酒店就不复存在了。

2.酒店的主要收入来源

客房是酒店最主要的商品之一，客房部是酒店的主要创利部门，销售收入十分可观，一般要占酒店全部营业收入的40%～60%。

3.负责酒店公共卫生及布件洗涤、发放

客房部也是酒店管家部门，不仅负责整个酒店公共部分的清洁、保养及绿化工作，也担负着整个酒店布件的洗涤、熨烫、保管、发放的重任，对酒店其他部门的正常运转给予

不可缺少的支持。

（二）酒店客房部的组织结构

随着隐蔽式服务的提出，我国多数酒店的客房服务由楼层服务台的服务模式向客房服务中心模式转换，也有一些酒店没有改变。故目前酒店客房服务的方式有两种：楼层服务台和客房服务中心。无论采用哪种服务方式，都应根据酒店自身的实际情况和客人的需要出发而设立。一般客房部的主要组成部分包括经理办公室、客房楼层服务组、公共区域服务组、客房服务中心、布草房、洗衣房等。

二、酒店客房业务管理

酒店客房业务管理的主要目的，是保证客人住宿期间能满足客人使用设施与享用物资的需求，为客人提供清洁卫生、设备用品齐全、舒适美观的客房，满足客人享受各种服务的要求，为客人提供物质和精神上的享受。

（一）客房清洁卫生管理

客房清洁卫生工作是客房部的重要工作之一，客房卫生质量既是客人最关心和最敏感的问题，也是酒店服务质量管理的重要内容，酒店必须制定严格的质量标准与操作程序进行管理。

1.客房日常卫生管理

客房日常卫生既是客房部的重要工作内容，也是衡量酒店服务质量的重要标准。卫生工作做得好，就能满足客人的需要。对客房的日常清扫，我国主要采用的是两进房制。主要内容包括三个方面，即清洁整理客房、更换补充物品、检查保养设备。根据酒店的具体情况，应制定相关的工作程序与质量标准，管理人员要加强监督与指导。由于客房状态的不同，清洁卫生工作也会有所不同，但基本内容与基本要求是一样的，其基本程序如下。

（1）整理、清扫、除尘。按照酒店的规定与清洁卫生工作的要求，整理和铺放客人使用过的床铺，整理客人使用后放乱的各种用品、用具，整理客人放乱的个人衣物、用品，清扫垃圾，抹尘，吸尘。在房间整理、清扫、除尘过程中，应严格按照酒店规定的程序和质量标准进行。

（2）整理、擦洗卫生间。整理各种卫生用品及客人用具，清扫垃圾，擦洗卫生洁具及瓷砖墙面与地面。在卫生间整理、擦洗过程中，应严格按照规定的卫生标准与工作程序，杜绝一条抹布一抹到底的不道德行为。

（3）更换、补充用品。在房间整理、清洁过程中，按照标准要求更换布件，补充用品。

2.客房计划卫生管理

客房部除了日常卫生清洁工作外，还有诸如窗帘、地毯、房顶吸尘、顶灯除尘等卫生项目需要定期循环清洁。因此，应根据酒店的具体情况，制订切实可行的工作计划和卫生清洁标准，科学地安排时间、人员，保证酒店的服务水准。

3.公共区域卫生管理

客房部除了承担客房区域的清洁卫生工作外，还承担了酒店公共区域的清洁卫生工作。由于公共区域面积大，人员分散，不利于控制与监督，因此，公共区域的清洁卫生工作要根据所管辖的区域和范围，以及规定的卫生项目与标准，划片定岗，实行岗位责任制，使员工明确自己的责任与质量标准，管理人员应加强巡视检查，进行监督。

（二）客房接待服务管理

客房部接待服务工作围绕客人的到店、居住、离店三个环节进行，接待服务工作的管理也是以此为基础制定相应的管理程序与管理办法。

1.迎客服务管理

客人到达楼层后，希望在人格上得到服务人员的尊重，在生活上得到服务人员的关心。根据顾客至上的原则，酒店应当制定相应的程序和要求，规范和约束员工的日常行为。员工迎客彬彬有礼，会给客人留下美好的印象，使之有一个好心情。

2.客人居住期间服务管理

客人住店期间，希望生活方便，他们的风俗习惯得到尊重。客人的需求变幻莫测，酒店应针对不同客人的生活习惯与需求，在规范化服务的基础上，对不同客人提供合理的个性化服务项目以满足其需求。

3.客人离店服务管理

客人离店，是酒店接待客人活动的结束。服务人员的良好服务，会给客人留下美好的印象。客房部员工应按酒店服务程序的规定，做好客人离开楼层前的准备工作、客人离开楼层时的送别工作和客人离开楼层后的检查工作。

（三）客房安全业务管理

客房部管理面积大，接待客人多，工作比较复杂，容易出问题。从整个酒店来讲，安全保卫工作由保卫部门负责，但客房部应该积极配合，保证客人的人身与财产安全。客房安全是指顾客在客房范围内的人身、财产及其正当权益不受侵害，也不存在可能导致客人受侵害的因素。

1.客房安全

客房是顾客的暂居地及财物的存放处，客房安全至关重要。客房门必须包括能双锁的门锁、广角窥镜及安全链，其他凡能进入客房的入口处，均应能上锁。客房内各种电器设备应确保安全，卫生间的地面及浴缸应有防滑措施，所有茶具、杯具等应及时消毒，对于家具应经常检查其牢固程度。引领客人进房的服务人员应向客人介绍安全装置的作用及使用方法，并提请客人注意阅读客房内所展示的有关安全的告示及说明。客房服务人员清扫客房时，应将房门开着，不能随意将客房钥匙放在清洁车上，应检查客房内各种安全装置。前厅问询处等各部门也应严格为住客保密。

为保证客房安全，还要严格控制钥匙。当客人离店时，应要求客人归还钥匙；客房服务人员工作时要随身佩带钥匙；客房部每天应记录钥匙发放及使用的情况，由领用人签字；等等。

2.走道安全

客房走道的照明应正常，地毯应平整；酒店保安人员应对客房走道进行巡视，注意有无外来陌生人违规进入客房区，提醒客人将门关好；楼层服务员如发现异常现象应及时向安保部汇报。配有闭路电视监视系统的酒店，可以更好地协助客房走道的安全监视及控制。

3.伤病、醉酒客人的处理

酒店一旦有客人出现伤病，应有紧急处理措施及能胜任抢救的专业医护人员或员工救护，并配备各种急救的设备器材与药品。任何员工尤其是客房部员工，在任何场所若发现伤病客人，都应立即向保安或经理报告，总机也应注意伤病客人的求助电话。对一直到下午仍挂有“请勿打扰”牌的住客，应电话或进房询问。如有伤病客人，应实施急救，或送医院治疗。事后由安保部写出伤病报告，呈报总经理，并存档备查。对不同类型及特征的醉酒客人，应区别对待。对于轻者，要适时劝其回房休息；对于重者，应协助保安使其安静，以免打扰或伤害其他客人。客房服务员应特别注意醉酒客人房内的动静，以免发生意外。

4.火灾的防范

酒店应有严密的防火安全计划，包括成立防火安全委员会，制定防范措施和检查方法，规定各岗位工作人员的职责和任务；制订火警时的紧急疏散计划，如客人及员工如何疏散及资金财产等如何保护；配备、维修、保养防火灭火设备及用具，培训员工掌握必要的防火知识和灭火技能，并定期举办消防演习；对住客加强防火知识宣传，如在客房门后张贴安全门通道示意图及在客房内放置防火宣传材料等；一旦发生火警，总机应向消防部门报警并用紧急广播系统通知客人及员工，要求他们经紧急出口和安全楼梯离开酒店建筑，电梯应禁止使用；前厅部应在底层安全梯出口处引领疏散客人，保安人员应严密保护现场。

（四）客房设备用品管理

客房的设备用品种类繁多，在酒店固定资产中占有很大的比重。客房设备和用品是开展客房服务工作的物质基础。管理好客房的设备和物资，既是客房业务管理的重要内容，也是降低客房营业成本的重要途径，客房部要具体制定设备、物资的管理制度，明确规定各级管理人员的职责，合理使用设备物资，努力降低成本，力求得到最大的经济效益。客房内的各种设备应始终处于齐全、完好状态，客房服务员及管理人员在日常服务工作和管理工作中，随时注意检查设备使用情况，配合工程部对设备进行保养、维修，管理人员要定时向客房部汇报设备使用情况。客房内各种供客人使用的物品和清洁用品，应备足、备齐，以满足服务工作的需要，保证服务质量。要控制好床单、毛巾等棉织品的周转，控制好消耗物资的领用，建立发放记录和消耗记录，在满足客人使用、保证服务质量的前提下，提倡节约，减少浪费，堵塞漏洞，实行节约奖励、浪费受罚的方针。

1.客房设备用品采购管理

根据客房等级、种类、标准及数量，核定设备用品的品种、规格、等级及需求数量，按照各部门提出的设备用品采购计划，进行综合平衡，以确定采购计划并采购。

2.客房设备用品使用管理

做好设备的分类、编号及登记工作，制定分级归类管理制度，建立岗位责任制，实行客房用品消耗定额管理。

3.客房设备用品更新管理

客房部应与工程设备部门一起制订固定资产定额和设备的添置、折旧、大修、更新改造计划，以及制订低值易耗品的摊销计划，减少盲目性。设备无论是由于有形磨损还是无形磨损，客房部都应该按计划进行更新改造。在更新改造设备时，客房部要协助工程设备部门进行拆装，并尽快熟悉各项设备的性能及使用、保养方法，按要求投入使用。

第三节　酒店餐饮业务管理

现代酒店的餐饮业务管理已成为酒店企业管理的重要组成部分，现代化酒店的规模越大，管理工作专业化的程度越高。现代化酒店的餐厅已经不仅是供应餐饮产品的场所，而是具有休闲、宴会、交际等多重功能的场所。餐饮产品是由满足客人某种需要或得到某种享受的物质形态的实体和非物质形态的服务。构成餐饮产品的物质实体称为有形产品，如餐厅的外观、餐饮产品的生产与服务设施、菜肴与酒水的外观及颜色式样等。餐饮产品的非物质形态称为无形产品，是客人对产品内涵的感受，如餐厅的声誉、特色、气氛、位置、等级等。餐饮产品的有形部分与无形部分具有同样的地位，不可相互替代，组成完整的餐饮产品，其核心是可食性。

一、酒店餐饮的职能

餐饮产品与餐饮管理的特点，决定了餐饮管理的基本任务是：加强市场调查，提高服务水平与菜肴质量，满足客人需求，有效地利用人力、物力、财力，合理组织餐饮产品生产的各项经营业务活动，争取良好的经济效益。餐饮管理的职能主要有以下四个方面。

（一）餐饮产品的市场定位

餐饮管理的首要任务是做好市场调查工作，选定目标市场，进行餐饮产品的市场定位，根据本酒店的具体情况策划餐饮服务项目、餐饮服务内容，并根据市场环境与酒店条件的变化，适时调整酒店的经营方针与经营策略，增强酒店餐饮产品的竞争能力。

（二）餐饮产品的生产管理

餐饮产品的生产过程是一个复杂的过程，由于参与人员多、使用原材料品种多、生产种类多，使得生产过程的控制显得特别重要。要加强餐饮管理，努力降低成本，餐饮产品生产过程的管理就显得特别重要。

（三）前台对客的服务管理

在客人对餐饮产品的消费过程中，前台员工的服务质量对餐饮产品的销售起着相当重要的作用。应制定餐饮服务标准、服务程序、服务规范，为宾客提供主动、热情、耐心、周到的服务，争取更多的客源市场份额。

（四）餐饮产品的销售管理

要实现餐饮部的经营目标，保证完成经营收入计划，餐饮管理人员应加强对市场经营形势的分析与研究，适时调整经营策略，采取灵活多样的营销方式开发市场。

二、酒店餐饮业务管理的内容

（一）餐饮清洁卫生管理

酒店餐饮卫生管理的主要目的是为客人提供合乎卫生、对人体安全有益的餐食。餐饮卫生既是保证就餐者健康的首要条件，也是影响餐饮产品质量的重要因素。为了保证食品卫生，杜绝食品污染和有害因素对人体的危害，保障就餐者的身体健康，酒店应切实抓好餐饮卫生管理工作。餐饮卫生管理工作的主要内容有食品卫生管理、员工卫生管理、环境卫生管理及设备、餐具卫生管理。

1.食品卫生管理

酒店提供的食品必须是没有受过污染、干净、卫生和富有营养的食品。食品如果受到污染将会给顾客带来疾病危害，造成食物中毒。导致食品受到污染的来源主要是病菌、寄生虫或有害化学物质以及有毒的动植物。因此，必须做好食品污染的预防工作，保证食品卫生。

2.员工卫生管理

员工卫生管理包括员工个人卫生和操作卫生管理。员工良好的个人卫生可以保证良好的健康状态和高效率的工作，而且可以防止疾病的传播，避免食物污染，并防止食物中毒事件的发生。员工在被雇用后每年必须主动进行健康检查，并取得健康证明。员工个人卫生管理除了依靠严格的上岗规章制度外，还应从根本处着手，培养员工良好的卫生习惯。

员工操作卫生管理的目的是防止工作人员因操作时的疏忽而导致食品、用具遭受污染。员工在操作时，禁止饮食、吸烟，并尽量不交谈；在拿取餐具时不能用手直接接触餐具上客人入口的部位；不能用手直接抓取食品，应戴好清洁的工作手套，并且在操作结束后处理好使用过的手套；不使用破裂器皿，器皿、器具如掉落在地上，应洗净后再使用；若熟食掉落在地上，则应弃置，不可再给客人食用；注意成品的保鲜、保洁，避免污染。

3.环境卫生管理

餐饮产品的卫生情况与环境卫生管理大为相关，这里所指的环境包括餐厅、厨房、所有食品加工、储藏、销售场所、洗涤间、卫生间及垃圾房等。按照餐饮产品储存、加工、生产、消费等流程，各环节的卫生管理都必须严格到位，不容忽视。

4.设备、餐具卫生管理

由于设备、餐具卫生管理不善而污染食品，导致食品中毒的事件常有发生，因设备、餐具不符合卫生要求而被罚款或勒令停业整顿的餐饮企业也屡见不鲜。制订出设备卫生清洁计划及各种设备洗涤操作规程并教育训练员工，是搞好设备、餐具卫生的关键。因此，餐饮部应格外重视加工设备及厨具、烹调设备及厨具、冷藏设备、清洁消毒设备、储藏和输送设备等各类设备与餐具的卫生管理，应能保证供应食品不受污染，符合卫生要求。

（二）餐饮生产管理

餐饮产品的生产管理是餐饮管理的重要组成部分，餐饮产品的生产水平和产品质量直接关系到餐饮的特色和形象。高水准餐饮产品的生产，既反映了餐饮的等级档次，又体现出酒店餐饮的特色。餐饮产品的生产还影响到酒店经济效益的实现，因为餐饮产品的成本和利润在很大程度上受生产过程的支配，控制生产过程的成本费用可以获得良好的经济效益。

餐饮产品生产管理的关键是菜肴生产管理。菜肴生产管理，主要是指厨房的生产预测与计划、食品原料的折损率控制、菜肴的份额数量控制以及编写标准食谱与执行标准食谱等。菜肴成本加大的原因之一是产品过量生产，预防菜肴的过量生产，可以控制无效的食品成本发生。菜肴成本加大的原因之二是食品原料的净料率控制不当，由于菜肴生产的需要，食品原料需要经过一系列的加工才能符合制作要求，食品原料加工方法适宜，会增加它的净料率，提高菜肴的出品率，减少浪费，从而有效地降低菜肴成本。值得注意的是，提高食品原料的净料率应当在保证产品制作质量的前提下进行。另外，菜肴原料份额也会影响菜肴的成本，应该给予高度的重视。

（三）餐饮推销管理

餐饮业务的经营管理者必须清醒地认识到，餐饮产品的生产销售是以市场为中心，以满足客人需求为目标。餐饮产品的市场推销是从对餐饮市场经营环境的调查与预测开始的。通过餐饮产品的推销活动，促进生产者与消费者之间的信息交流，消除障碍，刺激客人消费。推销过程实质上是一个信息传递过程，通过推销使消费者对本酒店经营的餐饮产品知晓、理解，成为潜在的消费者。推销既是推动餐饮产品从生产领域向消费领域转移的过程，也是促使餐饮产品价值实现的过程。但餐饮产品要真正达到销售目的，除了推销者要选用适当的推销方式外，还要认真做好推销的思想准备，了解客源市场状况，将重心放在客人身上。

餐饮产品的推销既可利用报刊、电视、广播等新闻媒介形式进行，也可采用户外广告的形式，如道路指示牌、屋顶标牌、灯箱广告牌、餐厅布告栏等。餐饮产品的推销还可通过推销人员与潜在客人面对面地交谈，向客人提供本酒店的信息，说服潜在消费者购买本酒店的餐饮产品。酒店还可采用特殊的推销方式，如利用赠券、品尝样品、套餐折扣、赠送礼品等方式进行。

在餐饮产品推销过程中，首先应注意餐厅主题设计，力求办出自己的特色，拥有自己鲜明独特的形象，使客人在消费后留下深刻的印象。餐饮产品推销中，餐饮部门的形象设计可以突出个性，环境情调的不同可以给人一种新鲜的感觉。餐饮部门提供的额外服务，会吸引众多的客人，如时装表演、音乐晚会、优惠供餐等。服务人员的建议式推销也会收到意想不到的效果。有的餐厅采用现场烹饪的方法，可引起客人的极大兴趣。有的餐厅，在推出一种新的菜肴时，会采用特价或奉送品尝的方式，以达到良好的推销效果。利用节假日进行餐饮产品的推销活动，是餐饮部门经常采用的一种方式。各种节假日是难得的推销时机，餐饮部门这时都会制订节日推销计划，可以根据自己企业的特点，使推销活动生动活泼、有创意，争取获得良好的经济效益。

（四）餐饮成本管理

餐饮产品的成本管理是餐饮管理的关键。餐饮成本控制贯穿于餐饮产品生产的全过程，凡在餐饮产品制作与经营过程中产生的影响成本的因素，都是餐饮成本管理的对象。餐饮产品的成本管理，关键是做好餐饮产品的控制程序，制定并确定餐饮产品的各项标准成本。实施成本控制，对餐饮产品的实际成本进行抽查和定期评估，确定成本差异，分析造成成本差异的原因与责任，消除成本差异，找出解决成本差异的具体方法。

餐饮产品的制作是一个系统工程，餐饮产品的成本控制需要从以下三个方面努力。

1.食品原料的成本控制

食品原料成本是菜肴制作的主要成本，它包括主料成本、辅料成本、调料成本。主料成本是菜肴的主要原料成本，一般来说，主料在菜肴中占的份额最多、价格最高，是控制的重点。辅料成本又称为配料成本，在菜肴制作过程中，辅料起着衬托主料的作用，也是不可忽视的成本。调料成本是指菜肴生产过程中的调味品成本，在菜肴生产过程中关系到菜肴的质量，是餐饮产品成本中一项重要的开支，有时甚至超过主料成本。食品原料的成本控制从以下两个方面入手：一是做好食品原料的采购保管控制，同质论价、同价论质，减少采购中间环节，入库后合理储备，努力降低成本；二是食品原料的使用控制，管理人员应做好食品原料使用的监督工作，一旦发现问题，应及时分析原因，并采取有效措施，进行纠正。

2.人工成本控制

菜肴的制作是手工劳动，人的因素起着相当重要的作用，要做好人工成本控制。一是用工数量的控制，尽量减少缺勤工时，控制非生产和服务工时，提高生产效率，严格执行劳动定额。二是做好工资总额的控制，人员配备比例适当：高技术岗位的人员过多，会增加人力资源成本，造成人力资源成本过高；低技术岗位的人员过多，又会影响菜肴生产质量。

3.燃料能源成本控制

燃料能源成本是菜肴生产与经营中不可忽视的成本，尽管在菜肴成本中可能占有的成本比例很小，但在餐饮产品的生产中，仍有一定数量。教育员工重视节约能源、做好节省燃料的工作是非常必要的。在餐饮产品的生产过程中，管理人员应坚持对能源工作和节能效果的经常性检查，以保证燃料能源控制工作的有效性。燃料能源成本的控制方法很多，管理者可以结合本单位的具体情况加以总结，使餐饮产品的生产程序化、标准化，把燃料能源的成本控制到最低限度。

（五）菜单筹划管理

在餐饮产品的生产销售过程中，菜单起着重要作用。餐厅的主要产品是菜肴与食品，不宜过久存放，许多菜肴在客人点菜之前不能制作。酒店通过菜单把本餐厅的产品介绍给客人，通过菜单与客人沟通，客人通过菜单了解菜肴的特点，因此菜单成为餐厅销售餐饮产品的重要工具。菜单还成为酒店控制成本的重要工具，菜肴原材料的采购、菜肴的生产、服务人员进行菜肴产品的推销、酒店餐饮产品的效益，基本上都以菜单为依据。

1.菜单的基本类别

根据菜单的不同划分标准，菜单有以下不同分类。

（1）根据菜单价格形式分类。

①套餐菜单。根据客人的需要，将不同的营养成分、不同的食品原料、不同的制作方法、不同类型与价格的菜肴产品合理地搭配在一起形成套餐，并制作套餐菜单。套餐菜单上的菜肴产品的品种、数量、价格是固定的。套餐菜单的优点是节省了客人点菜的时间，而且在价格上也较为优惠。特别是现在许多酒店在套餐菜单上增加了不同档次和标准，更方便客人进行选择。

②零点菜单。零点菜单是酒店最基本的菜单。客人可根据菜单上列举的菜肴品种选择购买。一般酒店餐厅零点菜单的排列顺序按人们的进餐习惯排列，西餐是开胃菜类、汤类、沙拉类、主菜类、三明治类、甜品类等，中餐则以菜肴食品原料的内容分类，如冷

盘、热菜、汤类、主食、酒水等。

（2）根据菜单特点（周期）分类。

①固定菜单。固定菜单是指每天都提供相同菜品的菜单。它适用于就餐客人较多，且客人流动性大的商业餐厅。许多风味餐厅、大众餐厅、吧房、咖啡厅和快餐厅都有自己的固定菜单，这种固定菜单一般是该餐厅经过精心研制并在多年销售过程中深受客人欢迎，并具有特色的菜品品种。

②周期循环菜单。周期循环菜单是指按一定天数周期循环使用的菜单。这些菜单上供应的品种可以是部分不同或全部不同，厨房按照当天菜单上规定的品种进行生产。它适用于企事业单位长住型酒店的餐厅。周期循环式菜单的优点是满足了客人对特色菜肴的需求，天天可以品尝新的菜肴产品，但餐厅应该注意剩余食品原料的妥善处理。

③宴会菜单。宴会菜单是酒店与餐厅推销餐饮产品的一种技术性菜单。宴会菜单要体现酒店与餐厅的经营特色，根据不同季节和不同客源安排时令菜肴。宴会菜单要根据宴请对象、宴请特点、宴请标准、宴请者的意见随时制定。宴会菜单还可细分为传统式宴会菜单、鸡尾酒会菜单、自助式宴会菜单。

2.菜单的设计管理

菜单作为酒店与客人沟通的媒介、餐饮产品推销的重要工具，应该根据本酒店的经营特色进行精心设计，力求外观设计科学、内容清楚真实。在菜单设计中，一定要选择适合不同需求的字体，其中包括字体的大小、字体的形状。如中文的仿宋体容易阅读，适合作为菜肴的名称和菜肴的介绍，而行书体或草写体有自己的风格，使用时应当谨慎。英语字体包括印刷体和手写体。

菜单质量的优劣与菜单选用的纸张质量有很大的关系。由于菜单代表了餐厅的形象，它的光洁度和手感与菜单的推销功能有直接的联系。因此，纸张的选择应该引起管理者的高度重视。一次性使用的菜单应选用价格较便宜的纸张；对于使用周期较长的菜单，应选用耐用性能较好或经过塑料压膜处理过的纸张。

菜单的颜色具有增加菜肴推销的作用，使菜单更具有吸引力。鲜艳的色彩能够反映餐厅的经营特色，而柔和清淡的色彩使菜单显得典雅大方。除非菜单上带有图片，否则菜单上使用的颜色最好不要超过四种。色彩种类太多会给客人留下华而不实的感觉，不利于菜肴的营销。同时，为增加菜单的营销功能，可适当配备必要的照片与图形，这将会产生更好的效果。

菜肴的命名应注意贴切、易懂，特别是中文菜单要能够反映原材料的配制、菜肴的形状、菜肴产生的历史渊源、菜肴名称的寓意等。如果能将一些特色菜的配料、营养成分、烹制方法加以简单的介绍，将会产生更好的效果。

设计菜单时应该注意，有的餐厅经常只换内页而不注意更换封面，时间久了，菜单封面就会肮脏破旧，影响客人的情绪和食欲，因为许多客人会从菜单的整洁美观上来判断餐厅菜肴的质量。同时，菜单上菜肴切忌按价格的高低来排列，否则客人会根据菜肴的价格来点菜。按照一些餐厅的经验，把餐厅重点推销的菜肴放在菜单的首尾是一种比较好的办法，因为许多客人点的菜肴里总是有个排列在菜单的首尾部分。菜单策划设计的关键还要货真价实，不能只做表面文章。菜单设计得非常好，但与菜肴的实际内容不相符合，菜肴质量达不到菜单所介绍的要求，只会引起客人的不满而失去客人。

第四节　酒店顾客关系管理概述及系统构建

一、酒店顾客关系管理的概念

（一）CRM的定义

顾客关系管理（Customer Relationship Management，CRM），是伴随着互联网和电子商务的大潮进入中国的。对于CRM的定义，国外众多著名的研究机构和跨国公司都进行了不同的诠释。其中最具代表性的是第一个提出CRM的IT咨询顾问公司（Gartnet Group）对其所下的定义：所谓的顾客关系管理就是为企业提供全方位的管理视角，赋予企业更完善的顾客交流能力，最大化顾客的收益率。

我国的众多学者在国外研究的基础上也对 CRM 的定义提出了自己的见解，其中比较有代表性的是三层次定义法。它认为在现实当中 CRM 的定义从以下三个层面来表述会比较恰当。

1.CRM是一种现代的经营管理理念

它起源于市场营销理论，又逐步融合了近年来信息技术为市场营销理念带来的新发展，形成了以顾客为中心、视顾客为资源、通过顾客关怀实现顾客满意度的现代经营理念。

2.CRM包含的是一整套解决方案

CRM集合了当今最新的信息技术，包括Internet和电子商务、多媒体技术、数据仓库和数据挖掘、专家系统和人工智能、呼叫中心以及相应的硬件环境，同时还包括与CRM相关的专业咨询等。

3.CRM意味着一套应用软件系统

CRM凝聚了市场营销等管理科学的核心理念，又以市场营销、销售管理、顾客关怀、服务支持等构成了CRM软件的模块基石，从而将管理理念通过信息技术的手段集成在软件上面，得以在全球大规模普及和应用。

（二）酒店CRM的定义和内涵

酒店顾客关系管理贯穿于整个顾客生命周期，通过IT技术和互联网技术与酒店各项资源的有效整合，为酒店组织者提供全方位的顾客视角，赋予酒店更完善的顾客交流能力和最大化的顾客收益率。

1.酒店顾客关系管理贯穿整个顾客的生命周期

酒店顾客生命周期是从顾客的体验和观念角度来看顾客与酒店接触的全过程。酒店顾客的生命周期包含以下四个主要阶段。

（1）考虑期。在考虑期，顾客产生酒店需求并开始调查所有可选方案。

（2）购买期。在购买期，指顾客通过综合分析评价各备选方案，从中选择最好的可选方案，实施酒店预订，产生购买行为。

（3）使用期。使用期是指顾客在购买酒店产品之后使用酒店服务和产品的阶段。

（4）延伸期。延伸期是对顾客生命周期价值的延续，即酒店通过产品升级、产品维护、售后服务等获得顾客重复入住、向友人推荐等的价值。

酒店顾客关系管理贯穿顾客生命周期的全过程，通过有效的顾客关系管理，培育顾客忠诚，创造顾客价值，使酒店获得更大的效益。

2.酒店顾客关系管理是以酒店顾客为资产的管理理念

资产在传统的管理理念以及现行的财务制度中，仅指厂房、设备、现金、股票、债券等。随着科技的发展，虽然酒店开始把技术、人才等也视为资产，然而这种划分资产的理念依旧是闭环式，而不是开放式的。因为无论是传统的固定资产和流动资产，还是新出现的人才和技术资产，都只是产品价值得以实现的部分条件，而不是完全条件，其缺少的部分就是产品价值实现的最后阶段也是最重要的阶段，这个阶段的主导者就是顾客。酒店作为非物质产品生产为主的服务性企业，更需要视顾客为酒店的资产。

CRM提倡并且树立顾客是酒店资产的理念，成功实现从“以产品为中心”的商业模式向“以顾客为中心”的商业模式转化，完善了管理过程。以顾客为酒店资产的CRM帮助各酒店最大限度地利用其以顾客为中心的资源（包括信息、技术、人员和资产），并将这些资源集中应用于顾客和潜在顾客身上，通过缩减销售周期和销售成本，寻求扩展业务所需的新市场和新渠道，改进顾客价值、满意度、盈利能力以及顾客的忠诚度等手段，来提高酒店管理的有效性。

3.酒店CRM是利用IT技术和互联网技术对顾客进行整合营销的过程

与其他物质性生产企业相比，酒店面对的顾客已不再是用实物产品就能够满足的顾客，而是那些想通过酒店提供的服务，获得更多身心的享受，获得心灵的愉悦。与物质性需求相比较，酒店产品满足顾客期望的难度更大。因而，酒店顾客关系管理是对更广泛对象的整合，包括有形性的物质产品和无形性的服务产品，并以无形性的服务产品为主。此外，从营销的角度看，酒店顾客关系管理打破了西方传统的以4P——产品（Product）、价格（Price）、渠道（Place）、促销（Promotion）——为核心的营销方式，将营销重点从顾客需求进一步转移到顾客的保持上，保证酒店把有限的时间、资金和管理资源直接集中在关键任务上，实现了对顾客的整合营销。

CRM在近年来的广泛应用则归功于IT技术，尤其是互联网技术的进步。如果没有以互联网为核心的技术进步的推动，酒店CRM的实施会遇到很大的阻力。从某种意义上说，互联网是酒店CRM的加速器。具体的应用包括数据挖掘、数据仓库、呼叫中心、基于浏览器的个性化服务系统等，这些技术随着酒店CRM的应用而飞速发展。

（三）酒店CRM的导入背景

1.酒店经营理念更新的需要

现代化的酒店企业经营的基本理念应该随着市场环境的变化而不断演变。正如酒店市场营销的发展一样，酒店的经营理念最初以生产为导向，这是适合于酒店业发展初期的卖方市场的理念。随后酒店又确立了以销售为导向的理念，这种理念是在酒店市场竞争日趋激烈时形成的。市场经济大潮洗礼酒店业后，酒店企业普遍确立了以市场为导向的经营理念，强调对市场信号的关注。而在市场竞争更加白热化的现代社会，酒店与市场的关系，最重要、最根本地表现为酒店与顾客的关系相处得如何，因此酒店应该形成以顾客价值为导向的理念，这是一种全新的理念。顾客关系管理就是适应以顾客价值为导向的理念而产生的。

2.酒店管理模式创新的需要

随着市场的变化，酒店在目前的制度体系和业务流程下，在顾客管理方面出现了种种难以解决的问题。主要表现在：酒店业务人员无法跟踪众多复杂和销售周期长的酒店顾客；大量的工作是重复的，常出现人为的错误；在与顾客的沟通中口径不统一；由于酒店业务人员的离职而丢失重要的顾客和销售的信息等。这一系列问题表明，酒店当前的管理模式需要改革和创新，需要进一步提升顾客管理在酒店管理中的地位，进一步完善顾客管理体系、提高顾客管理水平，进一步优化顾客管理组织，实现专业化管理。这些问题通过实施顾客关系管理都可以得到圆满的解决。

3.酒店核心竞争力提升的需要

随着现代技术的迅猛发展，酒店同行业之间产品和技术的差异化程度越来越小，市场竞争越来越激烈，酒店竞争的焦点也由产品竞争转向品牌竞争、服务竞争和顾客竞争。尤其是随着酒店顾客消费观念的成熟，对产品和服务的个性化、定制化要求也越来越高。如何在更加复杂的顾客群体中准确识别顾客的不同需求、实现与顾客的沟通和互动、建立和保持长期的友好合作关系、培育顾客忠诚，成为决定酒店核心竞争力的关键要素。因此，顾客关系管理的导入成为必然趋势，顾客关系管理的水平也成为评价酒店核心竞争力的重要指标。

4.社会信息技术飞速发展的推动

近年来，随着信息技术的飞速发展，使收集、整理、加工、利用顾客信息的质量大大提高。互联网等信息技术成为日渐成熟的商业手段和工具，越来越广泛地应用于酒店领域信息系统的构建。在先进技术的支持下，酒店CRM的实现也成为可能。

酒店顾客关系管理在上述需求和条件背景下被导入酒店行业的管理体系中。一些领先地位的酒店已初步感受到了顾客关系管理的理念及相关的解决方案为酒店带来的变化，它们正进一步完善技术、服务等支撑体系，以创建面向顾客的更先进的新商业模式。

（四）酒店CRM的实施意义

随着市场竞争的愈演愈烈，传统的酒店管理系统越来越难以胜任对酒店动态顾客渠道和关系的管理，酒店CRM的实施将给酒店带来经营管理方式上的重大变革，对提升酒店的市场竞争力有重要意义。

1.提高酒店的运营效率

酒店CRM系统通过整合酒店内的全部业务环节和资源体系，带来酒店运营效率的全面提高。一套完整的酒店CRM系统在酒店资源配置体系中是承前启后的：向前，它可以朝酒店的各个渠道的各个方向伸展，既可以综合传统的呼叫中心、顾客机构，又可以结合酒店门户网站、网络销售、网上顾客服务等电子商务内容，构架“动态”的酒店前端；向后，它能逐步渗透至生产、设计、物流配送和人力资源等部门，整合ERP、SIM等系统。因此资源体系的整合，实现了酒店范围内的信息共享，使得业务处理流程的自动化程度和酒店员工的工作能力大大提高，从而使酒店的运营更为顺畅、资源配置更为有效。

2.降低酒店的经营风险

在高速运转的社会环境下，酒店业表现出很强的行业脆弱性，酒店经营容易受到外界环境的影响，具有较高的经营风险。在这种背景下，改变酒店传统的“以产品为中心，为产品找顾客”的经营理念，积极发展与顾客长期的互利关系，以顾客为中心经营酒店，成为缓冲市场扰动对酒店造成冲击、最大限度地降低经营风险的有效途径之一。因此，导入酒店CRM将降低酒店的经营风险。

3.提升酒店的盈利能力

实施酒店顾客关系管理对酒店的盈利能力有巨大影响，表现为顾客关系管理对顾客份额的关注能为酒店带来更高的投入回报。顾客关系管理强调酒店顾客在该行业的高价值顾客总体中所占的份额，这个份额越高，酒店的盈利能力越强。同时顾客关系管理对长期价值的重视，增强了酒店长期的可持续发展能力。有研究表明，长期的顾客关系与酒店的长期盈利能力具有高度的正相关关系。顾客关系管理强调对顾客的忠诚培养，而且顾客关系管理带来的忠诚顾客，将对酒店有巨大的贡献。

4.优化酒店的市场增值链

酒店CRM的应用使酒店原本各自为政的销售人员、市场推广人员、一线服务人员、售后服务人员等开始真正围绕市场需求协调合作，为“满足顾客需求”这一中心要旨组成强大的团队。对于酒店后台的财务、生产、采购和储运等部门而言，酒店CRM亦成为反映顾客需求、市场分布及产品销售状况等信息的重要来源。如此一来便优化了酒店的服务链，极大地增强了酒店的市场增值能力。

5.转变酒店的商务模式

酒店CRM的实施为酒店顺利实现由传统企业模式到电子商务（Electronic Commerce，EC）模式的转变奠定了基础。EC的蓬勃发展客观上需要全新的管理理念，即“以顾客为中心”。创造以顾客为中心的企业必须要从策略、结构、绩效三个方面来进行。在传统的酒店企业中，收集顾客信息首先就是个问题，即使收集到了，能存储下来并用于酒店进行销售决策的却很少。在EC环境中，酒店在处理信息、从信息中创造价值、使信息成为公司资产三个层次上超越了传统企业模式。因此，酒店应用CRM，有了一个基于EC的面向顾客的前端工具，为EC网站提供了可以满足顾客个性需求的工具，能帮助酒店顺利实现由传统企业模式到EC模式的转化。

6.增强酒店在新时期的竞争力

在新经济环境下，相对于有形资产，无形资产对企业竞争力的贡献更大，而且其贡献份额呈上升趋势，酒店企业更是如此。顾客资产作为酒店的一项重要的无形资产，其重要性受到了广泛的关注，成为酒店市值的要素之一。顾客关系管理的实施对于酒店在新经济时代，有效地管理酒店顾客资产，增强竞争力具有重大的作用。

二、酒店顾客关系管理系统

以顾客为中心，使顾客忠诚最大化，提高酒店的经济效益，是实施酒店顾客关系管理的理念和宗旨。酒店顾客关系管理系统的构建将围绕酒店顾客信息管理，全方位满足顾客的需求而展开。酒店顾客关系管理系统包括酒店顾客关系管理的理论模块和技术模块。

（一）酒店CRM系统理论模块的构建

酒店CRM系统理论模块是软件开发前对系统开发目标在理论上的明确和设计，一般应用型软件的开发都要经过系统需求分析、系统设计、系统实施工程和系统维护更新几个阶段，理论模块的构建是整个系统开发的基础和指导。具体来说，酒店顾客关系管理系统理论模块的构建主要基于以下几个方面。

1.理念模块

酒店CRM系统需要明确的商业价值定位和管理理念的定位，它们为每一项决策和功能的执行提供指导方向。酒店CRM系统的开发理念是基于“以顾客为中心”的待客态度、顾客的价值观及整体酒店品牌的价值，以此来改善或加强酒店与顾客的关系，提高顾客的忠诚度，最终实现酒店利润的增长。所以，要充分地考虑如何让顾客感觉到酒店品牌的优越，酒店如何识别顾客的期望，怎样使酒店的员工更成功地分享外部顾客的信息，怎样激发员工的斗志和处理部门之间的协作等。

2.战略模块

战略是企业发展和成长的保护屏障。酒店CRM战略应该在目标收益及方向上与酒店发展战略保持高度的一致，它是酒店发展战略的重要组成和体现，应该为酒店创造更多的盈利机会。实施酒店CRM战略就是从如何创造“酒店品牌”及“酒店产品品牌”价值的角度出发，发现、赢得、发展并保持有价值的顾客，将酒店的内外部环境、酒店战略实施和酒店的经济效益结合起来。酒店作为一种服务型企业，顾客的数量和顾客的忠诚度对酒店的发展起着至关重要的作用，忠诚的顾客非常愿意接受酒店提供的服务并愿意为此花更多的时间和资本，而且忠诚顾客及其亲身经历会影响潜在顾客的决策，从而为酒店赢得额外的利润。

3.经验模块

随着技术的完善和实践的不断深入，人们对酒店运行的机制、管理的模式以及处理顾客之间的关系等方面都有了深刻的理解，在实际的工作中也积累了丰富的经验。好的经验可以提高顾客对酒店的满意度、信任度、归属感和较长久的忠诚度，差的经验则相反，不但会严重影响酒店与潜在顾客之间的关系，而且可能会最终失去原有的顾客。顾客与酒店多年交往的经验深刻地影响着他们对酒店的印象。所以，要求酒店CRM系统对“顾客经验”在顾客关系管理中的价值和重要性有功能上的预设。

4.协调模块

协调机制是每个酒店所必有的模块。一是协调各部门之间的工作，使之加强沟通得以高效地运转；二是协调个人和酒店之间的关系，使之目标统一、行动一致。酒店CRM系统的协调功能应能“以变应变”，无论变化来自何方，如组织结构的变化、管理体制的变更、人员的流动等。实践证明，酒店从技术上导入CRM已经没有太大的困难，但这并不能使酒店真正进入“以顾客为中心”的时代，唯有酒店自身从理念到行为上实现根本的转变，才能达到既定的目标。

（二）酒店CRM系统技术模块的构建

很多国内酒店有的甚至从未有过基本的管理信息系统（MIS），这与国外知名酒店集团在信息化和自动化程度上有很大的差距和不同，也就决定了中国市场所需要的酒店CRM产品不是西方酒店CRM模型的汉化。我国酒店企业目前所需的CRM还处于操作层次和分析层次，具体主要包括以下几个重要的功能模块。

1.数据集成与数据挖掘功能模块

收集顾客的信息可以说是顾客关系管理的第一步。凌乱或不完整的顾客信息是没有用的，数据需要转化为信息，只有健全、准确、持续的顾客信息才有使用价值。首先必须建立起完善和高效率的顾客采集系统，提供能够与顾客无缝沟通的CRM平台。在与酒店顾客多种方式的接触过程中，大量关于顾客、企业团体、代理商、中间商的记录和商业机会的信息资料分散于各部门或岗位员工的私人邮件、文本文档、传真件、工作簿中，要求建立起完善的顾客信息入库登记制度。通过科学手段对顾客信息进行去伪存真，精心提炼，使其具备利用价值。利用数据库的数据对酒店业务和行业进行分析预测，对原有和潜在顾客的消费行为进行分析，提供报告和预测未来发展的模型。

2.顾客价值评估功能模块

顾客价值的评估是筛选顾客的基础。顾客价值评估用于进行顾客利润贡献度和顾客生命周期价值评估，顾客价值的判别标准是顾客在全价值生涯中给酒店带来的利益（全生涯周期利润CLP），而不是顾客在酒店当前或已有的消费额。基于对CLP的预测，选择顾客的当前价值、顾客的增值潜力两个维度指标对顾客进行组合排列得到铁质顾客、铅质顾客、白金顾客、黄金顾客四种类型，同时还可建立潜在顾客价值评价模型及其应用策略，潜在顾客各种转化形态的实现条件、机理以及转化策略。CRM系统非常关注顾客价值，并且应具备为CRM其他功能模块（特别是信息联络中心和门户网站）提供实时支持的能力，应该将酒店资源（如酒店推广营销经费及与顾客有效互动的方式和时间）引向潜在回报最高的顾客群。

3.顾客分类管理功能模块

顾客的分类管理是实现优质服务的前提。顾客分类管理主要包括以下内容。

（1）确定细分酒店顾客群的标准，包括顾客的个性化资料、消费的量与频率、入住方式等。

（2）对酒店相同顾客群信息的进一步分析，以便识别具有不同价值的顾客或顾客群。

（3）对酒店不同顾客群的管理。酒店确定不同顾客群对酒店的价值、重要程度，并针对不同顾客群的消费行为、期望值等制定不同的销售服务策略。虽然淘汰不良顾客资料可能在短期内对酒店产生影响，但没有健康的顾客渠道就不可能建立健康的酒店形象和酒店品牌。对顾客信息的分类管理将有助于提升管理和信息的功能。

4.顾客与市场信息互动处理功能模块

顾客与市场信息的互动处理是维持良好顾客关系的根本保障和措施。随着Internet网络、移动通信的发展，越来越多的酒店顾客习惯于通过Web、E-mail、WAP、SMS等方式与酒店交流沟通。电子商务和信息服务中心的建立不断完善了酒店顾客信息的处理效率，尤其是将CTI（Computer Telephone Integration）、IVR（Interactive Voice Response）等技术应用于信息服务中心后，系统能够自动为顾客提供顾客信息查询、历史入住明细查询等，还可为顾客提供多样化、个性化的服务，以亲切优质的服务赢得顾客的赞许和忠诚，及时反馈顾客的需求信息，实时调整服务的内容和策略，最终真正地、最大限度地发挥信息对营销和竞争的作用。

第五节　酒店顾客关系管理的实施及保障

一、酒店顾客关系管理的实施

CRM是一个通过积极使用信息和不断地从信息中学习提高，从而将顾客信息转化为顾客关系的循环过程。这一流程从建立顾客知识开始，直到形成高影响的顾客互动。其间需要酒店采取各种策略，建立并保持与顾客的关系，进而形成顾客忠诚。

（一）酒店CRM的实施过程

CRM的实施是一个循环往复的过程，是一个螺旋式提升的过程。

1.收集顾客信息，发现市场机遇

酒店顾客关系管理流程的第一步就是分析酒店市场顾客信息，以识别市场机遇和制定投资策略。它通过顾客识别、顾客细分和顾客预测来完成。

（1）酒店顾客识别。酒店所面对的顾客市场是一个广泛复杂的群体，不同的顾客有着不同的需求。酒店顾客识别即在广泛的顾客群体中，通过从各种顾客互动途径，包括互联网、顾客跟踪系统、信息中心档案等，收集详尽的数据，包括顾客资料、消费偏好以及入住历史资料等，储存到顾客数据库中，然后将不同部门的顾客数据库整合成为单一的顾客数据库。同时把它们转化成为管理层和计划人员可以使用的知识和信息，以便从中识别出有需求的顾客。

（2）酒店顾客细分。通过集中有需求的顾客信息，酒店可以对所有不同需求信息之间的复杂关系进行分析，按照需求差异进行顾客市场的细分，并描述每一类顾客的行为模式。酒店可以根据不同需求的顾客群体有针对性地设计和推广不同内容、形式以及功能的酒店产品，在此基础上开展一对一营销。

（3）酒店顾客预测。酒店顾客预测是通过分析目标顾客的历史信息和顾客特征，预测顾客在本次酒店消费活动中，在各种市场变化与营销活动情况下，可能的服务期望和消费行为的细微变化，以此作为顾客管理决策的依据。

2.制订顾客方案，实施定制服务

这是指针对顾客类别，设计出适合顾客的服务与市场营销活动。在现实当中，酒店对于各类顾客通常是一视同仁的，而且定期进行顾客活动。但是用CRM的观念来看，这样做显然不合算，CRM要求“看人下菜”。它要求酒店在全面收集顾客信息的基础上，针对目标顾客预先确定专门的服务项目，制订服务计划。这就加强了酒店营销人员以及酒店服务员工在顾客购买产品前的有效准备和顾客入住酒店期间的针对性服务，提高了酒店在顾客互动中的投资机会。在这一流程中酒店通常要使用营销宣传策略，向目标顾客输送产品和服务信息，以吸引顾客的注意力。

3.实现互动反馈，追踪需求变化

这是酒店借助及时的信息提供来执行和管理与顾客（及潜在顾客）沟通的关键性活动阶段，它使用各种各样的互动渠道和酒店信息系统，包括顾客跟踪系统、销售应用系统、顾客接触应用和互动应用系统。通过与顾客的互动，酒店可以随时追踪有关顾客的需求变化以及顾客消费后的有关评价，从而不断修改顾客方案。在以往，市场营销活动一经推出，通常无法及时监控活动带来的反应，只是以销售成绩来判定效果。CRM却可以随时对市场营销活动的资料进行相关分析，并且通过顾客服务中心或信息中心及时地进行互动反馈，实时调整营销活动。

4.评估活动绩效，改善顾客关系

这是酒店顾客关系管理的一个循环过程即将结束时，对所实施的方案计划进行绩效分析和考核的阶段。CRM透过各种市场活动、销售与顾客资料的综合分析，建立一套标准化的考核模式，考核施行成效；通过捕捉和分析来自互动反馈中的数据，了解顾客对酒店各项营销活动所产生的具体反应，为下一个CRM循环提出新的建议，以此不断改善酒店的顾客关系。

（二）酒店CRM的基本策略

1.顾客识别策略

顾客识别策略即通过广泛收集和分析顾客数据，评估不同顾客或顾客群的价值，并进一步以顾客终身价值为标准，对酒店终身顾客进行细分，识别顾客类型，对不同类型的顾客采取不同的进攻策略。

顾客的价值包括以下三部分：历史价值，即到目前为止已经实现了的顾客价值；当前价值，即如果顾客当前行为模式不发生改变，将会给酒店带来的顾客价值；潜在价值，即如果酒店通过有效的营销活动调动顾客购买积极性或顾客向别人推荐酒店产品和服务等，从而可能增加的顾客价值。其中顾客的当前价值和潜在价值构成了顾客终身价值（Customer Lifetime Value，CLV），即一个新顾客在未来所能给酒店带来的直接成本和利润的期望净现值。具体的识别策略如下。

（1）顾客数据收集。对于酒店而言，要建立完整的顾客信息，必须收集以下数据：

个人资料（包括年龄、性别、婚姻、收入、职业等）、住址（包括区号、房屋类型等）、生活方式（包括爱好、性格、兴趣等）、态度（包括对酒店产品和服务的态度）、客源地概况（包括经济条件、气候、风俗、历史等）、顾客行为方式（包括渠道选择、入住方式等）、需求（对酒店产品以及服务的期望）、关系（包括家庭、朋友等）。

（2）顾客价值评估。对于酒店顾客而言，影响其终身价值的因素包括所有来自顾客初始购买的收益流、所有与顾客购买有关的直接可变成本、顾客购买酒店产品的频率、顾客购买的时间长度、顾客购买其他产品的喜好及收益流、顾客推荐给朋友同事及其他人的可能、适当的贴现率等。根据酒店的行业特点和酒店产品特点，建立顾客终身价值的因素分析模型，客观评估不同顾客的终身价值。

2.顾客保留策略

顾客保留策略即针对酒店的各级目标顾客，实施顾客关怀，拉近与顾客的关系，提高顾客满意度，从而保留价值顾客。

（1）与顾客密切接触。酒店通过各种途径，保持与顾客的密切接触，建立一种亲善的关系。例如，给顾客发送生日电子贺卡等。这种细微的动作看似与酒店经营行为无关，但是可以在顾客中产生一种良好的“人情味”感觉，降低了因单纯的酒店交易关系所导致的不信任，有利于给顾客提供一种良好的心理感觉。

（2）顾客提醒或建议。顾客购买酒店产品后的初期，提醒顾客可能会遇到的问题，并提供解决方法；在顾客消费酒店产品和服务的过程中，提醒顾客还需要做哪些工作，了解顾客使用酒店特殊服务和产品的原因以及使用情况；在酒店消费结束后的适当时间，还可以根据产品关联分析，推荐顾客新的酒店产品。当顾客享有酒店积分优惠等权利时，酒店应注意提醒顾客，错过使用期。

（3）顾客变动趋势追踪。掌握顾客消费的地点、消费时间、消费方式，进行顾客询问或浏览，追踪顾客价值等变动，避免顾客流失。例如，在顾客酒店消费结束后，采取问卷、电话、邮件等方式进行顾客满意度调查，及早发现顾客投诉，及时推断顾客偏好的改变，从而及早消除顾客的不满，或随之改变酒店服务和产品的策略，保留顾客。

（4）顾客需求定制化满足。对重要顾客可制订不同的优惠方案，满足其个性需求。同时销售人员应站在顾客的立场恰当地介绍酒店对顾客的优惠政策，这样会取得更好的效果。比如，酒店如果想持续吸引一位顾客，有以下两种优惠方案的介绍方式：一种是“××先生，依照我们的记录，您是VIP，所以您的住房我们提供六折优惠”；另一种是“××先生，我们知道您常常需要出差洽谈公务，我们更关心您出差旅行时能否继续保持良好的健身习惯，您可以免费使用这里的健身设施”。后者显然更能贴近顾客的心理。

3.顾客忠诚策略

顾客忠诚是从顾客满意概念中引出的概念，是指顾客满意后而产生的对某种产品品牌或酒店的信赖、维护和希望重复购买的一种心理倾向。顾客忠诚实际上是一种顾客行为的持续性。因此它既可以界定为一种行为，也可以界定为一种心态，或者是一系列的态度、信念、愿望等，是一个综合体。它的某些组成因素对酒店而言确实非常琐碎，但对顾客而言并非如此。酒店得益于顾客的忠诚行为，而这种行为源于他们的心态。与顾客建立长期的忠诚合作关系，将为酒店带来更多的效益。CRM的实施为酒店提供了新的顾客忠诚策略。

（1）赋予“一线员工”足够的操作技能。对于酒店而言，最前线的员工就是酒店服务人员，以及信息服务中心的接线员，这些一线员工将代表酒店与顾客面对面地接触。因此，他们在顾客心中留下的印象将是非常深刻的。只有赋予酒店一线员工以足够的操作技能，才能确保顾客对以他们为代表的酒店服务和产品的满意。

（2）与酒店合作伙伴进行协作。旅游业是一个与顾客的食、住、行、游、购、娱相结合的综合服务行业，任何一个酒店企业都无法脱离相关行业企业而单独完成对顾客的全程服务。与酒店合作伙伴进行协作是酒店实施顾客关系管理的有效措施。通过与酒店合作伙伴进行协作，共同维护和提高酒店供应链水平，可以培育顾客对供应链企业的整体忠诚，从而提升顾客对本酒店的忠诚度。

（3）创造以顾客为中心的酒店CRM文化。让顾客知道酒店以他们为重，在酒店提倡“以顾客为中心”的CRM文化。这不仅要求酒店的市场销售和服务部门建立“以顾客为中心”的业务流程，还需要酒店的其他部门积极响应顾客需求的变化，建立真正意义上的所有部门的运营都“以顾客为中心”。

（4）实现“一对一”服务。在正确的时间，以正确的价格，通过正确的渠道将正确的产品（或服务）提供给正确的顾客，通过“一对一”服务，满足酒店顾客的个性化需求，从而培育顾客忠诚度。CRM的实施，为“一对一”服务的实现提供了技术支持，酒店可以通过数据库中的顾客信息开发定制化产品，满足不同顾客的需求。

（5）想顾客未来之所想。要培育顾客忠诚度，仅仅做到“想顾客所想”还不够，还应当做到“想顾客未来之所想”。CRM的实施实现了这种可能。CRM中所建立的预测模型可以帮助酒店通过对顾客和市场变化的追踪，制定未来市场开发的准确策略，开展更成功的市场攻势，真正实现“想顾客未来之所想”。

二、酒店顾客关系管理的保障

酒店成功实施CRM，需要技术、人员、资金等资源的注入，同时要有适合其实施的业务流程和组织结构。它们构成了酒店CRM实施的保障体系。

（一）信息技术保障

CRM工程的技术核心是利用现代科学技术有效地分析和建立顾客数据集成和互动的信息沟通系统，利用相配套的软件为顾客提供24小时在线的有效服务。一方面，利用高信息化的数据库将酒店内外部顾客资料数据集成到同一个系统里，让所有与顾客接触的营销、服务人员都能按照授权，实时地更新和共享信息。另一方面，利用高效的信息流，使每一个顾客的需求都触发一连串规范的内部作业链，使相关业务人员紧密协作，快速而妥善地处理顾客需求，从而提升酒店业绩与顾客满意度。

1.高信息化的数据库

存有顾客详尽数据的中央数据库，是酒店内统一的也是唯一的高信息化的决策支持系统，它需要利用信息技术实现数据与知识的转换。

以顾客为中心的酒店数据库是一个酒店顾客信息的金矿，是全酒店进行决策的信息基础。为了确保顾客信息的交流，完善数据的信息功能，数据库自身需要具备以下特征。

（1）可容纳大量数据。即数据库必须可以容纳大量的详细数据。包括与酒店顾客的每一笔交易，每一个顾客电话，每一次顾客称赞或投诉等都必须记录在案。

（2）可持续加载数据。即数据库必须具备因业务和交易的不断进展而持续加载数据的能力。随着酒店业务和交易的不断进展，顾客情况会有新的变动，需要在数据中添加新的顾客信息。

（3）数据信息可共享。即数据库应该为酒店营销和管理部门以及其他部门的人员共同使用。因为酒店CRM不仅仅是关于酒店市场营销的，而是关于整个酒店处理对客关系的问题。因此数据信息应该可以共享。

（4）可不断扩大容量。即数据库必须是可以扩展的。酒店规模的不断扩大，顾客交易的不断成功，都要求酒店数据库随之不断升级，根据营销增长的需要而不断扩大容量，容纳更多信息。

（5）可保护敏感数据。即数据库必须对一些敏感的顾客数据提供足够的保护，这是顾客正当的权益要求。

（6）以历史数据为基础。即数据库的成功必须依赖于长期详尽的酒店历史数据，若单纯地按预期的情况去设计数据库必然会失败。

2.完善的信息转换能力

数据库的建立完善了酒店的信息结构，但数据本身尚不能表达顾客意愿，在数据库的成功应用中还存在一个信息转换的流程，包括将顾客知识转化为数据以及将数据转化为信息两个方面。因此酒店在具备高信息化顾客数据库的同时，还必须完善这两种能力。

（1）将顾客知识转化为数据的能力。顾客信息的收集，除了一部分数据可以从内部或外部的数据文件和数据库中访问、获得、复制或摘录，更多的是直接来源于顾客的知识化信息，它不能直接被数据库系统所容纳，必须按照数据库中已有的分类进行转换。这一流程要结合酒店行业的性质和普遍信息接受的变换形式把数据转换成共同的特征，通常需要一些巧妙的处理手段和一定的业务知识，再加上对数据来源和数据意义的清晰理解，这是数据库应用最艰难的过程。

（2）将数据转化为信息的能力。详细的顾客知识，指的是关于交易的原始数据，这是成功的酒店用来获得并保持盈利顾客的关键所在。要想创造一种能够共享的酒店决策环境，就必须把原始数据转化为可以指导行动的信息。这就需要借助于信息访问和知识发现工具——信息技术。它可以帮助酒店从所有适当的数据信息来源中获取顾客知识，进而引导顾客需求，培育顾客忠诚度 。

3.高效的信息流

在顾客关系管理过程中，信息流是酒店与顾客之间双向流动的全过程，它贯穿于酒店生产、交换和消费的各个环节。任何一个环节的信息流动出现问题，都会导致顾客的不满。因而顺畅高效的信息流程是CRM的基础和保障。

（二）人员团队保障

酒店在实施CRM中还必须重视人的因素，他们对CRM的成功实施是极为重要的。

1.获得酒店管理层认可

实施CRM应当取得酒店高层领导的支持以及管理层的理解和共同认可。这是CRM实施获取其他保障的基础，否则将成为CRM实施的最大阻碍。作为酒店的高层领导，应当从总体上把握CRM的项目实施，并扫除实施道路上的障碍。他们将为实施计划设定明确的目标，向团队提供为达到目标所需的时间、财力、人力和其他资源，并推动该目标从上到下的实施。同时，作为酒店的管理层人员应当具备对实施CRM项目的充分理解和协作支持，才能使CRM项目顺利开展。

2.成立CRM实施团队

在实施CRM时，酒店要组织一支多功能的实施团队。这支团队应当在以下四个方面具有较强的能力：一是具有进行酒店业务流程重组的能力，团队成员需要对其流程的关键部分进行改造，使之符合CRM系统的要求；二是具有了解系统的顾客需求状况的能力，团队成员应该根据酒店的工作流程对CRM工具进行修改；三是具有掌握一定技术，以支持相关功能实现的能力；四是具有改变管理方式的能力。团队成员可以帮助顾客适应和接受新的业务流程。酒店可以从组织内部各部门中或通过外部招聘的形式，寻找适当人员充实团队力量，以保证团队成功实施CRM。

3.进行全员管理培训

员工对顾客关系管理的正确认识以及对相关技术知识的掌握，也是成功实施CRM的重要保障。酒店首先应该通过全员培训，在酒店中形成从领导到员工对CRM重要性的正确认识，并积极配合实施，使CRM融入酒店的每个运作环节中。同时，酒店应通过持续的员工培训，使他们能够成功地运用这一系统并以此建立酒店和顾客的关系，酒店将从对员工的培训和顾客的支持中获利。

（三）管理组织保障

CRM系统的实施是一个管理项目，而非仅仅是一个IT项目。要想成为一个“以顾客为中心”的酒店组织，必须要重新定义酒店的业务方法，这需要更多的员工授权、灵活的产品（服务）价格模型以及扩充的产品特征（利益）等。因此，CRM的实施不可避免地会引起酒店业务流程的重组和组织结构的调整。

1.业务流程重组

业务流程重组是指利用信息技术，对酒店的业务流程进行彻底的再思考和重新设计，从而提高顾客满意度，取得经营业绩质的飞跃。在CRM中，包括酒店的销售实现、市场营销、顾客服务三个业务流程的优化，以及酒店与顾客接触、交互、合作的业务流程（联络中心管理、业务信息系统、CRM集成管理）优化和重组两个方面。

首先，专业技术人员需要预测顾客与竞争对手在未来5年内会如何变化，而CRM又是如何跟进并驱动这一变化的。其次，通过调查和业务分析，确定哪些领域最需要自动化，哪些领域需要业务流程的改善。最后，进行战略规划、评估，实现以顾客为中心的业务流程重组。重新设计的业务流程要使每一步都尽可能有效执行，并配合顾客的需求。要配合顾客的需求，酒店业务流程的设计必须考虑以下四个方面：第一，向顾客推销产品的方式、内容以及所耗费的人、财、物。第二，如何让顾客接收酒店信息和顾客如何方便地购买酒店产品。第三，了解如何吸引新顾客，使之成为回头客。第四，如何使不满意的顾客回心转意。总之，将流程与顾客连接到一起，能更好地提高顾客满意度，使对顾客需求的反应更迅速。

2.组织结构再造

CRM价值链要求酒店的组织结构必须以顾客为导向，必须改变过去以产品或品牌为导向的组织形态，形成一个以了解顾客、服务顾客为目标的组织形态，以便使组织更接近顾客。为此酒店组织结构必须体现从以产品为中心的内部导向型组织转向以顾客为中心的市场驱动型组织。

（四）合理规划保障

合理的CRM规划是酒店成功实施顾客关系管理的必要保障。顾客关系管理的主要目标是建立良好的顾客关系，培养忠诚的顾客群。在与顾客的每一个“接触点”上都更加接近顾客、了解顾客、关怀顾客，最大限度地增加利润，提高市场占有率。要实现这一目标，在战略开发中必须要有明确的长远规划。同时，一项完备的CRM系统需要3–5年的时间，需要将这一中长期规划分阶段、分步骤地加以实施，从最迫切、最可行的部分开始，逐步完成。因此，还必须明确各阶段的规划目标。同时，管理者还要分析研究如何将CRM的实施与酒店的中长期发展战略结合起来，确定较为详细的实施计划，通过合理的规划，科学安排实施进程，严格进行过程控制，以保证CRM项目的成功实施。

（五）专业化管理保障

顾客关系管理涉及酒店评价、整体规划、技术集成等多项工作。要实施这一复杂的系统工程，单靠酒店自身的力量恐怕难以奏效，需要求助于社会专业化顾客关系管理组织。一是采用公开招标的形式寻求CRM解决方案，邀请有关专家、技术设备厂商以及电子商务咨询公司等，研究酒店现状，提出前景好、技术一流并适合酒店自身特点的CRM产品；聘请专家对酒店的相关人员进行CRM原理培训和操作培训，协助酒店实施CRM。二是采用CRM外包形式，把顾客关系管理交给社会力量，由已有成功案例的专业服务公司对酒店顾客关系管理的实施进行专业化的运作。

第四章

现代酒店信息系统及安全管理

第一节　酒店信息系统概述

一、酒店经营的相关信息

现代酒店的各层管理人员每天所处理的业务，任何时刻都和信息有关，其大部分的工作内容都反映在收集、保存、传送以及加工和处理信息等活动中。我们从管理的角度可以把信息定义为：信息是经过加工处理后的数据，对接收者有用，对决策者和管理者有现实或潜在的价值。

酒店信息可分为酒店内部信息和酒店外部信息两大类。

（一）酒店内部信息

1.客户和客源信息

通过酒店的信息系统，实现与客户的信息互动，实现对客户的服务承诺，从而培养酒店的忠诚客户群体。作为酒店管理人员，必须利用信息系统，了解客户的个人信息、客户的需求、客户对酒店服务的意见，并通过信息系统处理客户的信息，使酒店经营者对客户的动态了如指掌，有利于酒店经营策略的制定。

2.销售信息

销售信息包括酒店客房信息和销售报表信息，这些信息和客源信息密切相关，通过销售信息可以分析酒店的经营状况。管理人员通过信息系统，可以及时了解酒店经营的销售信息，掌握酒店经营的销售情况。

3.财务信息

财务是酒店经营的核心，财务信息反映了酒店经营的盈亏状况、经营水平，是酒店信息系统中的主要信息。财务信息包括凭证信息、账务信息、总账和明细账等信息，由信息系统中的专门软件进行处理。

4.人力资源信息

人力资源是酒店经营管理中的主要内容之一。信息系统可以记录每一个人的基本信息、管理概论培训信息、工资奖励信息、业绩和晋升信息等人力资源信息，供管理部门查询。

5.工程设备信息

工程设备信息包括设备的基本信息、设备的维护信息、设备的资产信息、设备的报修信息、设备的备件信息等。通过信息系统处理工程设备信息以后，可以产生每周的设备维修清单、设备资产清单、设备折旧清单，并可以实现设备的计算机报修，记录设备的使用和维护情况，保证设备处于良好的运行状态。

6.物资用品信息

物资用品信息包括耗材物品信息、办公用品信息、客房用品信息、饮料食用品信息、餐饮原料信息以及商场商品信息等。信息系统记录了这些物资用品信息的采购、入库、出库、库存等情况，形成各类采购报表、统计报表、汇总分析报表，使酒店管理中的各类物资商品得到合理的使用。

（二）酒店外部信息

1.行业政策信息

行业政策信息包括行业规范、星级标准、安全要求等政策性文件，行业的优惠政策，涉外的管理规范以及一些地方性行业管理政策等。

2.经济和金融信息

经济和金融信息包括外汇牌价信息、宏观经济指标信息、股票行情信息以及市场变动指数信息等。经济信息对酒店经营十分重要，经济和金融信息反映了经济发展的走势和金融发展的动态。

3.相关协作单位信息

酒店的经营离不开相关的协作单位，如旅行社、旅游公司、旅游用品提供商、旅游耗材提供商、餐饮原料提供商等。

4.酒店同行的信息

酒店同行信息包括同行的设施、价格、经营特色、服务承诺以及经营活动等情况。酒店经营的市场类似战场，只有“知己知彼”才能“百战不殆”。

5.社会公共信息

社会公共信息主要包括交通信息、气象信息、旅游景点信息、其他酒店信息、本地环境和公共服务设施信息等。酒店在经营过程中要关注社会公共信息，对住店宾客提供社会公共信息有利于提高服务质量。

二、酒店经营管理信息系统

酒店经营利用计算机技术，以酒店管理人员为主导，进行信息的收集、传输、加工、储存、更新和维护。酒店的信息系统包括前台经营系统、后台管理系统、办公自动化系统、酒店决策支持系统等。本书中我们只对经营管理的信息系统做简单介绍。

酒店的前台经营系统和后台管理系统合称为酒店经营管理系统，主要管理和处理酒店经营的一切业务往来，记录酒店经营所有的活动数据。下面按照酒店经营管理系统的软件结构介绍其主要功能模块。

（一）前台经营系统

1.预订接待系统

预订接待系统是前台系统的主要功能模块，主要完成对散客、团体的预订和接待登记任务，以及对散客、团体的客房分配、加床、退房、续住等日常管理工作。利用计算机处理上述业务，总台可以一目了然地了解酒店客房的使用情况、预计离店的宾客情况等，提高酒店的工作效率和对客的服务质量，这是手工管理无法比拟的。

2.账务审核系统

该功能模块主要记录每个客户在酒店的消费情况，处理散客、团体账务，负责总台的收银工作以及夜间的审计工作，所有住店宾客的账务从交预订金开始就和该系统发生关系。该系统具体管理总台的收银日记账和应收账款，处理和打印每日报表以及有关的分析报表。所有前台宾客从登记入住到结账离店所发生的一切账务均由该系统负责处理。

3.程控电话管理系统

程控电话管理系统是通过程控交换机和计算机连接的一个电话计费控制系统，实现对酒店内各分机电话的准确计费，并可进行各种统计、查询报表等管理。计算机通过接收程控交换机输出的每条话单，并对每条话单内容进行分解、计算、存储，完成每个分机的国际、国内直拨电话计费。该系统一部分完成客房分机的电话计费，把电话费用记入住店宾客的账户中，实现宾客离店一次性结账；另一部分记录内部管理部门的每一条电话费用的详细情况，以利于酒店对费用的控制。

4.客房中心管理系统

客房中心管理的主要工作是控制客房状态、客房设备以及客房用品。通过该系统，总台或总经理可随时了解客房状态及有关数据，如可用房数、维修房数、自用房数、不可用房数等。通过计算机的管理，使客房设备和客房用品得到合理使用，减少浪费。

5.餐饮娱乐管理系统

餐饮娱乐管理系统主要完成散客点菜和收银等日常管理以及餐饮预订等管理，如餐厅及各娱乐营业点的收银管理、餐饮成本的动态控制以及吧台商品的销存管理等，对住店宾客或特殊宾客收费自动过账，实现一次性结账，并可打印各类营业报表及餐饮稽核报表。

6.总经理查询系统

总经理查询系统的主要功能是提供快速查询，让总经理等决策者快速、全面、准确地了解酒店经营管理有关信息数据，以便做出正确的决策。总经理查询系统提供的信息数据包括前、后台各种营业数据，如前厅接待、预订数据、房务数据、餐饮数据、收入成本数据、人事数据、工资数据以及库存数据等。

（二）后台管理系统

1.财务管理系统

财务管理系统属后台系统，财务管理是酒店管理的核心内容。财务管理系统的功能是管理总账、明细账、分类账等，包括账务处理、原始凭证处理、科目设置处理、账户管理、凭证汇总处理、账目查询和打印处理、银行对账处理、月终年终报表处理、各类报表打印处理等。该系统存储的财务数据是酒店最重要的数据，必须有一套安全数据管理机制，并且一定要有灾难恢复功能，以保证整个账务系统的数据安全。

2.人事工资管理系统

人事工资管理系统的主要功能是管理酒店的人事关系及工资，包括档案管理、劳动组织管理、招工用人管理、员工培训管理、人事变动管理、考勤输入管理、工资发放管理、工资汇总管理。在该系统中，通过有效管理，可充分利用酒店的人力资源，提高人事工资管理的精确度，减轻人事部门的劳动强度，提高人事部门的工作效率。

3.工程设备管理系统

工程设备管理系统主要管理酒店的固定资产设备。工程设备管理系统对固定资产的分类、用途、维护、统计等进行有效管理，完成设备的购入登记管理、调拨管理、折旧管理、设备报废管理以及设备查询打印等管理工作。

4.仓库管理系统

酒店库存原料品种繁多，难以管理，仓库管理系统能详细记录每一笔原料物资的出入库情况。仓库管理系统的功能包括入库管理、领料管理、调拨管理、仓库明细账管理、预计进料管理、账务查询管理以及物品统计报表打印管理等。通过计算机管理，可以提高酒店资金的利用率，使仓库“账实相符”，减少库存积压。

5.综合收银系统

综合收银系统是餐饮收银、娱乐收银及预订系统的综合体，主要用于餐饮部门、娱乐部门以及酒店其他经营部门的收银。综合收银的管理功能有预订管理、信息查询、计时管理、交班报表管理、应收账务管理、系统设置管理等。要使用综合收银系统，首先必须由系统管理员在系统维护中对该计算机进行定义，表明该计算机可操作哪些收银点的信息。

第二节　酒店设备管理及物资管理

一、酒店设备管理

（一）酒店设备的含义

酒店设备是酒店物质技术装备的总称，具有长期性、多次使用的特性，列为企业的固定资产。酒店设备具有一定的寿命周期，包括如下分类。

（1）自然寿命：设备从投入使用到自然报废所经历的整个时期。

（2）技术寿命：设备从投入使用到因无形磨损而被淘汰所经历的时间。

（3）经济寿命：设备投入使用后，由于设备老化，维修费用增加，继续使用在经济上不合算而需要更新改造所经历的时间。

（二）酒店设备管理的特点

1.综合管理能力强

酒店设备的现代化，使得设备投资额增大，维护费用增加，设备管理得好坏，与酒店经济效益的关系越来越密切，这就要求设备管理者的管理能力要逐步增强。目前，设备的现代化管理已不仅局限于维修保养的纯技术方面，还要涉及经济分析和大量的组织工作和协调能力。譬如，购置设备前所进行的可行性论证，计划的编制，劳动力的组织与安排，与各部门的协调，设备管理的考核、检查、评比以及有关对外联络等。因此，酒店设备的现代化管理，可以说是整个企业管理的缩影，要求设备管理者必须有较强的综合管理能力，这样才能适应酒店不断发展的需要。

2.技术水平要求高

由于酒店设备最能体现现代最新科技成果，所以酒店的一些设备越来越先进，结构也越来越复杂，对设备运行的操作人员和维修人员的要求越来越高。这就要求酒店设备管理者要不断地更新观念，加强对员工的培训，使其适应不断发展变化的市场需要，保证酒店设备的正常运转。

3.管理效率要求高

大量的酒店设备设施供客人直接使用，要求设备设施不允许出现故障和缺陷，一旦发现，必须立即修复，各酒店对设备设施的维修工作都有具体的时间限制。设备管理工作，特别是维修工作必须高效率、高质量，以达到客人的满意。

4.人员素质要求好

酒店对人力资源的控制极其严格，而设备管理以及维修工作量又很大，劳动形式大部分是分散的，很多是以个人为单位的单项劳动。这就要求工程技术人员责任心强，素质要好，维修能力要强，还要一专多能。

（三）酒店设备的使用与维护

1.酒店设备使用维护的管理制度

设备使用和维护的关键在于每一个员工都要正确使用和精心维护所使用的设备，减少设备的故障，减少设备的应急维修，工程部则做好重要设备计划维修，使酒店的设备管理实现规范化。

（1）酒店设备的管理制度。对各部门的一般设备，其管理制度主要有设备的岗位职责、设备使用初期的管理、设备的操作维护规程、管理责任人制度。

（2）动力设备管理制度。动力设备的管辖权在工程部，必须严格按照相关的管理制度进行管理，以减少故障，防止事故的发生。机房管理制度包括凭证操作制度、交接班制度、巡回检查制度、清洁卫生制度、安全保卫制度、机房值班制度、操作规程、维护规程和安全技术规程等。

（3）设备润滑管理制度。按计划对各种设备进行润滑工作，以降低机器设备零部件的损坏率，使设备经常处于良好的技术状态。

2.酒店设备的维修

设备的技术状态劣化或发生故障后，为了恢复其功能和精度而采取的更换或修复磨损、失效的零部件，并对整机局部进行拆装、调整的技术活动称为设备维修。设备维修是使设备在一定时间内保持其规定的功能和精度的重要手段。

（1）酒店设备的维修方式。

①事后维修。设备发生故障后，性能、精度降低到合格水平以下时所进行的修理称为事后维修。此时，设备已坏，损失已经发生。事后维修适用于利用率低，维修技术简单，能及时提供用机，实行预防性维修不合算的设备。

②预防维修。预防为主是酒店设备维修管理工作的重要方针。预防维修有两种方法。一是定期维修。定期维修是按事先规定的计划和相应的技术要求所进行的维修活动，是一种以时间为基础的预防性维修方法，适用于已经掌握了磨损规律的设备。特点是事先确定修理的类别、修理的周期结构，制定修理的工艺，确定工作量，提出维修所需要的备件、材料计划。二是预知性维修。预知性维修是一种以设备技术状态为基础的预防性维修方法，它系统地分析了设备的劣化程度，并在故障发生前有计划地进行针对性的维修，既能保证设备经常处于完好状态，又能充分利用零件的寿命，比定期维修更为合理。

③改善维修。为改善和提高设备的功能，在条件许可的情况下，对设备进行改善性维修，以提高设备的可靠性。

（2）酒店设备的修理类别。

①小修。设备小修是工作量最小的一种修理。对于实行定期维修的设备，小修主要是更换或修复在期间内失效或即将失效的零部件，并进行调整，以保证设备的正常工作能力。对于实行预知性维修的设备，小修的工作内容主要是针对日常点检和定期检查中发现的问题，拆卸、检查、更换或修复失效的零部件，以恢复设备的正常功能。

②项修。项修是根据酒店设备的实际情况，对状态劣化已经达不到生产要求的项目，按实际需要进行针对性的修理。项修时，一般要进行部分的拆卸、检查、更换或修复失效的零部件，从而恢复所修部分的性能和精度。

③大修。大修是对酒店设备进行维修工作量最大的一种计划维修。大修时要对设备全部解体，修整所有基准件，修复或更换磨损、腐蚀、老化及丧失精度的零部件，使之达到规定的技术要求。大修的费用较高，且性能难以达到出厂时的技术标准，所以，大修要事先进行可行性分析。

3.酒店设备的维修形式

（1）委托修理。酒店所有的重要设备是酒店设备管理的重点，委托修理是指酒店把酒店设备的修理工作委托给生产厂家或专业维修公司。这样一来，可以减少酒店的开支，且使设备得到专业的维修，所以，委托修理是酒店设备维修的重要方式。

（2）自行修理。较多酒店采用此种方式，它又有四种形式：计划维修、巡查维修、报修制、万能工维修制。其中，酒店设置万能工，任务就是对酒店所有设备进行有计划的循环检查维修，还要承担酒店的应急维修工作。

（四）酒店能源管理

现代化的酒店，是一个能耗较高的企业。搞好酒店能源管理，既有利于提高酒店的管理水平，又有利于降低酒店成本，还能为我国经济建设做贡献。

1.酒店能源的使用概况

（1）酒店的能耗。酒店能耗占总营业成本的4.5%～6.5%，主要有以下几个方面：①电力；②热能；③水。

（2）能源管理中的问题。许多酒店由于管理不善，造成设备损坏、老化，加上员工缺乏节能意识，能源浪费严重，造成设备能耗的大幅度增加，酒店必须转变观念，加强节能意识，建立能源管理机构，健全能源管理制度。

2.能源管理的内容与方法

（1）能源管理的内容：①建立健全能源管理体系，明确管理职责；②制定并实施有关节能技术措施，完成节能工作任务；③制定能耗定额，认真考核，认真分析研究，解决突出问题。

（2）能源管理的方法：①建立管理机构；②建立健全能源管理制度；③做好能源的基础工作。

3.节能措施

（1）空调节能。空调的能耗在酒店能耗中占有较大比重，搞好空调的节能可大大降低酒店的能耗。可用如下措施予以降低：慎重设定室内的温度，控制人均新鲜空气量，余热回收，采用变风量空调系统。

（2）照明节能。

照明节能包括：①按照酒店等级选定适合的照度；②选择适当的照明用具和照明方法；③采用自控照明装置；④广泛采用节能灯。

（3）采用节能新技术。

具体方法包括：①多用变频节电技术；②选择高效的节能设备。

二、酒店物资管理

（一）酒店物资管理概述

1.酒店物资管理的定义

酒店的物资管理是对酒店物资资料进行计划、采购、保管、使用和回收，以使它们有效地发挥应有的使用价值和经济效用的一系列组织和管理活动的总称。

2.酒店物资分类

（1）按物资用品的价值构成分类。具体包括：①低值易耗品；②物料用品。

（2）按物资用品的自然属性分类。具体包括：①棉织品；②装饰用品；③清洁用品；④服务用品；⑤玻璃用品；⑥食品原材料；⑦餐茶具；⑧燃料；⑨印刷品；⑩维修材料；⑪办公用品；⑫消防用品。

（3）按客人消耗和价值补偿方式分类。具体包括：①客用多次性消耗物品；②客用一次性消耗物品。

（4）按物资用品使用方向分类。具体包括：①客用物资用品；②生产产品用料；③办公用品；④清洁和服务用品；⑤基建、维修用料；⑥安全保卫用品；⑦后勤用品。

（二）酒店物资管理的任务与特点

1.酒店物资管理的任务

酒店物资管理的任务包括：①根据酒店的等级规格和接待能力，搞好物资用品配备，保证酒店的等级规格和市场环境相适应；②合理制定消耗定额，为物资用品日常管理提供数量依据；③以消耗定额为基础，确定部门物资用品的资金需要量，加强计划管理；④合理制定储备定额，加强库房管理，严格履行物品领用手续，控制物资用品消耗；⑤定期盘点和分析物资用品使用效果，提高经济效益。

2.酒店物资管理的特点

酒店物资管理的特点包括：①客人需求的多变性影响着酒店物资管理的规定性；②酒店营销业绩的不稳定影响着酒店物资管理的计划性；③酒店物资的丰富性影响着物资管理技巧的多样性；④酒店部分物资的相对不可储存性影响着物资管理的时效性。

（三）酒店物资定额管理

1.酒店物资定额管理原则

酒店物资定额管理原则主要包括从实际出发、统筹兼顾、参照历史、全面管理、制定制度。

2.酒店物资消耗定额

酒店物资消耗定额是指酒店在一定时期、一定的生产技术水平下，为完成某项任务或制造单位产品所必需品消耗的物资数量标准。其方法主要有经验估算法、统计分析法、实物实验法。

3.酒店物资仓储定额

酒店物资仓储定额是指在一定经营下，酒店为保证接待服务质量，保证服务活动不间断地顺利进行所必需的、合理的物资用品储备数量。

（四）酒店物资的采购与仓储管理

1.酒店采购管理的主要内容

酒店采购管理的主要内容包括：①认真分析酒店所有业务活动的物资需要，依据市场近况，科学合理地确定采购物资的种类与数量；②根据各业务部门对物资的质量需求与价格需求，选择最为合适的供货商；③控制采购活动全过程；④制定采购各种物资的严密程序、手续和制度，使控制工作环环有效；⑤制作并妥善保管与供货商之间的交易合同，保证合同合法有效并对酒店有利。

2.酒店仓储管理

仓储管理是物资管理中的一个重要环节，仓库管理的内容包括物资验收工作、物资发放工作、物资维修保养、废料回收和利用工作、处理呆滞积压的物资、掌握库存物资的动态等。

酒店仓储管理的基本要求，包括：①保证物资数量和质量的完整无损；②物资的存放堆码要井井有条、整齐清洁，便于收发、检验、盘点、清仓，物资保管要由专人负责。③掌握各类物资日常使用和消耗的动态，合理控制物资库存量。④各种物资都应设有明细台账，收入、发出、结存要登卡记账，笔笔清楚，要进行抽查和盘点。

第三节　酒店安全概述与危机管理

一、酒店安全概述

（一）酒店安全管理的含义

酒店安全是指在酒店所控制的范围内，前来酒店消费的宾客、酒店员工及酒店财产没有危险、没有威胁、没有事故。酒店安全管理是指为了保障客人、员工以及酒店安全而进行的一系列计划、组织、领导和控制活动，主要包括保卫安全管理、治安安全管理、消防安全管理、卫生安全管理和部门安全管理等内容。

（二）酒店安全管理的意义

1.酒店安全管理直接关系到酒店经营管理活动的正常开展

安全既是人类生存的一个最基本的需求，也是一个酒店一切活动开展的基础，没有一个安全的酒店环境，宾客的人身安全和财产安全得不到应有的保障，他们根本不会光顾酒店。另外，没有安全作为保障，酒店正常的经营管理活动也根本无法进行。因此，安全既是酒店一切活动开展的基础，也是宾客对酒店提出的一个最基本的要求。

2.酒店安全管理直接关系到客人和员工的满意程度

宾客入住酒店，必定有免遭人身伤害和财产损失、自身权利和正当要求受到保护和尊重的安全需求，出门在外，这种需求的期望值比平时更高，因此，酒店安全管理工作是宾客满意的重要保证。另外，酒店安全的工作环境必然也会极大地激发酒店员工工作的积极性，而促进酒店员工更加积极地工作，是争取员工满意的基础。

3.酒店安全管理直接关系到酒店形象与口碑

高水平的酒店安全管理必定会给入住酒店的宾客留下难以忘怀的记忆，同时会被客人广为传播。反之，一旦宾客的人身或安全遭到侵犯，宾客就会投诉，甚至诉诸法律，这会给酒店带来极坏的负面影响，影响酒店的声誉，使酒店失去客源。因此，安全管理对酒店树立良好的形象和良好的口碑有很大的推动作用。

（三）酒店安全管理的策略

1.酒店高层领导高度重视和大力支持安全工作

俗语说得好，“火车跑得快，全靠车头带”，酒店安全工作也不例外，安全工作好不好，关键在领导。只有酒店的主要负责人重视安全工作，建立健全安全管理机构，配备并重视安全管理职员，将安全管理工作抓紧、抓实，酒店的安全工作才能做好，经营秩序才能有保障，才能获得好的经济效益。否则，酒店的安全工作无法正常展开，也不能做到安全经营，安全事故可能会接连不断地发生，宾客、员工的安全得不到保障，酒店必定会在经济上遭受重大损失，也会在社会上造成严重的不良影响。

2.认真落实安全生产责任制

酒店的安全管理工作，仅凭领导重视是不够的，还应将安全责任层层分解并落实下来，明确分工，各司其职，各负其责，在酒店构成安全责任统一体。构成“纵向到底、横向到边”的安全经营管理网络。安全生产责任制是酒店最基本的安全制度，是酒店岗位责任制的一部分，是安全经营规章的核心。它的实质是“安全生产、人人有责”，只有全体员工共同努力，安全工作才能顺利展开，才能获得实效。

3.制定切实可行的安全生产规章制度和操作规程，建立完善的突发事件处置程序及预案

酒店应制定和完善各项规章制度和操作规程，这是展开工作的准绳。安全生产规章制度是以安全生产责任制为核心，包括安全生产责任制和安全生产管理制度。安全生产管理制度包括员工安全守则、安全赏罚制度、安全检查制度、安全会议制度、安全宣传教育与培训制度、消防管理制度等。对各种装备的操作，应制定具体的操作规程。对外来施工单位应与其签订“治安、防火安全协议书”，对用火的均需办理“动火证”。同时，要根据酒店的实际情况，制订突发事件处置程序及预案，使工作有章可循，真正碰到突发事件时

才能忙而不乱。制度的制定要具体、有可操作性，然后就在于落实，要把这项工作当作重要任务来抓，从细微处入手。坚持按章办事，在制度面前坚持人人平等，对违章者该批评的批评、该处罚的处罚，坚持用制度管人、管事。构成“按章办事、遵章守纪”的良好风气，建立“安全管理永无止境”的理念。

4.开展好安全教育培训工作，提升员工素质和管理水平

安全教育与培训的目的是增强员工的责任感，增强员工的安全意识，提高预防事故、处理事故的能力，确保酒店安全经营。通过教育与培训使各级管理职员“精”、普通员工“会”。安全教育与培训要根据不同的时期或不同的教育对象采用不同的教育情势。它的方法很多，比如请领导或专业职员讲课、组织安全方面的活动、举行安全知识比赛、模拟火场的消防演习等，旨在增强安全意识和操作的直观感。

5.加强安全检查，消除事故隐患

安全检查不但是国家有关法规的规定，也是酒店做好安全工作的客观要求，是一种行之有效的管理方法。首先是要制定好安全检查制度，其次是认真落实好检查制度，通常可以通过季节性安全检查、日常安全检查、各岗位安全检查、专业安全检查、定期安全检查和重大节日安全检查等制度的落实，达到发现并消除事故隐患，避免事故发生的根本目的。

二、酒店危机管理

（一）酒店危机与危机管理的含义

酒店容易预见的，可能导致酒店经济遭受损失、声誉受到损害的各类易发性和突发性事件，如自然灾害、食物中毒、火灾等都称为酒店危机。

危机管理是指应对危机的有关机制。酒店危机管理具体是指酒店为避免或者减轻危机所带来的严重损害和威胁，从而有组织、有计划地学习，制定和实施一系列管理措施和应对策略，包括危机的规避、危机的控制、危机的解决与危机解决后的复兴等不断学习和适应的动态过程。

（二）酒店危机的特征与分类

1.酒店危机的特征

（1）突发性。危机往往都是不期而至，令人措手不及，给酒店带来的是混乱和惊恐。

（2）破坏性。危机发生后可能会带来比较严重的物质损失和负面影响，有些危机用“毁于一旦”来形容也不为过。

（3）不确定性。危机事件爆发前的征兆一般不是很明显，酒店难以做出预测。危机出现与否和出现的时机是无法完全确定的。

（4）急迫性。危机的突发性特征决定了酒店对危机的反应和处理时间十分紧迫，任何延迟都会带来更大的损失。危机的迅速发生会引起各大传媒以及社会大众对这些意外事件的关注和发酵，所以企业必须立即进行事件调查与对外说明。

（5）信息资源紧缺性。危机往往突然降临，在时间有限的条件下，混乱和惊恐的心理使得获取相关信息的渠道出现瓶颈现象，决策者很难在众多的舆情中发现准确的信息。

（6）舆论关注性。危机事件的爆发能够刺激人们的好奇心理，常常成为人们谈论的热门话题和媒体跟踪报道的内容。酒店越束手无策，危机事件越会增添神秘色彩，从而引起各方的关注。

2.酒店危机的类型

酒店面临的危机主要有以下八种。

（1）信誉危机。信誉危机是酒店在长期的生产经营过程中，公众对其产品和服务的整体印象和评价。酒店由于没有履行合同及其对消费者的承诺，而产生一系列纠纷，甚至给合作伙伴及消费者造成重大损失或伤害，酒店信誉下降，失去公众的信任和支持而造成的危机。

（2）决策危机。决策危机是酒店经营决策失误造成的危机。它通常是指酒店不能根据环境条件变化趋势正确制定经营战略，而使酒店遇到困难无法经营，甚至走向绝路。

（3）经营管理危机。经营管理危机是酒店管理不善而导致的危机，包括产品质量危机、环境污染危机、关系纠纷危机。

①产品质量危机。它通常是指酒店在生产经营中忽略了产品质量问题，使不合格产品流入市场，损害了消费者利益，一些产品质量问题甚至造成了人身伤亡事故，由此引发消费者恐慌，消费者必然要求追究企业的责任而产生的危机。

②环境污染危机。它通常是指酒店的“三废”处理得不彻底，有害物质泄漏、爆炸等恶性事故造成环境危害，使周边居民不满和环保部门的介入引起的危机。

③关系纠纷危机。它通常是指由于错误的经营思想、不正当的经营方式，忽视经营道德，员工服务态度恶劣而造成关系纠纷产生的危机。如顾客食物中毒、顾客财物丢失等。

（4）灾难危机。它通常是指酒店无法预测和人力不可抗拒的强制力量，如地震、台风、洪水等自然灾害、战争、重大工伤事故、经济危机、交通事故等造成巨大损失的危机。危机给酒店带来巨额的财产损失，使企业经营难以开展。

（5）财务危机。财务危机是指酒店投资决策的失误、资金周转不灵、股票市场的波动、贷款利率和汇率的调整等因素使酒店资金暂时出现断流，难以使企业正常运转，严重的最终可造成企业瘫痪的危机。

（6）法律危机。法律危机是指酒店高层领导法律意识淡薄，在酒店的生产经营中涉嫌偷税漏税、以权谋私等，事件暴露后，企业陷入的危机。

（7）人才危机。人才危机是指人才频繁流失所造成的危机。尤其是酒店核心员工离职，其岗位没有合适的人选，给酒店带来比较严重的危机现象。

（8）媒介危机。真实性是新闻报道的基本原则，但是由于客观事物和环境的复杂性及多变性，以及报道人员观察问题的立场角度有所不同，媒体的报道出现失误是常有的现象。媒体不了解事实真相，报道不能客观地反映事实，引起的企业危机。

（三）酒店危机发生的原因

一是我国属于自然灾害多发的国家。如沿海地区的风暴灾害，地震带地区的地震多发地，南方各大江、河沿岸的洪涝灾害，恶劣天气造成的冰雹灾害，甚至城市改、扩建后排水管网跟不上发展所形成的内涝等，这些不可抗拒的自然灾害都可能给酒店和宾客造成财产及生命的损害，甚至导致危机的发生。

二是酒店装修装饰所使用的大量可燃物和其封闭性的结构，特别容易导致火灾等灾难性事故的发生。这里既有内部管理和设备管理、使用的原因，也有客人使用不当、不注意甚至故意而为的因素。此类事件一旦发生，将造成严重后果。

三是酒店餐饮所提供的食品与服务，牵系着众多宾客的健康与安全，任何管理工作和服务工作中的管理不严、操作不当、措施不力甚至短期行为均可能造成食物中毒事件的出现，进而引发危机的发生。

四是酒店建筑、装饰、设备等施工的质量、保养、维护问题。如广告牌、玻璃窗、建筑物外墙瓷砖从天而降，电梯关人、坠落，饰物、饰画突然砸落伤人，工程未完处不加警示等都容易导致危机事件的发生。

五是服务人员因培训不够或应变能力差，管理人员素质不高，处理店、客纠纷不力。

六是各种事故发生后处理不慎，从而导致的媒体危机。

（四）酒店危机处理的原则

1.承担责任原则（shoulder the matter）

危机发生后，公众会关心两个方面的问题：一方面是利益问题，利益是公众关注的焦点，因此无论谁是谁非，酒店均应该承担责任。即使受害者在事故发生中有一定责任，酒店也不应首先追究其责任，否则会各执己见，加深矛盾，引起公众的反感，不利于问题的解决。另一方面是感情问题，公众很在意酒店是否关心自己的感受，因此酒店应该站在受害者的立场上表示同情和安慰，并通过新闻媒介向公众致歉，解决深层次的心理、情感关系问题，从而赢得公众的理解和信任。

实际上，公众和媒体往往在心目中已经有了一杆秤，对酒店有了心理上的预期，即酒店应该怎样处理，“我”才会感到满意。因此酒店绝对不能选择对抗，态度至关重要。

2.真诚沟通原则（sincerity）

酒店处于危机旋涡中时，是公众和媒介的焦点。酒店的一举一动都将接受质疑，因此千万不要有侥幸心理，企图蒙混过关。而应该主动与新闻媒介联系，尽快与公众沟通，说明事实真相，促使双方互相理解，消除疑虑与不安。

真诚沟通是处理危机的基本原则之一。这里的真诚指“三诚”，即诚意、诚恳、诚实。如果做到了这“三诚”，则一切问题都可迎刃而解。

（1）诚意。在事件发生后的第一时间，酒店的高层应向公众说明情况，并致以歉意，从而体现酒店勇于承担责任、对消费者负责的酒店文化，赢得消费者的同情和理解。

（2）诚恳。一切以消费者的利益为重，不回避问题和错误，及时与媒体和公众沟通，向消费者说明事件进展情况，重拾消费者的信任和尊重。

（3）诚实。诚实是危机处理最关键也最有效的解决办法。我们会原谅一个人的错误，但不会原谅一个人说谎。

3.速度第一原则（speed）

好事不出门，坏事传千里。在危机出现的最初12~24小时内，消息会像病毒一样，以裂变方式高速传播。而这时候，可靠的消息往往不多，社会上充斥着谣言和猜测。酒店的一举一动将是外界评判酒店如何处理这次危机的主要根据，媒体、公众及政府都密切注视着酒店发出的第一份声明。对于酒店在处理危机方面的做法和立场，舆论赞成与否往往都会立刻见于传媒报道。

因此酒店必须当机立断，快速反应，果决行动，与媒体和公众进行沟通，从而迅速控制事态。否则会扩大突发危机的范围，甚至可能失去对全局的控制。危机发生后，能否首先控制住事态，使其不扩大、不升级、不蔓延，是处理危机的关键。

4.系统运行原则（system）

在逃避一种危险时，不要忽视另一种危险。在进行危机管理时必须系统运作，绝不可顾此失彼。只有这样才能透过表面现象看本质，创造性地解决问题，化害为利。危机的系统运作主要是做好以下几点。

（1）以冷对热、以静制动。危机会使人处于焦躁或恐惧之中。所以酒店高层应以“冷”对“热”、以“静”制“动”，镇定自若，以减轻酒店员工的心理压力。

（2）统一观点，稳住阵脚。在酒店内部迅速统一观点，对危机有清醒认识，从而稳住阵脚，万众一心，同仇敌忾。

（3）组建班子，专项负责。一般情况下，危机公关小组的组成由酒店的公关部成员和酒店涉及危机的高层领导直接组成。这样一来，一方面是高效率的保证，另一方面是对外口径一致的保证，使公众对酒店处理危机的诚意感到可以信赖。

（4）果断决策，迅速实施。由于危机瞬息万变，在危机决策时效性要求和信息匮乏条件下，任何模糊的决策都会产生严重的后果。所以必须最大限度地集中决策使用资源，迅速做出决策，系统部署，付诸实施。

（5）合纵连横，借助外力。当危机来临，应充分和政府部门、行业协会、同行酒店及新闻媒体配合，联手应对危机，在众人拾柴火焰高的同时，增强公信力、影响力。

（6）循序渐进，标本兼治。要真正彻底地消除危机，需要在控制事态后，及时准确地找到危机的症结，对症下药，谋求治“本”。如果仅仅停留在治“标”阶段，就会前功尽弃，甚至引发新的危机。

5.权威证实原则（standard）

自己称赞自己是没用的，没有权威的认可只会徒留笑柄。在危机发生后，酒店不要自己整天拿着高音喇叭叫冤，而要曲线救国，请重量级的第三者在前台说话，使消费者解除警戒心理，重获他们的信任。

（五）酒店危机管理的对策

酒店在生产经营中面临着多种危机，并且无论哪种危机发生，都有可能给酒店带来致命的打击。酒店通过危机管理对策把一些潜在的危机消灭在萌芽状态，把必然发生的危机损失减少到最小的程度。虽然危机具有偶然性，但是危机管理对策并不是无章可循。危机管理对策主要包括如下几个方面。

1.做好危机预防工作

危机产生的原因是多种多样的，不排除偶然的原因，多数危机的产生有一个变化的过程。如果酒店管理人员有敏锐的洞察力，根据日常收集到的各方面信息，能够及时采取有效的防范措施，完全可以避免危机的发生或使危机造成的损害和影响尽可能减少到最小程度。因此，预防危机是危机管理的首要环节。

（1）树立强烈的危机意识。酒店进行危机管理应该树立一种危机理念，营造一个危机氛围，使酒店员工面对激烈的市场竞争时充满危机感，将危机的预防作为日常工作的组成部分。首先，对员工进行危机管理教育。教育员工认清危机的预防，有赖于全体员工的共同努力。全员的危机意识能提高酒店抵御危机的能力，有效地防止危机发生。在酒店生产经营中，员工时刻把与公众沟通放在首位，与社会各界保持良好的关系，消除危机隐患。其次，开展危机管理培训。危机管理培训的目的与危机管理教育不同，它不仅在于进一步强化员工的危机意识，更重要的是让员工掌握危机管理知识，提高危机处理技能和面对危机的心理素质，从而提高整个酒店的危机管理能力。

（2）建立预防危机的预警系统。预防危机必须建立高度灵敏、准确的预警系统。信息监测是预警的核心，随时收集各方面的信息，及时加以分析和处理，把隐患消灭在萌芽状态。预防危机需要重点做好以下信息的收集与监测；一是随时收集公众对产品的反馈信息，对可能引起危机的各种因素和表象进行严密的监测；二是掌握行业信息，研究和调整酒店的发展战略和经营方针；三是研究竞争对手的现状，进行实力对比，做到知己知彼；四是对监测到的信息进行鉴别、分类和分析，对未来可能发生的危机类型及其危害程度做出预测，并在必要时发出危机警报。

（3）建立危机管理机构。危机管理机构是酒店危机管理有效进行的组织保证，不仅是处理危机时必不可少的组织环节，而且在日常危机管理中也是非常重要的。危机发生之前，酒店要做好危机发生时的准备工作，建立起危机管理机构，制定出危机处理工作程序，明确主管领导和成员职责。危机管理机构的具体组织形式，既可以是独立的专职机构，也可以是一个跨部门的管理小组，还可以在酒店战略管理部门设置专职人员。酒店可以根据自身的规模以及可能发生的危机性质和概率灵活决定。

（4）制订危机管理计划。酒店应该根据可能发生的不同类型的危机制订一整套危机管理计划，明确怎样防止危机爆发，一旦危机爆发立即做出针对性反应等。事先拟订的危机管理计划应该囊括酒店多方面的应急预案。在计划中，要重点体现危机的传播途径和解决办法。

2.进行准确的危机确认

危机管理人员要做好日常的信息收集、分类管理，建立起危机防范预警机制。危机管理人员要善于捕捉危机发生前的信息，在出现危机征兆时，尽快确认危机的类型，为有效的危机控制做好前期工作。

3.危机的善后工作

危机的善后工作主要是消除危机处理后的遗留问题和影响。危机发生后，酒店形象受到了影响，公众对酒店会非常敏感，要靠一系列危机善后管理工作来挽回影响。

（1）进行危机总结、评估。对危机管理工作进行全面的评价，包括对预警系统的组织和工作程序、危机处理计划、危机决策等各方面的评价，要详尽地列出危机管理工作中存在的各种问题。

（2）对问题进行整顿。多数危机的爆发与酒店管理不善有关，要通过总结评估提出改正措施，责成有关部门逐项落实，完善危机管理内容。

（3）寻找商机。危机给酒店制造了另外一种环境，酒店管理者要善于利用危机探索经营的新路子，进行重大改革。这样，危机可能会给酒店带来商机。

总之，遭遇危机并不等同于酒店失败，危机之中往往孕育着转机。危机管理是一门艺术，是酒店发展战略中的一项长期规划。酒店在不断谋求技术、市场、管理和组织制度等一系列创新的同时，应将危机管理创新放在重要的位置。一个酒店危机管理上的成败能够显示出它的整体素质和综合实力。成功的酒店不仅能够妥善处理危机，而且能够化危机为商机。

第五章

现代酒店品牌管理

第一节　酒店品牌的创建与推广

一、酒店品牌的创建

21世纪是提倡个性化，强调服务质量的体验经济时代，酒店在这个大环境下迅速发展起来。然而，近年来国际酒店集团在中国的扩张整合，以其品牌知名度高、营销网络完善、管理模式先进、网点多、规模大等优势，不仅占领了大部分中国一、二线城市高端酒店市场，而且正向中低端市场和三线城市发展，同时国内酒店在旅游业大发展的背景下竞相开业，造成了国内酒店业的竞争加剧。与此同时，酒店产品的不易保存、同质化现象严重等问题，也使酒店业必须关注品牌问题。

（一）品牌的概念及内涵

当今社会，经济的发展已进入激烈的品牌竞争时代，品牌对于经济持续增长起着至关重要的作用。商品仅仅提供功能价值是远远不够的，而应该追求满足人们心理需求和审美需求的价值。

1.品牌的概念

品牌不仅仅是一个名字，还是企业的无形资产，是企业区别于其他竞争者的标志，展示了企业的综合实力，能给企业带来溢价、产生增值。品牌的发展源于消费者对其产品或服务的认可，品牌对消费者来说意味着高质量、高价值、高信誉。

品牌是一种名称、标记、符号或设计以及它们的组合应用，其目的是借以辨认某个销售者或某群销售者的产品或服务，并使之同竞争对手的产品和服务区分开来；品牌同时也是由一系列整合营销活动创造的一种象征与联想，一种承诺和保证。良好的品牌将传递一组强有力的、稳定的与产品特色、利益和服务有关的质量保证；品牌也是一种重要的无形资产，可以转让盈利。

2.品牌的内涵

综观成功的企业，都十分重视品牌的文化含量，无不努力挖掘和提升产品的文化内涵，特别是在产品生产、包装设计、商标名称、广告宣传、产品服务等环节上积极增加文化投入，以赋予文化的、人性的丰富价值在其产品生产上，将象征人们特有的价值观、审美情趣、行为导向的文化内涵融入产品中，使产品成为文化的载体，以此满足消费者的心理需求、价值认同与社会识别等人文需求，从情感上触动消费者，促进购买力的提升。现在，人们对品牌的认识已经相当深刻，品牌也具有了丰富的内涵。从品牌的含义上讲，品牌又蕴含了品名、品质、品位和品级四层含义。

品名代表品牌的名称、标识等，反映了品牌的知名度、美誉度等；品质代表品牌的质量与服务水平；品位代表品牌的文化底蕴，涉及民族文化、社会文化、行业文化与企业文化等；品级则代表品牌在行业品牌中所处的地位，如行业领跑者、追随者等。同时，品牌具有以下四项基本功能：一是识别功能，即品牌自身含义清晰、专指性强，只要一提起品牌，在消费者心中就能唤起联想；二是信息功能，即品牌的名称、标识语、标识物含义丰富、具体、深刻，能以消费者所掌握的关于品牌整体信息的形式同时出现；三是安全功能，即品牌在长期市场竞争中逐渐建立信誉，能满足消费者所期待的物质、功能和效用；四是附加值功能，即品牌还能提供被消费者欣赏的基本功能之外的价值和利益。

3.品牌的要素

所谓品牌的要素是指那些能标记和区分品牌的要素，主要有品牌名称、标识、图标、形象代表、广告语、广告曲以及包装等。可以通过选择品牌要素来提高消费者的品牌认知，进而形成强有力的、独特的品牌联想即品牌形象。品牌的要素的选择与设计要遵循七个标准。第一，品牌的要素的组合要有内在的可记忆性，能使消费者回忆或容易识别；第二，品牌的要素的组合要有内在的含义，能告诉消费者该产品门类的性质或该品牌的特别之处及优越之处；第三，品牌的要素所传递的信息，不一定仅仅与该产品相关，还可以体现该品牌的个性，反映使用者的形象或展现一种情感；第四，品牌的要素所表达的信息并不一定与产品本身有联系，也许仅仅是一种内在的吸引力；第五，品牌的要素的组合要在产品大类内和产品大类间具有可转换性，也能跨越地域和文化界限以及不同的细分市场；第六，品的牌要素的组合要能灵活地适应一个时段的变化；第七，品牌的要素的组合要能获得法律的保护，且能在竞争中最大限度地进行自我保护。

（二）酒店品牌概述

1.酒店品牌的定义

酒店品牌一般是指酒店为了识别其酒店或产品，并区别于其他竞争者所用的一种具有显著特征的标记。品牌的外形要素通常由名称、标志和商标组成，对酒店来说，品牌体现在酒店的名称、标志、商标、建筑设计、室内装修风格和服务特色等方面。而品牌的内涵要素则是酒店经营理念、经营方针、经营方式、服务理念、服务特色、服务质量等方面的有机组合，酒店的品牌经营是通过品牌设计、品牌推广、品牌保护及品牌资产评估等活动，提高客人的满意度、忠诚度和酒店企业的知名度、美誉度。实施品牌经营战略是酒店业所面临的时代特征所决定的。

2.酒店品牌的构成

酒店品牌由三个要素构成，即酒店品牌名称、酒店品牌标志和商标。

（1）酒店品牌名称。任何一个酒店品牌都必须有名称，通常也称商号，这是合法经营所必须具备的。我国酒店品牌名称一般用中文，也可以用英文或数字表示，品牌名称可以国际国内通用，发音会略有不同。酒店品牌名称涵盖了酒店产品和文化属性的内容，所以酒店品牌名称是酒店产品及其他特质的识别标志，能使人联想起该品牌的产品、服务、价格、文化理念等。好的品牌名称为酒店树立产品的品牌形象建立了良好的传播基础，有利于品牌的宣传和产品的销售。

（2）酒店品牌标志。酒店品牌标志即酒店品牌的形象符号，它是品牌形象化的标识符，可以形成内容丰富又高度抽象的概念，主要起速记、识别和传播的作用。形象符号可以唤起人们对该品牌的联想，有利于形成品牌的个性，便于识别和记忆。

（3）商标。商标是从法律上保护酒店品牌的。商标作为品牌的法定标记，可区分经营者的身份，涉及酒店品牌在什么区域及什么样的产品范围内受到保护。商标的设计要符合《中华人民共和国商标法》，注册后受其保护，是知识产权中的一个类别，在市场上是区别和验证商品及服务的标志，是整个品牌战略运作的依据和关键。

3.酒店品牌的作用

（1）识别作用。品牌可以帮助消费者辨认出品牌的制造商、产地等基本要素，从而区别于同类产品。酒店品牌包含着其所提供的服务产品的功能、质量、特色、文化等丰富的信息，在消费者心目中代表着服务形象和酒店形象。在市场营销中，消费者对品牌产生一种整体感觉，这就是品牌识别。当消费者购买酒店的服务产品时，他们的购买行为首先表现为选择、比较。而品牌在消费者心目中是服务质量的标志，它代表着服务的品质、特色，即识别的感觉，通过这种感觉确定是否购买这种产品。

（2）促销作用。由于酒店品牌代表着不同的服务特色和品质，消费者常常按照品牌选择产品，因此品牌有利于引起消费者注意，满足消费者需求，实现扩大产品销售的目的。加上消费者往往依照品牌选择产品或服务，促使酒店会更加关心品牌的声誉，不断创新服务产品，加强质量管理，树立良好的酒店形象，使品牌经营走上良性循环的轨道。

（3）增值作用。品牌是酒店的无形资产，它本身就可以作为商品被买卖，具有很大的价值。品牌的价值对于拥有它的酒店来说，要通过产品的销售才能体现出来。产品中包含的品牌价值不同，产品的价值也会有很大不同。如假日酒店等品牌形象价值达上百亿美元，品牌已成为假日集团核心竞争力的外在体现。

（4）宣传作用。特别是名牌形成后，就可以利用名牌的知名度、美誉度传播酒店名声，宣传地区形象，甚至宣传国家形象。

（5）内敛效应作用。譬如在假日酒店、四季酒店、希尔顿酒店、凯悦酒店、香格里拉酒店，它们的良好形象及生活、工作气氛，使员工在经营中会产生自豪感和荣誉感，并能形成一种酒店文化，给每一位员工以士气、志气，使员工的精神力量得到激发，从而更加努力、认真地经营。名牌的内敛效应聚合了员工的精力、才力、智力、体力甚至财力，使酒店得到提升。

4.酒店品牌的功能

酒店不仅提供实物产品，而且提供无形的服务，这就决定了品牌对企业、顾客具有不同的功能。

（1）酒店品牌对于酒店的功能。

①强化酒店个性，提高品牌认知度。同等级酒店产品的差异性很小，同时没有专利保护，极易被竞争对手模仿。鲜明的酒店品牌使得客人在众多品牌中对自己中意的品牌印象深刻，品牌在营销传播的过程中相当于酒店的“名片”，酒店通过自己独特的品牌来体现差异提高消费者的认知度。

②传递产品信息，促进产品销售。酒店产品的无形性决定了在消费者购买前无法当场展示，消费者只有通过产品的有关信息来做出购买决策。品牌作为酒店产品和服务的综合体现，有效地向顾客传递了产品和服务的质量信息。

③提升产品价值，提高经济效益。产品与品牌的主要区别就在于附加值。一方面，顾客购买著名品牌的产品，不仅能获得物质上的满足，同时能获得心理上的满足，所以，即使价格高于同类产品，也乐于接受；另一方面，酒店拥有了知名品牌，就等于拥有了竞争优势，可以获得较高的利润率和市场占有率。此外，品牌是酒店的无形资产，本身也具有很高的价值，因此可以提高酒店经济效益。

④增强竞争能力，实现市场扩张。当今许多酒店重要的营销手段是酒店品牌营销，它以塑造品牌、提升品牌价值为核心，对广告、公关、促销等各种营销方式进行有效整合。通过对产品和服务的营销，提高酒店持久的竞争优势，形成酒店的核心竞争力。因此，酒店品牌是进行国际化经营和企业对外竞争的有力武器，品牌输出成为跨国经营的主要手段和途径，国际酒店集团就是利用品牌抢占中国市场，获得竞争优势。

⑤发挥凝聚功能，吸引优秀人才。从内部营销的角度看，品牌可以聚拢人才。人们都愿意到有名的大公司去工作，酒店品牌的美誉度和强大的社会影响力会使员工充满自豪感和工作热情，有利于员工实现自我价值，产生强大的吸引力。拥有优秀的人才，是酒店持久发展的保证。

（2）酒店品牌对于消费者的功能。

①降低购买风险。优质品牌是酒店对市场的一种承诺，它以长期稳定的服务质量和良好的信誉为基础，赢得客人的信赖。顾客购买品牌产品，无疑会降低购买风险。

②减少购买成本。品牌充当了产品质量和价格的识别信号，客人不必花费很多时间搜寻，便可选择需要的酒店，从而减少了购买成本。

③满足高层次需求。与普通商品相比，人们往往愿意付出更高的价格选择名牌，在酒店业更是如此。因为豪华和高档的酒店品牌对顾客来说是一种身份和地位的象征，不仅能够满足客人对酒店功能性的需求，更重要的是可以满足客人高层次的精神需求。

（三）酒店品牌创建的意义

通过加强品牌的创建，提升品牌的竞争力，对酒店的经营具有重要的意义。酒店就是要发扬品牌建设，提升品牌竞争力，达到品牌创建的意义。因此，酒店要做好优质服务以培养忠诚的顾客，提高市场占有率，通过现代化的手段实现网络化、集团化经营，提高我国酒店的国际竞争力，实施品牌战略营销，提高酒店企业的整体形象，做好自己的特色，实现品牌差异化，赢得竞争优势。

1.有利于培养忠诚的顾客，提高市场占有率

顾客忠诚是指消费者对同一种品牌重复、大量的购买，它是人们所持有的在未来持续重复购买某种产品和服务的强烈义务感，这种义务感使顾客即使在外界环境及营销因素可能会使他转换品牌的情况下，仍然重复购买同一品牌或同一个品牌组合。目前，随着我国酒店市场竞争加剧，一些酒店为了争夺客源市场，纷纷采取降价行为，恶性价格竞争导致的后果是营业收入、服务成本、服务质量的下降以及顾客的不满等一系列恶性循环。而品牌战略能使企业步入优质优价的良性循环，摆脱削价竞争的旋涡，走向非价格竞争，有助于规范市场顺序。尤其外出旅游或从事商务性活动的客人都希望有一个安全安静的环境，在他们心里，有良好品牌的酒店能够提供这样的一个场所。

2.有利实现网络化、集团化经营，提高我国酒店的国际竞争力

网络化、集团化经营是当今国际大多数企业的发展模式。如果仅满足于中小型企业，不采用网络化、集团化经营模式，就很难在当今市场上取得优势。而网络化、集团化是以

一家或几家酒店为龙头，向全国、世界输入优质高效的管理，逐步形成联号集团，有利于中国酒店参与国际的竞争。中国名酒店组织和中国信苑酒店网就是一个例证，这两个联号集团在全国几十个城市中发展了几十家酒店，又建立了统一的客房预订中心，对外统一促销，充分展示了联号的优越性，如喜来登、假日、希尔顿都是世界上知名的酒店连锁集团的品牌。我国的锦江酒店管理集团发展得也非常迅速，现在世界知名品牌的连锁集团中排名第29位。

3.促使企业注重自身无形资产的保值增值以及有偿使用，提高经济效益

品牌是酒店企业的无形资产。酒店的优质品牌可为其特许经营、输出管理扫清道路。享誉世界的优秀品牌不仅能给企业带来强大的增值功能，而且本身也具有很高的价值。另外，无形产品的品牌不同于有形产品，有形产品成名后，往往受假冒产品的包围，而无形产品有生产与消费同时性的特点，产品不可以发生转移，因而受这种冲击较少。

4.实施品牌战略营销，可提高酒店企业的整体形象

创立品牌的核心是建立在高层次的企业管理理念及企业文化的基础上，注重营造亲和的团队精神，突出以人为本，并且以鲜明的视觉识别系统和规范的行为作为指导来构建品牌，实施品牌战略，以此提高酒店企业的整体形象。对于酒店这一特殊的产品，当有形的设备设施在短时间无法改进的情况下，酒店一定要一直保持服务品牌营销，一定要让酒店人性化的服务在客人中传颂。如香格里拉酒店集团的经营格言是“殷勤好客亚洲情”，喜来登酒店集团的经营格言是“服务不需要任何成本，但服务能创造很大的价值”，这无疑是在强调服务品牌的价值。

5.吸引人才，提高酒店人力资源水平

酒店业是人力和资金密集型的行业，人才是酒店最宝贵的财富和资源。酒店的竞争归根结底就是人才的竞争，实践证明，具有知名品牌的酒店就是靠酒店中大量人才通过充分发挥各自的聪明才智创造出来的。对于酒店而言，拥有一个良好的品牌，就可以依靠品牌的强大号召力来吸引优秀的管理人才、营销人才和服务人才，为酒店献计献策，为酒店吸引更多的客人、创造更多的利润。

6.品牌是提高酒店核心竞争力的重要手段，是进军国际市场的重要保证

在国际竞争的大背景下，我国的酒店势必要走集团化、跨国经营的道路。为此，酒店最需要的就是使自己的品牌成长起来。酒店的品牌不仅是其企业形象的集中体现，更是我国旅游产业形象的浓缩和标志之一。如今的中国酒店企业，将面临越来越多的国际强势旅

游酒店品牌的挑战，打造民族酒店品牌已成为当务之急，否则将在激烈的市场竞争面前阵地尽失。随着我国越来越多的著名酒店品牌的形成，旅游业的竞争力也将大大增强，进而在世界旅游市场上的份额也会越来越大。

（四）酒店品牌创建的措施

1.进行准确的目标市场定位

在当前酒店业需求不足的买方市场上，单一需求的同质大市场已不复存在，取而代之的是异质特色非常突出的个性化市场。任何酒店都不可能提供满足整个市场需求的服务。但我国大部分酒店在设计时仍然追求大而全的建筑风格以及多功能、全方位的服务方式，目标市场不清晰，消费者对象不明确，酒店功能布局没有特点，不能满足客人差异性的需求。因此，我国酒店业必须考虑目标市场，并且结合自身的特征发挥自己的优势，创立酒店品牌，从而建立起酒店的竞争优势。目标市场定位可以按照以下方法进行。

（1）根据酒店产品的特性来定位。如酒店以“绿色”酒店定位，应满足人们追求一种清洁、宜人的环境的要求。

（2）根据酒店产品的档次来定位。如六洲酒店公司既有豪华型的洲际酒店、皇冠酒店与度假酒店，又有面向家庭型的假日家庭套房度假酒店、面向商务客人的假日精选以及面向度假客人的假日阳光度假酒店。

（3）根据顾客的需求来定位。如对于商务旅游目标市场，酒店应提供有保证的预订、快捷的登记和结账手续、商务服务，如国际直拨电话、传真、秘书与翻译服务、学习型卧室等；对于休闲旅游市场，人们是非工作目的的旅游者，自付房费，酒店应向他们提供休闲设施、物有所值的餐饮服务、当地信息与服务、娱乐等。

2.塑造高质量的品牌形象

品牌形象和声誉是驱动顾客购买的重要因素。在购买酒店服务之前，顾客无法判断酒店的服务质量，品牌自然成为服务质量的标志。塑造高质量的品牌形象，可以从以下几个方面着手。

（1）提高酒店的服务质量。到酒店消费的宾客追求的不仅仅是物质上的需求，更偏向于精神上的需求。只有让顾客满意，才会有忠诚的顾客。所谓顾客满意是指顾客的感觉状况水平，这种水平是顾客对酒店的产品和服务所预期的绩效和顾客的期望进行比较的结果。如果所预期的绩效不及期望，顾客就不满意；如果所预期的绩效和期望相称，顾客就满意；如果所预期的绩效超过期望，顾客就十分满意。如果顾客十分满意，那么顾客就会再次消费，甚至向别人推荐酒店，成为酒店的忠诚顾客，由此来提高酒店的绩效。

（2）注重外观功能上的个性化和特色。酒店应追求建筑外观、装潢设计、酒店产品等方面的特色。在国际酒店业激烈竞争的环境下，各酒店业主与管理者都在力求把自己的酒店做得既舒适又有特色。如在客房设计上，希尔顿推出了“睡得香客房”“健身客房”“精神放松客房”等，雅高推出了“高科技好客”概念客房。所有这些都更好地满足了消费者要求舒适且不断变化的需求。

（3）注重文化内涵。建设有中国特色的企业文化。品牌的形成来源于企业的内部文化，在我国酒店中创造有中国特色的企业文化，有助于增强员工的凝聚力，更好地维护品牌。

（4）注重酒店品牌标识设计。一般来说，酒店的标识设计可以遵循以下原则：统一名称，统一色彩。如肯德基连锁店，标识采取统一名称、统一色彩，简洁明了，易读易记。品牌设计的首要原则就是简洁明了，易读易记。不宜把过长和难以读诵的字符作为品牌名称，也不宜将呆板、缺乏特色的符号、颜色、图案用作品牌标志。品牌名要易上口、易传播，语言包括音、形、义三个方面的要求，容易理解和记忆，要有暗喻功能，使人产生联想。如香格里拉，使人联想到入住该酒店，犹如到了世外仙境一般。

二、酒店品牌的推广

酒店品牌的推广是指酒店品牌经营者根据自己品牌的优势所在，用恰当的方式持续地与消费者交流，促进消费者理解、认可、信任和体验，产生再次购买的意愿，不断维护对该品牌具有好感的过程。酒店品牌推广的主要形式有以下几种。

（一）大众传媒推广

酒店可以利用某种大众传媒，如电视、广播、报刊等，向酒店品牌的目标消费群体进行品牌推广。不同的传媒传播效果不相同，酒店在进行品牌宣传时，其目标是要找到一种媒体组合，以使传播成本最低，而传播效果最理想。

（二）联合推广

酒店可以参与的各种联合促销活动，主体包括目的地、国家或地区的酒店、旅行社和旅游交通企业等。当两个或两个以上的旅游供应商认为合作而不是相互竞争会带来最大利益时，会产生地区之间的联合营销活动。这种情况下会开发跨目的地的包价旅游和熟悉线路旅行项目。

（三）公共关系推广

公共关系指能够促进酒店与社区和一般公众的关系的一切手段，它包括支持慈善活动、艺术表演和教育事业或其他活动，参与当地社区组织以及市民项目和活动等。成功的公共关系活动不仅需要良好的意愿，而且需要通过新闻稿、报纸杂志等媒介与酒店内部和外部公众沟通，传播其业绩、行为和观念等信息。

第二节　酒店品牌的维护与提升

一、酒店品牌的维护

酒店品牌是企业的一项重要的无形资产，好的品牌具有极高的市场价值，是酒店企业的一笔巨大财富。品牌作为无形资产容易流失，由于经营管理内部或外部的原因，酒店品牌在市场竞争中会出现知名度、美誉度下降，以及销量和市场占有率降低等品牌老化现象。因此，要提高酒店品牌的生命力，使其获得持续的竞争优势，必须不断地进行品牌维护。

（一）酒店品牌维护的概念及意义

酒店品牌维护是指酒店品牌的所有人、合法使用人对品牌资格实施的保护措施，以防止来自各方面的侵害和侵权行为，促使酒店品牌的保值和增值。品牌作为酒店企业的重要资产，其市场竞争力和品牌的价值来之不易。但是，市场不是一成不变的，因此需要酒店不断地对品牌进行维护。其意义在以下几个方面。

1.品牌维护有利于巩固品牌的市场地位

酒店品牌在竞争市场中的品牌知名度、品牌美誉度下降，以及销售、市场占有率降低等品牌失落现象被称为品牌老化。任何品牌都存在品牌老化的可能，尤其是在当今市场竞争如此激烈的情况下。因此，不断对品牌进行维护，是避免品牌老化的重要手段。

2.品牌维护有助于保持和增强品牌生命力

品牌的生命力取决于消费者的需求。如果品牌能够满足消费者不断变化的需求，那么，这个品牌在竞争市场中就具有旺盛的生命力；反之，就可能出现品牌老化。因此，不断对品牌进行维护以满足市场和消费者的需求是很有必要的。

3.品牌维护有利于预防和化解危机

市场风云变幻，消费者的维权意识也在不断增高，品牌面临来自各方面的压力。一旦酒店没有预测到危机的来临，或者没有应对危机的策略，品牌就会面临极大的危险。品牌维护要求品牌产品或服务的质量不断提升，有效地防范由内部原因造成的品牌危机，同时加强品牌的核心价值，进行理性的品牌延伸和品牌扩张，有利于降低危机发生后的波及风险。

4.品牌维护有利于抵御竞争品牌

在竞争市场中，竞争品牌的市场表现将直接影响到企业品牌的价值。不断对品牌进行维护，才能在竞争市场中不断保持竞争力。同时，对于假冒品牌也会起到一定的抵御作用。

（二）酒店品牌维护的监测

酒店企业的外部环境经常变化，一个强势品牌要想在激烈的市场竞争中长足发展，必须清楚了解品牌在市场上的表现，时时刻刻进行监视和测量，以调整和丰富品牌识别，使品牌个性更清晰。品牌检测的内容包括对消费者选择行为的检测、对竞争性品牌的检测和对品牌市场表现的检测。

1.对消费者品牌选择行为的检测

这主要包括知名度调查和美誉度调查、忠诚度调查。其中，知名度的大小为被调查总人数中知晓人数所占的比重，美誉度的大小则为被调查总人数中满意人数所占的比重，而忠诚度的大小则为被调查总人数中重复购买同一酒店品牌的人数所占的比重。

2.对竞争性酒店品牌的检测

了解本酒店集团品牌的战略方向，明确本酒店集团的竞争对手，并对其进行SWOT分析，即酒店品牌的优势（Strength）、劣势（Weakness）、机遇（Opportunity）和挑战（Threat），明确酒店的资金、人力资源状况、设备设施环境等，了解在某一区域的主要竞争对手，对自己的优势和劣势及所面临的机遇和威胁都有一个清晰的认识和了解，明确自身在市场上的位置，以帮助发挥优势、弥补劣势，为品牌战略制定打下坚实的基础。

3.对品牌市场表现的检测

对品牌的市场占有率、通路覆盖率等进行调查，以更好地了解本品牌在市场上所处的地位，适当调整品牌战略以更适应未来的发展。

（三）酒店品牌维护的方式

1.日常经营维护

酒店品牌的确立和推广是在一系列的经营活动中完成的，所以品牌的经营者要在日常经营过程中树立品牌保护意识，采取措施对品牌进行保护。

产品和服务是品牌的支撑。没有内部的产品和服务质量的保证，品牌的宣传也就无从谈起。服务质量是打造品牌、凝聚文化和提升价值的核心部分，同时高质量的产品会促进品牌的成长，带来较高的市场份额。因此，酒店必须严把质量关。客房部的工作较为烦琐、单调，顾客永远接触不到的角落也要时时打扫。然而，正是这些员工“管家”一样的细致工作成就了酒店的品牌质量，为客人提供舒适、亲切的服务，获得顾客的满意。此外，酒店企业还必须创新个性化的服务方式，根据自身的客源定位，尽可能地打造和提供投客所好的针对性服务，通过这些为实际需求而设计的服务，打造酒店品牌的美誉度和影响力。

2.法律手段维护

酒店品牌法律维护，就是运用法律手段，对酒店品牌的所有人、合法使用人的品牌商标实施各种保护措施，以防范来自各方面的侵害和侵权行为。品牌法律维护的核心是商标权的保护。商标权的保护，是对商标专用权经过注册的法律保护。商标是酒店的一种知识产权，是酒店的无形资产，是品牌竞争的外在体现。国内一些经济型酒店加强了在此方面的法律意识，保护了品牌的权威性。

酒店在进行品牌维护时，要结合商标理论知识，发挥品牌商标的巨大作用，从战略和决策的高度来审视和提高品牌商标的地位。此方面可采取以下保护措施。第一，及时注册。酒店应该在成立前就申请商标注册，否则难免为他人做嫁衣。第二，防御性注册。即注册与使用相似的一系列商标，保护正在使用的商标，防止酒店面临竞争者的恶意模仿，能够寻求法律的保护。第三，结合品牌升级，及时进行续展。第四，加强商标的宣传工作，取得普遍的公众认知，从而增强顾客的辨识能力。

（四）酒店品牌维护的策略

1.高度重视产品质量和服务质量，构建酒店经营品牌的高质量平台

市场竞争环境激烈，不比服务比价格的竞争方式，不利于行业生态的可持续性发展。尤其是对于高档酒店来说，一味地降价更是在减少自身的盈利能力，因为低价所带来的客源根本不能满足配套设施需要的运营成本。经营的一个重要思路是围绕新的增长点，抓住

关键环节作为突破口推动经营，产生增长效应。作为经营结构要素之一的品牌，其品牌效应尤为重要，因此应依据环境的变化，积极地面对市场需求，提高产品质量和服务质量，围绕品牌固化创新经营活动，持续提供好的产品，以稳固消费者。

2.拓展品牌营销网络，努力拓展企业经营品牌的市场份额

从国际经验来看，品牌在扩展过程中会伴随着强大的营销和预订系统的发展，伴随着酒店品牌文化的渗透和市场份额的扩大。而我国经营者往往只注重内部管理，却忽视市场开拓、品牌打造、网络预订等方面，这极大地影响了我国经济型酒店品牌的培育。现有品牌不强，主要表现在中国驰名世界的品牌少，品牌的国际影响力不大，品牌的竞争力不强。以往的营销方式，不外乎电话营销、陌生拜访、人际维护等，但从目前的形势分析，这些传统方式已经不再是占领客源市场的常胜将军。互联网时代的在线营销、移动营销理念，更加符合现代人快捷、时尚、科技的生活节奏和消费心理。

3.做好品牌建设与培育，强化企业经营品牌的文化软实力

经营者应从只注重内部管理，向市场开拓、品牌打造上转变，运用连锁化或集团化经营模式，促进品牌建设。我国企业大多规模小、单兵作战，这不利于与国外巨头的竞争。如果酒店在竞争中失败，品牌也就成了无源之水、无本之木。最好的办法是通过全行业的资产重组，实力强、声誉好的酒店通过兼并、合并、特许经营等方式，组建集团，统一品牌、统一服务、统一管理、统一宣传，采用共同的物资采购系统，在未大量增加投入的情况下，充分利用现有资源，增强酒店集团的竞争力，提高抵御经营风险的能力。集团化是品牌化的一个必经阶段，在目前产权改革有所突破的情况下，在以积极发展混合所有制经济为主体的契机下，发展连锁经营可以在现有产权制度背景下使企业做大规模，拥有市场影响力，获得规模经济和范围经济带来的益处。

4.提高企业素质，提升酒店经营品牌的可持续发展能力

品牌维护是酒店针对外部环境的变化给品牌带来的不利影响，对危机事件发生的原因、处理措施等进行系统调查和全面回顾。因此，必须加强企业自身能力建设，注重企业自身素质的提高。民营的经济酒店要努力克服企业自身的不足，练好内功。一个著名品牌的塑造和培育不仅需要一个好的制度环境、竞争环境，还需要企业自身长期的艰苦努力；不仅需要管理者具有品牌意识和创新意识，而且需要员工共同为之奋斗。

5.注重消费者需求，保持品牌的良好形象和消费者对品牌的忠诚度

品牌是需求导向，需求是经营之母。品牌的生命力取决于消费者的需求，这就要求

品牌经营者随时了解消费者的需求变化状况，加强与消费者的沟通，与利益相关者建立牢固的情感关系——企业平时与利益相关者之间多进行情感投资，建立良好的品牌形象和顾客的品牌忠诚度，实现从自主品牌无意识经营向经营品牌的转变，高度强化保持品牌市场地位的思想认识。设计沟通载体，采纳消费者对产品的开发、推广等方面提出的合适的参考建议，以顺应消费者的口味与偏好，做到及时更新产品。在成本可行的条件下，最大限度地保证产品与服务质量，维持品牌的持久度，进而赢得客户的好感，培养消费者的忠诚度，提升企业的品牌形象。

二、酒店品牌的提升

（一）酒店品牌形象的提升策略

1.利用新技术提升酒店品牌形象

随着科技的发展，酒店与时俱进，应用科技手段提升自身品牌形象将会逐渐显示出其重要性。将科技应用于酒店客房、营销、节能、服务等方方面面，不仅为酒店的经营管理带来了方便，更为顾客提供了新的居住体验。高科技可以帮助酒店实现高效管理，提升员工的工作效率，同时还能助力酒店更好地推广营销，有效控制运营成本，提升酒店品牌形象。

例如，现在有的酒店安装“智慧 e 房”酒店多媒体系统，当客人入住房间时，电视自动启动并出现个性化的酒店欢迎界面；当客人急于处理紧急邮件时，电视上的电脑功能模块为其排忧解难；当客人在为烦琐复杂的交通路线迷茫时，城市电子地图会帮助其指明方向。

2.借助新媒体提升酒店品牌形象

酒店可以合作的新媒体有很多，如专业酒店营销平台、团购网站、论坛（社区）、微博、微电影、微信、博客等。酒店可以从以下五个方面着手。

第一，在与专业的酒店营销平台合作方面，酒店主要考虑的是在未能完全通过自有能力提升营销业绩的前提下，采取与专业酒店营销平台进行合作。这种合作是基于对酒店利益的出让，并且能够快速起效而展开的。当然，由于目前专业的酒店营销平台越来越多，许多酒店采取全面撒网的方式与这些平台进行合作，看似非常好，但实际上平台之间的差异化并不大，只有少量巨头会有不一样的服务，这对提升酒店品牌形象作用有限。

第二，酒店是团购网的重要客户群体。对于那些经营情况较好的酒店，可以将部分产品（如餐饮）在某个时段纳入一些大型团购网站中，进行特殊时期特殊活动的推销，吸引人气，方便酒店快速抓取到自己的目标客户。当然，许多酒店选择跟团购网站合作，就是为了先积聚人气，再谋求发展。但往往我们看到的是，一旦团购网站活动停止下来，酒店生意就开始下降。这说明，单纯依赖团购网站是不利于酒店品牌形象的持续提升的。

第三，通过论坛进行拓展是酒店时下比较流行的一种酒店品牌形象提升方式。如中国酒店顾问网、酒店经理人论坛等是做得比较好的论坛交流平台，人气很高，经常有大量的酒店经理人聚集在这里。一般酒店经理人都会发表各种见解，当一个酒店的多位经理在论坛上发表较为正面的积极言论时，对行业人士来讲，大家就会对该酒店产生正面的积极印象，有助于吸引更为优秀的工作人员。而在一些大型的公共论坛，如天涯、西祠胡同等，经常会有一些酒店发布一些信息或活动，吸引客户的眼球，这也有利于酒店品牌形象的提升。

第四，微博是时下比较流行的网络交流方式。许多酒店都会在新浪微博、腾讯微博等平台注册官方账号，定期推出活动或优惠，及时发布酒店的正面信息，以此来不断树立自己对外的品牌形象。当然，现在许多没有影响力的酒店，也在采取微博推广、微博定向发布等方式进行品牌营销，不断冲击消费者的眼球。

第五，微电影的方式也是新时代下的新兴媒体方式。通过微电影宣传酒店形象需要大量的积累和详细的前期策划、后期制作等。一部微电影就是这个酒店的一段故事或企业文化的一种诠释。它有情节、有感染力，能够在短时间内引起消费者的共鸣。它吸取了传统电视广告片的优点，却避免了广告片的单纯说教式的宣传。时下喜欢微电影的群体庞大，这无疑对酒店品牌形象能够起到较好的宣传作用。

3.依托凝聚文化提升酒店品牌形象

品牌文化具有价值性，它是在品牌定位的基础上，将酒店集团所有人员的生活方式、价值观和个性特色等，融合在一起而形成一种品牌精神，并利用各种内外部的品牌传播途径，将其传达给目标顾客，使受众对酒店的品牌在精神上达到高度认同，形成一种文化氛围。这种文化氛围是形成酒店顾客忠诚度的重要因素，也是品牌的文化价值所在。因此，文化的凝聚是促进品牌形象提升的重要途径。国际著名的酒店集团，如洲际、万豪等都非常善于运用高科技手段进行品牌的传播，凝聚企业文化，提升品牌形象价值。

（二）酒店品牌价值的提升路径

提升酒店品牌价值需从酒店服务产品、市场营销、物业、人力资源管理、酒店文化等各方面进行创新活动，确保酒店创新活动的系统性与连续性，保证酒店品牌战略的实施，推动酒店的品牌价值提升。

1.创新酒店服务产品，提升服务产品价值

面对顾客日益增长与多样化的需求，酒店需要树立创新服务的理念，以顾客的需求为服务出发点，对酒店现有服务进行改进创新，推出更多可供选择的服务产品，提高服务质量，提升酒店产品的附加价值。酒店服务产品的创新，包括酒店客房、餐饮、娱乐等方面的创新。

（1）客房创新。首先，客房服务的创新体现在客房种类的创新。酒店通过将客房的设计与顾客的需求、酒店的风格相结合，设计出特色客房，如推出具有特色的主题客房、绿色客房等。同时，配合酒店自身经营特色及主题风格，创新服务项目、房间布局和装饰艺术。其次，客房服务的创新体现在服务细节的创新。鼓励员工不仅要注重标准化的服务，同时还要注重细节服务、个性化服务。最后，客房服务的创新还体现在客房管理层面，应加强酒店客房现代化与信息化管理，提高工作效率。

（2）餐饮创新。酒店餐饮产品的创新包括烹饪方式、手法的更新，表现为传统菜品的推陈出新，各大菜系、中西菜点的融会贯通等；推出顾客参与式服务产品，同时提供送餐上门服务等；推出不同档次、不同风格的餐厅，实施餐厅差异化、品牌化战略等。

（3）娱乐创新。酒店要进行娱乐服务的创新，应从现实的娱乐需求及趋势出发，考虑客户工作与健康的因素，结合酒店所处地理及人文环境特点，提供多种健康而又能使客户真正放松的娱乐项目，引进多种娱乐方式，满足不同年龄客户的需要。如滑雪、垂钓、潜水、爬山、采风、体验、购物等多种方式和内容的娱乐活动。

（4）装修与布草创新。装修与布草和酒店客房、餐饮、娱乐等服务产品密不可分，是酒店产品的重要组成部分。高品位的装修环境使人们在享受高端优质服务的同时，又能感受到酒店环境所诠释的企业文化与酒店特色。酒店的装修布局需要不断创新，给忠实顾客以惊喜，给新顾客以新鲜感受。酒店布草用品与顾客的健康、舒适度、满意度息息相关。酒店布草除了满足客房餐厅整洁、舒适的基本功能外，还应考虑和酒店设施、装修风格及其他装饰相配套，根据客房的不同风格设计布草，使得房间呈现个性化、时尚化。同时还要从不同顾客的实际需求出发，使酒店布草更具人性化和功能化。对酒店布草的管理，要落实到各楼层服务人员或布草管理人员，做到爱护使用，保证布草合理地循环利用，并有计划地安排布草的更新和补充，保证准备充分，随时满足顾客的多样化和差异化需求。

2.创新酒店营销模式，提升市场价值

在服务产品创新的基础上，酒店应利用市场营销和服务行业营销的相关知识，通过以下几个方面的服务营销创新，提升酒店在行业市场中的地位和价值。

（1）创新营销策略，实行差异化营销策略。随着顾客需求的同质性趋于减少、弱化，而异质性不断增强、扩大，酒店应采取差异化营销策略，注重消费群体间的差异化。可以按性别、年龄、地域、收入等作为划分标准，并根据目标市场的差异，推出有针对性的服务产品，赋予其鲜明的形象和内涵，凸显出酒店的个性特征，持久地影响顾客的态度与选择，为酒店开辟稳定的市场，提升品牌的影响力与感召力。

（2）运用多种营销方式。随着社会的进步，酒店应在传统的市场营销方法的基础上，创新营销方式。一方面，通过市场营销人员拓展酒店营销网络，将各营销分支机构覆盖重点营销区域，联合成一个整体的营销网络，更加准确与快捷地向顾客传递酒店信息，促进酒店的市场推广。另一方面，通过建设酒店网站，开通预订服务，或者通过专业销售网站，代理客房预订等，不断创新网络营销方式，使得传统营销方式与现代信息科技相融合，提高酒店的营销水平。

3.创新物业增值模式，提升物业价值

物业是指已建成并具有使用功能的各类供居住和非居住的屋宇，以及相应配套设施和周边场地等。酒店物业属于物业的一种，包括了具有价值和使用价值的酒店建筑及附属设施，以及酒店周边的场地、庭院等。

酒店物业的升值受多方面因素的影响，包括酒店选择的经营类型，酒店的建筑及布局、装修风格、基础设施，酒店周边商业氛围、所处地段、交通情况等。酒店物业价值随着这些影响因素的变化而变化。

（1）选择不同的酒店经营类型。酒店建筑规模和酒店等级不同，酒店物业的价值和增值会有所区别。另外，酒店经营特色的不同，如商务型、度假型、长住型、会议型、观光型等，酒店物业价值及增值情况也会有较大差别。

（2）酒店设施的改进引起的增值。设施增值是指由于酒店硬件设施、建筑装修的更新升级带来物业价值的提升。酒店应当善于利用酒店设施、设备，形成酒店的物业增值。

（3）酒店周边的地段增值。酒店物业不仅包括酒店建筑，还包括周边的地段环境，如交通环境、人口聚集状况、商业氛围等。地段是酒店物业增值的主要影响要素之一，如果酒店所处的地段不好，就会造成客源不足，影响酒店的利润率和竞争力。如果酒店地址选在交通便利的商业繁华地段，酒店就能够充分利用繁华地段所带来的人流、资金流和信息流等优势，实现酒店物业升值。所以酒店在进行物业选址时，要审慎进行，通过科学的市场调研，准确选择。例如，某些地段目前并不是商业聚集区，但受到政府政策导向的影响，将来可能会设立经济开发区或者旅游开发区等，具有巨大的升值潜力，选择在这些地方设立酒店，未来将会带来酒店的物业增值，进而形成利润。

4.创新酒店人力资源管理，提升人力资本价值

酒店的人力资本价值是酒店品牌价值的重要组成部分之一，酒店员工的自身素质、工作技能、工作满意度决定了顾客服务质量，影响顾客对酒店的感知价值。酒店人力资源创新要注重员工培训工作，培养员工对本酒店的认同和忠诚，提升酒店人力资本价值。

（1）注重员工个人素质与工作技能的培训。员工培训工作对酒店是不能忽视的，除了定期培训外，可以推出针对个人素质、应变能力等在内的一系列培训，提高员工个人素质，为顾客提供更高质量的服务。或者尝试工作岗位轮换，培养员工多岗位技能，为顾客提供更全面的服务。在提高员工个人素质与工作技能的同时，让员工在培训中找到认同感和归属感，提高员工的满意度和忠诚度，提高他们的工作热情和工作技能，提升顾客感知价值。

（2）建立员工自我评估机制。酒店考核公平与否关系到员工对酒店的满意度与工作积极性。在众多考核办法的基础上，酒店可以考虑让员工进行自我评估。通过提供测评软件、及时反馈工作等方式，让员工正确评估自己。员工自我评估的结果，可以反映出员工工作的态度、遇到的困难及工作期望，为酒店考核提供参考信息。这有利于酒店创建公平的考核体系，营造有序的良性竞争环境，激发员工的工作热情，提升服务质量，提高顾客满意度。

5.创新酒店文化，提升文化价值

酒店文化是指酒店以特色经营为基础，以组织精神和经营理念为核心，以标记性的文化载体和超越性的服务产品为形式，在对员工、客人及公众的人文关怀中所形成的共同价值观念、行为准则和思维模式的总和。酒店文化是酒店竞争力的最高层次，在市场中具备长久的生命力和竞争力的酒店通常拥有独特的酒店文化。通过酒店文化的培养和不断创新来管理和影响员工，为顾客提供具有独特酒店文化价值的服务产品，是提升酒店品牌价值、提高顾客满意度和忠诚度的重要手段。

第一，酒店实施文化创新，需要对员工的服务意识加强培养，转换员工的服务观念，鼓励员工把服务作为一种艺术、一种终身职业，培养整个酒店的服务文化，提高顾客的满意度和忠诚度，提升酒店文化感召力。

第二，酒店通过开发有文化内涵的、独具特色的经营项目，丰富和突出酒店产品个性，既可以增加酒店收益，也彰显了酒店的文化特征。当前“主题酒店”在国内外的流行，就是酒店文化创新的具体表现。

第三，酒店还需要从酒店文化的表层——物质文化开始，即做好酒店设施建设，创造良好的物质文化氛围，包括酒店的建筑风格、装潢设计、设施设备、基本用品等，给顾客以温馨舒适的第一感觉。在酒店物质文化与产品文化定位的基础上，将所有员工的价值

观、工作方式及个人特色融合在一起，形成一种文化精神，并将其传达给顾客，使顾客对酒店文化达到一致认同，形成一种文化氛围。独特的文化氛围是形成酒店顾客忠诚度的重要因素，也正是品牌的文化价值所在。

酒店服务业品牌价值提升是一个多因素的复杂系统。酒店服务产品价值、市场价值、物业价值、人力资本价值、文化价值等都是酒店品牌价值不可或缺的组成部分，必须将其看作一个整体，系统规划各方面创新活动。特别是酒店产品的设计规划问题是解决品牌价值提升的前提和重点，其酒店市场定位和子系统的定位及风格等具有决定性作用。

第三节　酒店品牌的扩张与评估

一、酒店品牌的扩张

品牌是一个企业经济实力的象征，依据品牌与产品的关系及其扩展方向，酒店品牌扩张路径包括业务领域、品牌结构、品牌档次以及市场区域四个路径，这四个维度既是品牌扩张的基本因素也是重要因素。品牌扩张战略上主要采取了单一品牌战略、多品牌战略、复合品牌战略三种扩张战略。

（一）酒店品牌扩张战略

1.单一品牌战略

单一品牌战略按其单一程度的不同，可以细化为产品项目品牌战略、产品线品牌扩张战略和伞形品牌扩张战略。其中产品项目品牌战略就是酒店使用单一品牌对其品牌进行扩张，这一战略因其扩张战略的相关性强，进而容易取得成功。产品线品牌扩张战略，如部分国际酒店集团下属的不同主题和功能酒店使用同一品牌，对品牌扩张有较大的促进作用。伞形品牌扩张战略则是将酒店集团下属的酒店和非酒店行业使用同一品牌，通过行业的扩张进一步扩大品牌的知名度。如凯悦酒店集团就是以其主要品牌在我国扩张，主要依靠单一品牌战略获得发展。

2.多品牌战略

随着当今世界消费需求的多元化发展，单一品牌战略往往不能满足多元化的偏好，这就需要多品牌战略对其进行补充。国际酒店所倡导的多品牌战略，一种酒店赋予一种品牌，下属不同酒店赋予不同的酒店品牌，通过不同品牌体现酒店之间的差异性，进而使这些特色随着酒店提供的服务而植入消费者脑中。这种多品牌的战略，不仅能有效帮助企业占领更大的市场，以满足不同消费者的需求，同时更有利于提高酒店的抗风险能力，不会因某一品牌的失败影响全局。

3.复合品牌战略

对同一酒店赋予两个或两个以上品牌的战略即为复合品牌战略，该战略包含注释品牌战略和合作品牌战略。其中注释品牌战略是指酒店集团以注释品牌和主导品牌命名其下属酒店，通过主导品牌说明酒店的价值等，通过注释品牌为主导品牌提供支持和信用。合作品牌战略则是将两个或两个以上品牌命名在一个酒店上，这种品牌战略模式也多集中在多个酒店集团合作投资、共有资产的酒店，从而打造多品牌战略。

（二）酒店品牌扩张路径

1.业务领域扩张

从业务领域考虑，酒店品牌的扩张涵盖四个选择方向，分别是在原有业务领域基础上的扩张，联合同类型酒店的横向一体化扩张，与酒店业相关的上下游企业联合的纵向一体化扩张和向其他业务扩散的多元化扩张。通过以上四个业务的扩张，为酒店品牌扩张提供可能。

2.品牌档次扩张

从品牌档次考虑，酒店为满足高、中、低档不同层级消费者的需要，酒店品牌扩张可以从高档型品牌、中档型品牌和经济型品牌三种类型展开。其中高档型又可以被看作向上扩张策略，目前国内各地正在扩充建设五星级和高档商务酒店即是这一策略的表现，而正在建设的经济型酒店则是向下扩张的表现。此外还有双向扩张策略，这种策略可以形象地比喻为橄榄形策略，此种策略可以在各个市场保持较高的市场占有率。

3.品牌结构扩张

从品牌结构考虑，酒店可以从单一品牌模式、独立品牌组合、分类品牌组合、母子品牌组合四个方向展开。酒店集中财力、物力扩张某一品牌的单一品牌模式，可以迅速提升品牌的知名度，打开品牌市场；通过对每一种酒店产品都冠以独立品牌的品牌组合模式，可以更进一步明晰产品等级和功能的差异；酒店集团对下属酒店按不同类别进行分类品牌组合，可以明确品牌定位，降低营销成本。此外，给酒店用两个品牌命名的母子品牌组合模式，可以很好地增加品牌活力，提升品牌价值。

4.市场区域扩张

从市场区域考虑，酒店可以从一线城市、二线城市和三线城市三个方向进行发展。一线、二线及三线城市从经济发展水平、基础设施建设状况、地区消费能力等方面呈逐级下降的趋势，可以说三级城市各有特色、各有不同，给酒店的发展和品牌的扩张提供了多种选择，酒店可以结合自身能力和竞争优势选择不同区位发展。

综上所述，以上四个酒店品牌扩张路径模型维度是紧密结合在一起的，它们共同形成了品牌扩张的路径。洲际、万豪等国际酒店集团，在国内的品牌扩张上就充分利用了上述方法，实现了快速发展。

5.文化扩张

文化是对内提升凝聚力、对外提升影响力的重要媒介，品牌又是企业文化的外在表现形式，可以说一个没有品牌和文化的企业，是难以发展壮大的。如国际酒店在开展对外品牌扩张的过程中，尤其注重文化上的扩张，通过在经营和管理中融入自身特色的文化模式，将文化理念融入员工服务、融入酒店环境、融入各类餐饮用品中，营造浓厚的文化氛围，进而实现其自身文化在顾客中的广泛传播和扩张。洲际、万豪、雅高等酒店集团十分注重企业文化建设，通过文化建设，在国内树立起良好的品牌，实现其产业规模和品牌的有效扩张。

二、酒店品牌的评估

（一）成本法

成本法主要是按照重新建立与某一特定品牌影响相当的新品牌所需费用的角度来估算品牌资产量的大小。因为品牌投入与品牌资产之间的弱相关性，品牌的成本具有不完整性、弱对称性和虚拟性等，因此品牌价值的高低并不与其成本存在着直接的联系。此外，成本法未考虑市场需求和经济效益的变化。

（二）收益法

收益法是根据品牌的未来获利能力来评估其价值的一种方法，从根本上讲，这种方法最符合逻辑性，因为品牌之所以有价值，就在于它能够为企业的未来带来收益。计算出待评估品牌的利润，减去该行业的平均利润，得出的差额即视为由于品牌而带来的超额利润，以此为基础，在一定年度内按一定折现率进行折现，最终得出该品牌的价值。该方法也是在实践中常用的方法，优点是较好地反映了品牌价值的本质，充分考虑了其在未来市场上的获利能力及相关因素。但问题是该方法在计算由品牌所带来的超额利润时，很难把其他影响因素排除掉，如企业技术带来的超额利润，另外，折现率的准确获取也存在一定的难度。

第四节　酒店集团化与连锁经营

一、酒店集团化

现代酒店集团是市场需求规模有限、酒店企业竞争愈加激烈的产物，它的产生对世界酒店企业的经营格局产生了重大影响。酒店集团通常又被称为连锁酒店或酒店联号，是以酒店企业为核心，以经营酒店产品为主体，通过产权交易、资本融合、管理模式输出、管理人员派遣和营销网络等超市场的制度性制约而相互关联的企业集团。

（一）酒店集团化经营方式

综观世界酒店集团的发展现状，可基本将其划分为酒店连锁集团和酒店合作集团两类。酒店连锁集团是指一些酒店统一于某一集团公司的领导、管理、监督或指导之下，组成强有力的竞争实体，如希尔顿、凯悦等。酒店合作集团又称酒店合作联盟，是若干酒店为了在物资采购、市场营销、客房预订、人员培训等方面获取规模效益，而采取联合行动自愿组合建立起来的一种酒店合作组织。该种合作组织通常设有中央机构，负责协调整个组织合作领域内的相关工作，其活动经费通过征收会员费或认捐等形式由各成员分担。酒店合作集团内部不存在统辖或产权关系，也有学者称其为酒店联合体，典型代表是西方国际酒店集团。酒店集团化经营能够通过规模化运作实现规模经济效应，通过统一销售和组织网络化扩大市场范围，通过品牌及产品的延伸获取更多经济利益，通过品牌忠诚获得消费者的高度信任，这些优势均促成了独立的酒店单体，并逐渐向集团化经营靠拢。酒店集团主要采取直接投资、租赁管理、管理合同、特许经营和战略联盟五种形式进行品牌扩张与输出。

（二）酒店集团化的发展对策

1.准确定位客源市场

酒店市场细分是指将酒店市场按照多个参数，如酒店市场的消费者需求、购买习惯等分为若干个亚市场，其中每个亚市场都是由某一参数相似的消费者构成。进行市场细分后，酒店管理集团应当及时了解每个细分市场的消费者需求，并根据自身条件及时满足某个或多个细分市场的需求，从而赢得相应的市场份额。酒店品牌体现着酒店产品与服务的特色与差异，酒店品牌所体现的个性、内涵、价值，如被与之身份、情感、偏好相符合的细分市场消费者群体所认同，将产生极高的品牌满意度与忠诚度。因此，准确的个性化酒店品牌定位将有助于酒店管理集团形成差异化比较竞争优势，从而使其更有效地占领相应细分市场。

目前，我国酒店管理集团除要对其现有市场进行深入细分，以抓住和弥补市场需求空缺外，还应顺应酒店市场发展潮流，不断探索与开拓新型细分市场，以维持并提高自身市场地位。在拓展细分市场时，酒店品牌不仅应当对现有细分市场进一步更正品牌定位，而且对新开发细分市场更应当在准确掌握消费者需求特征的基础上，进行合理的功能与价值承诺，使顾客满意度更加稳定甚至提高，从而树立顾客品牌忠诚度。

2.改革企业管理体制

尽管我国一些酒店管理集团已经跻身国际一流酒店组织成员，参与国际酒店市场竞争，但如何改变原有体制束缚，实现生产要素更为合理地流动与优化组合，重构资源配置结构，进一步增强品牌市场竞争力，仍是大部分酒店管理集团关心并亟须解决的问题。由于历史原因，我国许多酒店管理集团隶属关系复杂，内部管理体制混乱，造成了品牌扩张无计划、档次布局不合理、价格销售相挤压、经营管理不统一的局面，阻碍着集团与品牌的正常发展。

为使酒店管理集团更能适应市场发展趋势，实现自我发展，必须进一步强化酒店管理集团的产权联结纽带，以现代企业制度理顺集团的上下产权关系，并建立规范化的管理体制，促进集团内部形成良好的协作关系，进而实现所有制、区域性、行业性障碍的突破。在酒店管理集团进行企业管理体制改革时，应当在明确企业章程、长期发展愿景的基础上，将集团上下核心层企业、紧密层企业的经营联系真正变为产权关系的联结，明确权力责任，完善现代企业制度，使酒店管理集团成为真正规范化、市场化、社会化的企业，能够自由地调整或拓展各个品牌业务领域，逐步成为酒店品牌资产的投资中心、经营中心、财务中心、监督服务中心，融入市场自由竞争，从而与国际酒店管理集团平等抗衡。

3.实行生态化、国际化运营

随着环境状况的日益恶劣，生态环保型酒店逐渐受到消费者的青睐，势必成为酒店业发展的主流。酒店品牌应更加突出人与自然和谐统一的理念，实行绿色管理、绿色经营，倡导绿色消费，使品牌实现真正意义上的可持续发展。

所谓绿色酒店品牌，是指那些为消费者提供的产品与服务既符合环境保护要求，又符合充分利用资源和有益于消费者身心健康的酒店品牌。当然，对绿色酒店品牌的认识不能仅限于能源消耗下降、经营成本节约，实现资源与品牌的可持续发展才是其终极目标。无论是能源低耗、资源节约、污染减少，还是绿色消费、绿色服务，绿色酒店品牌要倡导的是一种新的理念与行为。对此，酒店管理集团必须提高认识，从打造酒店品牌可持续优势的角度认识绿色酒店品牌的意义，并在推广绿色酒店品牌时，使集团和消费者共同提升社会责任感，在相互感知中为对方提供消费与生存空间。

我国酒店管理集团只有顺应产业发展趋势，更为积极地推进酒店品牌国际化进程，推动集团品牌向国际范围扩张，才能在激烈的市场竞争中立于不败之地。酒店品牌国际化是一个系统工程，要求我国酒店管理集团制定系统的品牌国际化战略，从全局的角度优化配置集团全部资源，经由经销商、战略联盟、兼并、参股等渠道，构建起国际营销网络，并对品牌国际化运营进行全过程系统管理，保证产品服务质量与品牌承诺的准确兑现，从而实现品牌国际影响力的不断提升。

二、酒店连锁经营

连锁经营，就是经营同类商品、使用统一品牌的若干酒店企业，在同一总部的领导下，按统一经营方针进行共同的经营活动，以共享规模效益。

（一）酒店连锁经营的必要性

1.增强规模效益，降低成本和风险

连锁经营的“八个统一”，即统一店名、统一进货、统一配送、统一服务、统一价格、统一广告、统一管理、统一核算，有利于资源的配置，使得企业减少浪费现象，降低了成本，从而凸显了价格优势。酒店连锁经营多个分店，即使个别店经营效益不佳，也不至于影响酒店总体，这样可以大大降低投资风险。

2.统一的标准和形象，有利于增强酒店的整体竞争力

由于连锁经营的各酒店在资产和利益等方面的一致性，使得连锁企业可以投入单体酒店无法相比的人力、物力、财力，对销售措施、广告策划、硬件设施进行不断的改革与创新，使整个连锁企业的经营管理能力始终保持在一个很高的水准上。而统一风格能对宾客和业界形成强大而有魅力的形象，同一水平的组织结构和垂直的管理结构又使得连锁酒店企业的优秀管理制度、方法、经验能通过连锁网络迅速有效地在各连锁分店内贯彻实施。多点分店布局从外延上拓展了企业的市场阵地，这一切都有助于提高酒店企业的市场占有率和市场竞争能力。

3.获得网络优势，提升市场营销能力

单体的酒店缺乏拓展大规模市场的能力，而加入连锁后的酒店可以充分利用连锁集团的网络优势，例如，先进的客房预订系统、完善的客户信息系统，从而将视野投向更广阔的市场。由于营销力量的集聚，使得单体的酒店原来无法想象的国际性广告也成为可能，用以推广知名度。

4.加强品牌知名度，提升酒店形象

好的品牌在一定程度上代表着好的质量，而连锁经营就是推动品牌建设的一个好方法。统一的建筑形式、统一的环境布置、统一的着装、统一的色彩装饰等均是一种效果极佳的公众广告，使顾客愿意光临，而且通过顾客口口相传，提升了企业在公众心目中的形象。

（二）酒店连锁经营的常见形式

酒店的连锁经营要求以品牌为旗帜，将共同的服务理念贯穿于服务全过程。连锁经营的常见形式有直营连锁、自愿连锁和特许连锁。

1.直营连锁

直营连锁这种连锁形式有两个特点：一是所有权统一，全部成员归属同一所有者；二是高度统一管理。总部掌握着全公司的经营管理权和人事权，统一负责采购、计划、配送和广告等，所属各分店实行标准化管理。直营连锁是酒店常用的连锁方式之一，其具体实现形式有直接投资、合资、并购等形式。

采用直接投资的方式，酒店可以自行决定新店的地址和规模、人力资源的配置、日常经营方针等，能够比较全面地承接酒店品牌各方面的特色，但需要酒店投入较大的财力，且建设周期较长。合资方式可以降低酒店企业的投资成本，同时在新店的选择方面也有一定的决策权。不过，合资建设新店的周期较长，而且在新店的人力资源配置等日常经营方面，酒店的决策权受到一定的限制。并购的优势在于酒店开的新店可以迅速开张营业，为酒店创造利润。但是，并购对酒店财力的要求也较大，同时被并购酒店在完全融入原酒店品牌的时候往往会遇到较多的困难，一般需要酒店在设施的改装及装配、人员的培训和重新配置、酒店经营方针的转变等方面投入较多的财力和精力。

2.自愿连锁

自愿连锁方式有两个特点：一是所有权、经营权、财务核算都是独立的；二是在协商自愿的条件下共同合作，统一进货，分散销售。成员店的灵活性强，自主性大。但自愿连

锁这种形式不利于酒店品牌核心价值的贯彻，长期下去往往会使原酒店的品牌失去特色。因而，酒店选择此品牌经营方式要慎重。

3.特许连锁

特许连锁是当今世界上最流行的企业扩张和个人创业的途径之一。连锁加盟这种形式具有两个特点：一是以特许权的转让为核心，特许权批发商把注册商标和经营模式卖给特许权经营商，总部为转让方，加盟店为受让方；二是所有权分散在加盟店，经营权集中在总部，总部提供技术专利和商号信息，加盟店按总部统一指令经营。这种方式在餐饮业、旅店业得到广泛采用。特许经营是以服务品牌与管理等无形资产的投入，实现酒店规模化成长，其特点是有形资产投入少、扩张速度快，又由于酒店企业的前期投入低，其规模化成长不可能采用大量投入的方式来实现，只能走低成本扩张的道路。因此，特许经营是酒店实现连锁经营的一种最优选择。目前，国内的新亚、锦江和首旅集团都是通过特许加盟的连锁方式发展自己的品牌，并且已取得初步效益。

第六章

现代酒店个性化服务管理

第一节　酒店服务创新概述

一、服务企业与酒店

（一）服务概念

随着近年来服务经济影响力的扩大以及服务科学的兴起，其内涵也在不断延伸。总之，服务在本质上是一个过程，具有以下特性：“无形性”，是指服务不存在所有权交换问题，不能够注册专利，没有存量；“不可分离性”，是指服务的产生与消费是同时进行的，当服务产品被生产出来的时候，其销售、消费同时也在进行；“不可储存性”，是指由于服务产品固有的性质决定了其不可储存，长途客车上的空位或者酒店里的空房间虽然没有被消费，但是却无法保存其当时的使用价值；“所有权缺失”，是指由于服务产品的无形性，顾客只能获得服务产品的使用权，而无法获得所有权；“难测度性”，是指服务产品很难实现统一的服务产出和服务质量的精确测量标准。其中，无形性是服务产品最根本的特征和属性，服务产品的其他特征属性可以看作基于其无形性而产生或衍生出来的特征。

（二）服务企业概念

同样由于服务内涵的不断延伸，当今世界，服务业已成为一个涉及范围最广的产业，它早已不再局限于传统的餐饮业、修理业、零售业之类。“服务”概念的使用有三种主要含义：①如果某个人或企业提供某种帮助或使用价值，从而使接收者的福利得到改善，则这个人或企业就是在提供服务；②服务是具有交换价值的无形交易品，其使用价值可以是瞬间的（如娱乐）、重复使用的（如信息），或可变的（如专业化服务咨询）；③服务作为个人或企业有目的的活动结果，可以取得报酬，也可以不取得报酬。

服务企业是以为顾客提供服务为主要产品的企业，在社会发展与进步中承担着重要角色。服务企业发展的最终目标是以尽可能理想的方式为服务对象的存在和发展提供支持，主要手段是依托高科技和专业的知识、信息及经验，主要的经济特征在于服务的高交互程度和顾客的个性化定制，它并不强调与传统服务业在资本和劳动力使用程度上的差别。

二、员工创新行为

员工个体是组织创新过程中最重要的要素，个体创新是组织创新的基础。在当今这个复杂而充满竞争的环境中，个体的创新增强了组织把握机遇、适应环境的能力，直接关系到企业的生存和发展，是组织当中最宝贵的资源。

（一）员工创新行为的影响因素

教育学和心理学认为，创新潜质是一般人的本质特点。然而对影响个体创新行为的因素研究是多种多样的，从个体层面来看，包括动机、信念、认知、态度等；从组织层面来看，包括组织氛围、激励、领导力、制度等；从社会层面来看，包括环境、文化等。这些因素涉及了微观、中观、宏观层面，它们共同影响了个体人员的创新行为。

其影响因素研究方面主要集中在企业员工内部系统因素（人格因素、技能因素、认知风格因素、动机因素、价值观因素）与外部系统因素（组织氛围因素、企业管理者因素、管理方式因素）。

对员工创新行为影响因素进行研究，从个体层面、组织层面、社会层面三个层面，选取各种因素进行。总之，员工创新行为的发生不仅是个人特征和环境因素的单独作用，也包含了各种因素交互作用的结果。因此，一般考察以下两种作用机理：中介作用或调节作用。中介作用表明了环境因素是通过影响个体特征进而对行为产生作用，因此，需要采取能够激励有效行为产生的环境干预手段。调节作用则表明个体特征与环境因素相互作用进而影响行为，因此需要环境与个体特征的匹配才能够引起有效行为。

（二）员工创新行为的发生机制研究

员工创新行为的社会性特征还是不明显。创新行为既不取决于具有社会类别的参数（性别、职业、语言等），也不取决于具有社会等级的参数（教育、收入、财富、教育，甚至智力等），它似乎是不可捉摸的。正是员工创新行为发生机制不可捉摸，才使得员工创新行为研究成果呈现多样化。

1.创新潜力四因素模型

创新是个体大脑运动的一个主要机能。因此，对创新的研究更侧重于个体的个性特点，包括认知的和非认知的，研究对象非普通员工，而多为杰出人士。在此基础上，创新是人类智力的子集，可以将其认为是一种解决问题技能的特殊形式。在创新活动过程中，创新思维是个体价值取向性的具体表现，其核心是发散思维。而影响发散思维主要有五个因素，分别是对问题的敏感性，识别问题的能力、流畅性，得出的想法的数目、灵活性，用不同的方法想问题的能力以及原创性，提出非同寻常的观点的能力。

2.创新认知模型

人们的创新过程是非常普遍而且正常的，并不是少数天才才具有的。个体价值取向的差别主要是对那些可列举出的创新过程在使用或组合上的差异所造成的。这些创新过程应用程度的不同以及其他一些认知能力（如工作记忆力）会对个体价值取向潜力的差别产生重要影响。根据这个理论，具有决定作用的影响因素被称为创新认知的人类的特殊认知能力，这个能力可以产生新颖有用的想法。

3.创新成分模型

创新是由三个部分组成的函数，分别是：个人在某一特殊领域的技能（如该领域的知识、技术技能以及相关的天赋）；与创新相关的技能（如适当的认知风格、能够启发新颖想法的显性或隐性的知识）；工作动机（如对任务的态度和对自身承担任务动机的认识等）。

4.创新三因素模型

创新是以下三个因素相互作用的结果：个体（如将一些观点、产品带入某一领域的个体）、领域（某个包含有文化象征体系的范围，如艺术领域、心理学领域等）以及机构（决定挑选那些作品进行关注的社会机构）。在这个模型中，社会环境起着双重的作用——培养者和监察者。

（三）员工创新行为结构维度研究

1.二阶段论

员工创新行为包括两个阶段，即想法的产生和想法的实施。其中想法的产生阶段是发散阶段，包括识别问题、想法改进等活动，该阶段的成果是产生关于创新的建议；想法的实施阶段是个汇聚过程，其指向是开发创新以获得好处。两个阶段的分界点是做出实施创意的决定。

2.三阶段论

个人创新应该从问题的确认开始，包括产生创新构想或解决方法，这个构想可以是新奇的，也可能会被采用，接下来是创新的个人为自己的想法寻找支持，最后是将创新想法“产品化”。因此，将个人创新行为分为三个阶段：①问题的确立以及构想或解决方式的产生；②寻求对其构想的支持；③将创新想法“产品化”，即将这个想法变成切实可行的产品并被大量使用，最终完成其创新的构想。

3.四阶段论

个体创造性的初始阶段是由个体对问题的认知及态度的产生开始；接着由拥有创造性的个体将其创意寻求赞同者的资助及试图让支持者接受；然后则是由创造性的个体将创意加以实践，使之成为一项创造性的原型或模型；最后经由量化生产，并推出商品化的产品或服务。

4.五阶段论

个人创新行为应包含寻找机会、产生构想、评估构想、支持以及应用五个维度。具体内容如下。

（1）寻找机会：指的是广泛地探寻更多创新的机会，包括各种机会的来源寻找。

（2）产生构想：指的是为了企业组织、产品、工作流程以及服务的发展产生的有利于变革的各种行为，包括针对机会产生的构想或解决方法。

（3）评估构想：指的是将各种构想、解决方法与意见进行整理，并通过调查加以测试，包括系统地阐述构想或解决方法以及试验评估。

（4）支持：指的是创新过程中各种社会政治行为，包括调动各种资源说服和影响他人。

（5）应用：指的是努力使创新成为企业日常运作的一部分，包括执行修改常规化。

目前，对于服务企业员工创新行为的研究还相对缺乏，需要更多的实证研究来检验员工创新行为的构成维度，以期能够得到更为一致的结果。这种将服务企业员工创新过程分解为几个阶段，并归纳出每个阶段的主要任务对分析理解创新是有所帮助的。

创新是通过系统研究和由此获得的知识而导致的有目的的变化。创新是科学突破的结果，是以科学方法为基础方法的结果，是知识作为人类行为和社会活动主要工具的结果。从某种意义上说，创新可以看作知识的创造或者新知识的产生，因此知识与员工创新行为之间有必然联系。

第二节　酒店服务创新内容与表现形式

一、服务内容创新内涵

服务内容创新指的是酒店员工在自身权限和能力范围内，根据客人的实际需求状况，进行服务内容的更改或完善，包括服务项目的增加或删减等。由于大多数酒店服务项目是在与顾客互动过程中发展的，服务内容可以根据顾客的需求进行及时调整。即便该服务内容在其他酒店已经推出，一旦被员工引入或借鉴到自己的酒店，也是一种服务内容创新。

比如，假日酒店集团的叫醒服务，不仅按照酒店通行的叫醒程序执行，而且还在宾客接听叫醒电话时，询问宾客是否需要当天免费的报纸和热咖啡。这个简单环节的添加，使得被叫醒的宾客不至于再倒头大睡误了行程，同时，还满足了宾客其他需求，让宾客记忆犹新。同样，作为服务沟通必不可少的工具语言，经过几十年规范化管理的熏陶，酒店各部门都已形成一套规范化、标准化的服务用语体系。但是，千篇一律的单调服务用语正受到挑战，不少客人对毫无新意的服务用语表示反感或者厌烦。这就使得恰当的语言变化也能成为服务创新的亮点。曾遇到在酒店门口迎接客人，虽然进出门口几次，酒店门童都按照服务标准语言“欢迎光临！”“欢迎下次再来！”问候客人，让客人感到很反感。其实，如果门童与客人进行一下沟通，即使讨论一下当日的天气情况，也会让客人感到温暖、舒心。

二、服务形式创新内涵

服务形式创新指的是酒店员工借助新工具、新技术或改造工具等进行服务方式方法上的改进或创新，主要目的在于提高服务效率，提升用户体验。

当今社会，科技飞速发展，很多工具能够改变为客户提供服务的形式。一是服务人员可以借助先进的工具进行方式方法的创新，比如网络、通信设施等先进技术的应用，将传统的电话沟通改为网络沟通等；二是服务人员可能会对自己工作中所使用的工具进行改造创新，从而提高工作效率，比如有餐饮企业的员工踏滑轮传菜的场面，既提升了服务效率，也增加了观赏效果；三是服务人员根据顾客实际需求进行服务形式的改进或改变，达到顾客满意的效果，如传统的后厨加工菜品改为现场加工菜品，增加了顾客与厨师之间的现场互动，提升了顾客的体验。

即使没有新技术、新工具，同样用心改造一样能够实现服务形式创新。比如，中豪酒店在酒店果盘服务环节上进行了创新，收到了很好的效果。服务人员可以在为宾客摆放果盘的同时摆放水果卡，让宾客选择自己喜欢的水果，不仅更好地满足宾客需要，更重要的是不产生浪费。实际上酒店也没有付出多少成本，宾客满意度更高了，实现双赢的结果。

这里值得注意的是，界面创新，即服务企业与顾客的交互方式的改变，其实就是所谓的服务形式创新。在一般的服务业中，形式创新主要是服务中互动、沟通方式的改变，但这种互动、沟通方式的改变往往和传递、交互方式的改变交融在一起，两者无法分离，其实就是一种服务形式创新。

三、服务流程创新内涵

服务流程创新指的是根据当前顾客的实际需求进行服务流程的简化或调整，是对已有标准化服务流程的突破，在更大程度上提高了顾客满意度。服务流程创新是从服务流程上进行创新，简化没必要的复杂服务流程，一切以高效和快速作为目标，既减少了人力，又降低了成本。

企业按照服务项目制定相应的服务流程，要求服务人员按照企业所规定的服务内容与程序进行服务，然而在实际运作过程中，顾客可能会因为某些状况要求服务人员先满足当下最主要的需求，而忽视一些无关紧要的服务内容。比如，满头大汗进入餐厅用餐的客人，他更需要的是毛巾，而并非一杯水，服务人员在为顾客服务的过程中，不能一成不变，需要根据顾客的实际情况进行服务，这些体现为服务流程的创新。目前中餐宴会的上菜顺序，一般先上凉菜，再上大菜，然后上炒菜，最后才上鱼、面食和水果。但在实际宴会过程中，经常出现，宾客刚刚入席就开始饮酒，对胃刺激很大，最后才上名贵的鱼，此时，宾客集中于敬酒，很少再有人品尝。这种上菜方式既不利于保护宾客的身体健康，也造成了浪费。现在，很多酒店都把上菜顺序调整为：餐前水果，餐后茶，中间上饭，鱼中插。这样，既符合养生的需要，又能让宾客享受到美食，两全其美。

酒店行业引入制造业的流程再造管理模式，就是典型的服务流程创新。“流程再造”就是跳出传统的思维定式，重新审视企业原有的操作及管理流程，并以顾客需求为导向，对之进行彻底的、急剧的重塑，以达到服务和管理效率的飞跃。流程再造技术源起于制造业，后来逐渐为服务企业所效仿。比如，酒店客房服务中心模式对于传统台班模式的否定和取代就是“流程再造”的成功案例，通过对台班的工作职责、工作方式和工作强度的反复观察，管理者发现以楼层为基本单位的大量台班人员的存在实在是巨大的人员浪费，不合理的流程致使几乎所有的台班服务员工作负荷严重不足，而服务质量并未因高成本的“人盯人”流程有更多保障，所以，以现代通信和监控技术为基础的“服务中心”模式一经诞生，便显示出了极大的优越性。

总之，由于酒店服务具有不可分离性的特点，服务人员向顾客提供服务的同时，也是顾客消费服务的时刻，两者在时间上不可分离。在服务过程中，要想提供给顾客满意的服务，一线员工不仅要有足够的知识、能力和技巧，准确可靠地执行所承诺的服务，还要在对顾客提供服务过程中表现出及时提供便捷服务的自发性，能将顾客当作个体对待，从而给予顾客必要的关心和个性化的服务。因此，上述四个方面的酒店服务创新内容划分恰恰能够满足顾客多方面的需要。其中，酒店的服务流程、服务内容、服务情感三种创新都是在原有资源基础上进行的改进，其中服务情感引发的创新往往容易被忽视，而服务方式创新则是工具的改善或者新工具的引进，这些依赖于新技术带来的创新。

第三节　酒店个性化服务的设计目的

既然“期望”在酒店宾客的服务实施中具有相当的影响力，那么酒店管理者就不能不面对“期望”这一重要因素。在面对这一问题时，酒店管理者、经营者的脑海中会产生出各种想法，其中最为突出的问题就是如何将“宾客的期望值”加以利用，以此作为吸引回头客和树立酒店市场口碑的重要旗帜。

人们在决策时，不能坚持要求最理想的解答，常常只能满足于“足够好的”或“令人满意”的结果。从某种意义上讲，一切决策都是某种折中。最终选定的方案，也不会尽善尽美地实现目标，它只能是在当时条件下可以利用的最好办法。我们所处的环境，必然限制着可以为我们所利用的备选方案，从而划定了目标实现程度的上限。

宾客会期望酒店为他们提供精美的床、舒适的铺垫、清洁的环境和可口的饭菜。而事实上，酒店不但满足了他们所预期的愿望，还在房间里放上了他们所喜爱的花束，安排了他们家乡风味的菜肴等，令宾客喜出望外，而这些体现宾客不同个体需求的就是个性化服务。

一、个性化服务设计的目的

酒店个性化服务的设计就是对服务及该服务系统进行合理性布局和策划的过程，它需要根据不同宾客群体或单体的需求变化和酒店能力水平来设计。个性化服务设计的目的有以下几个方面。

（一）满足宾客不同的需求

我们前面讲了酒店服务要坚持的准则就是“最大满意度”标准，所以酒店个性化服务设计的首要目标就是对即将提供的服务及服务流程进行规划，对二者的具体特征、结构和功能进行规定，而从事这项活动的目的是使个性化服务及服务提供过程更加符合宾客的具体要求，并为今后的管理活动指明基本方向，以使今后的宾客服务提供能在最大程度上符合和满足宾客的期望。因此，个性化服务满足了宾客的个性化需求，在某种意义上成为宾客在某方面的“私人助理”，这样能增加宾客成为常客的可能性，提高回头率，并能在此基础上发展与宾客长期良好的业务关系。

（二）突出服务特色，树立酒店品牌

服务产品的无专利使服务组织经常面临被竞争对手模仿的风险。增加服务产品的个性化程度，能提高其非常规化水平，使服务产品在某种意义上更具“技术含量”，因而大

大提高了对手模仿的难度，即个性化服务设计的另一大目标就是酒店应树立自己的特色品牌，从而区别于其他酒店提供的服务。设计要对普通活动和个性化特色服务这两个方面都进行强调，而不是如许多服务设计管理一般，只强调前者。个性化服务突出服务流程的流畅性，在服务时针对不同的个体给予特色服务。

二、个性化服务设计中应注意的问题

个性化服务设计的重点是服务组织提供给酒店宾客能满足其某种或某几种需求的服务产品的功能、效用。个性化服务理念的确定是其服务设计的基础，服务理念的合理性，决定了个性化服务设计的科学性，最终影响到服务产品的提供和酒店宾客的满意度。

因而，酒店个性化服务的设计尺度就是提供“最大满意度”服务时应注意的一些问题：个性化服务设计是追求合适的个性化服务，而不是过度的服务；追求特定市场的忠诚，而不是“一次性”市场；追求竞争力的提高，而不是价格的提高；等等。

（一）追求合适的个性化服务，而不是过度的服务

个性化服务的实质就是首先要弄懂个性化宾客到底希望什么、需要什么，然后给予提供、满足，并比其实际需求的稍微多一点。然而这稍微多一点，却有大大的名堂。个性化管理者和设计者要利用一切可能的科学方法去了解个性化宾客的真正需求，明确个性化服务体验中最重要的内容，也就是说要创造完美无缺的服务体验，其中的关键就是酒店个性化服务设计者和管理者必须对服务问题或者所发生的失误及时进行分析和了解。个性化服务涉及的策略之一就是如何有效地评估业绩及服务质量，以便及时地发现和解决问题以达到令人满意的服务效果，而不是提供令人厌烦的过度服务。例如，许多酒店都会为个性化宾客进行优先的客房服务清扫工作，然而个性化宾客由于工作、事务繁忙，往往会需要更多的休息时间，因此过早地或过多地进行客房服务反而会影响宾客的休息。因此，在为不同个性化宾客提供客房清扫工作时，应根据每一位个性化宾客的活动时间表进行科学的安排，以达到最大限度地方便宾客和使宾客满意的目的和效果。

要追求优秀的服务，而不是过度的服务，需要考虑四个“W”：①Who，为什么样的宾客服务？②Why，为什么采取这些服务？③What，应该采取什么样的服务？④When&Wherc，在何时何地进行这些服务？

这里必须注意所有要素的综合性，尤其是第一项和最后一项；否则即使有了服务，服务的效果也会出现偏差。

（二）追求特定市场的忠诚，而不是“一次性”市场

个性化宾客为酒店做有力的口头宣传，其影响力和号召力远远大于其他的普通宾客，

并且可为企业扩展潜在的市场需求，有效地降低广告成本，减少启动性服务费用。如果产品或服务的促销焦点放在“高忠诚度”的个性化宾客上，效果会提高5~20倍。此外，一旦这个特殊宾客群形成偏好与忠诚，就很难为其他企业的产品或服务所打动，无形中可以提高酒店的竞争力。

因此，要提高和巩固回头客，在提供个性化服务时需要掌握以下信息。①准确的宾客个性信息，这些信息一部分来自业已建立起来的宾客档案或预订信息，更多则来自服务人员在服务过程中的仔细观察；②准确地理解宾客的个性需求；③善于将宾客信息传递到后续服务环节；④有完备的宾客信息记录机制；⑤有完备的个性化服务提供系统。

（三）追求竞争力的提高，而不是价格的提高

“我们提供最好的服务！”这句话往往意味着高投入、高价格，甚至浪费。然而，宾客的期望则是：完美的服务，适当的价格。

有许多酒店只愿意提供与市场相同的服务价格，他们既不会根据市场来改变自己的服务档次，也不愿意满足小市场的特殊需求。个性化宾客市场是一个具有特殊消费结构的群体，价格对他们来说并非享受服务产品的重要因素，然而价格的因素对于他们的消费却存在着一定的影响。他们对消费产品的档次和价格都存在着一定的要求。受宾客文化背景、社会地位的约束，过低的价格会导致一部分宾客失去对该服务产品的消费兴趣；然而过于奢华和醒目的服务价格往往也会造成一部分个性化宾客的排斥。因此，这就要求酒店对自己所定位的个性化宾客市场进行详细的分析，对他们的消费目的和消费心理进行科学的评估，制定恰当的价格。

第四节　酒店个性化服务方案的设计和确定

酒店根据不同宾客市场和单个宾客的不同需求可设计许多不同的个性化服务方案，在本节中我们分别对标准化服务的延伸产品——批量定制型个性化服务和针对个体单位、宾客的单一型个性化服务来进行具体分析，讨论和剖析个性化服务的设计方案的原理和内容。

一、个性化服务方案的设计

（一）批量定制型个性化服务的设计

批量定制型个性化服务是针对某一宾客市场、人群的标准化服务的延伸产品，也就是

提供超过宾客购买服务目的的超值服务。这种服务是一种通过向宾客提供与酒店服务产品相关的附加服务而增加酒店服务产品个性价值的完全服务产品提供方式。

宾客对服务的需求可分为核心需求和边缘需求。核心需求即宾客购买产品的直接目的，如宾客去餐厅吃饭就是为了填饱肚子，去商务中心就是为了办理预订票务等业务。而边缘需求则常常以潜在的形式存在，如宾客去餐厅吃饭的同时还希望享受其良好的氛围及了解佳肴知识，去商务中心还希望了解其票务优惠内容等服务项目。因此，酒店的增值服务设计就是以核心需求为主要依据，对那些不太为人所认识的边缘性潜在需求进行挖掘并设计出令宾客满意度最大化的服务。

在核心服务之外的延伸服务中，个性化服务是其中一部分。个性化服务设计同时要满足延伸服务和个性化要求的双重特点，也就是说要在满足客户的个性化需求的基础上挖掘和延伸产品。如果酒店为宾客提供超出购买产品的核心价值范围之外的额外服务和利益，就可以为酒店吸引更多宾客。

在发掘延伸服务时，酒店组织者和管理者应考察不同宾客市场和层次的需求多样性，从多个角度了解个性化服务对不同宾客市场的需求满意度。宾客的需求包括：①生理需求，能否给宾客带来生理上的满足；②安全需求，能否为宾客的人身和财物提供安全保障；③工作需求，能否为宾客从事各种经济、政治活动提供方便；④社交需求，能否为宾客提供广泛的社交活动。

批量定制型个性化服务按照服务提供的时间可以分为以下两种。

1.服务过程中的个性化服务

服务过程中，即宾客尚未结账离开酒店的时候，在这一过程中，提供个性化服务要求组织者和管理者在保证基本服务的基础上，根据边缘性需求分析，提供与消费该服务产品有关的附加服务，增强宾客在酒店的体验感，让宾客更容易记住酒店。如酒店为宾客提供免费身体保健咨询服务，让宾客在入住酒店的同时得到健康保证。

2.服务过程后的个性化服务

宾客在酒店结束消费之后，服务过程并没有完全结束，也就是说还需要一个延续的过程，这也是真实服务的一种提供方式，我们也常常把它称为“跟踪服务”。酒店利用宾客信息全程跟踪系统可以随时了解宾客的状况，并在不打扰宾客的前提下提供相应的服务，如寄送生日卡、节日礼物、酒店最新的优惠信息、电话问候等。

（二）单一型个性化服务的设计

单一型个性化服务是把宾客划分为一个个单体，根据每个单体的喜好提供具体的细节服务，更注重以人为本；根据酒店宾客的个体不同需求特点而采用相应的个性化服务方式，提供针对性服务。

1.个性化服务信息的细节

自然地，要做好满足客人的个性化需求，首先就应该尽可能多地获取客人信息，了解客人真实的个性化需求。要完成这一目的，就要注重个性化服务信息的以下几个细节。

（1）信息完整、全面、准确。宾客信息要求能记录宾客单体从第一次服务开始至服务消费过程中和消费后反馈的所有信息，并且能正确反映宾客与酒店的所有业务关系和宾客的基本资料，同时做到及时补充和更新。

（2）便于进行统计、分析。信息库记录信息的格式能为统计、分析宾客的需求特点提供方便。使用人员可以以多种形式调用相关资料，如按照宾客姓氏笔画和姓氏中首字母顺序调用，或按宾客的年龄、性格、职业进行统计，或按某种特别需要进行调用。

（3）自动提醒服务。个性化服务宾客信息还要求能提供自动提醒的个性化服务。如某一宾客在酒店中过生日时，资料库就应能够自动提醒酒店准备鲜花、蛋糕等礼物。

2.酒店应该获得和存档的宾客信息

（1）宾客的基本资料。包括姓名、年龄、性别、职业、个性特征、联系方式等。有可能的话，还可以储存宾客的照片。

（2）宾客与酒店的业务往来资料。很多酒店的宾客具有相当的社会影响力，因此每一次宾客在酒店中的活动情况都应被详细记录下来，这些资料不但使酒店的继续服务有依可循，同时还可以成为酒店扩大其影响力的广告。因此，酒店在设计这类表格时，应考虑表格的详细程度和服务组织最需要的信息内容。

（3）服务接触中收集的信息。这种信息收集也被称为观察收集，是指服务者在提供个性化服务的过程中通过观察来判断酒店不同宾客的基本情况和及时提供的相应个性化服务，有必要时应在宾客记录本上补充有关信息，重要的信息要及时输入酒店的宾客档案。

二、个性化服务设计方案的确定原则

中国有句古话叫作“于细微处见精神”，酒店工作中讲究“于细微处见个性”，用周到、高效的超值服务去满足客人。若能在个性化服务设计中不放过细微之处，必将收到良好的效果。因此，个性化服务的设计，应首先从显性服务要素着手，依据服务理念的内容，从宾客完成服务消费后所能明显感觉到的“利益”或“效用”出发。它所带来的利益是个性化服务功能的核心，其他要素的设计都必须围绕这个核心来展开。

在个性化设计方案的确定过程中应注意以下两点。

（一）针对宾客消费群

宾客消费群具有一定的特指性，不同的消费群体有不同的消费习惯和消费特点，因此需要对宾客进行实际调查，进行明确的特征分析，进而归纳和总结，并形成一套完整的宾客群体信息调查报告，将其作为确定服务标准的基础和实施个性化服务行为的出发点。唯有如此，酒店才能了解宾客的期望，所提供的个性化服务才具有针对性和特指性，真正使宾客满意。

（二）针对个别宾客

个性化服务是具有个性的，否则就不能被称为“个性化”了，因此它既要有统一的服务规范标准，又要符合个性化需要。现在，各大酒店集团大都已建立了一套完整的服务管理规范，酒店从总经理到基层员工都无一例外地按制度办事、按标准工作、按规范服务，并在此基础上，根据客人的不同需求提供灵活的服务，以提高客人的满意度。对个别宾客，酒店特别是基层员工更应提高个性化意识，在工作中融入个性化服务。

三、确定个性化服务具体方案

具体的个性化设计方案的确定要因人而异，即需要根据不同宾客的需求特点出发，分析个性化服务的竞争优势所在，并确定经营管理重点和服务设计基调。根据重要性的不同，竞争因素可分为两类：资格取得因素和竞争优势因素。

资格取得因素是指服务组织进入某一特定市场在服务提供上所必须具备的“资格”。只有具备这些资格要素，宾客才会考虑购买服务组织的服务。不具备这些要素，服务产品便不会列入宾客考虑的范围。如航空公司，安全性就是非常明显的一个资格取得因素。而对于餐馆，卫生很显然应列入宾客考虑的范畴。但仅仅依靠资格取得因素还不能为服务组织赢得竞争优势。

竞争优势因素是直接导致宾客前来酒店的要素，是服务组织赢得竞争优势的要素。它们既是酒店宾客对服务产品做消费决策时考虑的主要衡量标准，也是服务组织赢得竞争优势的主要原因。

因此，酒店个性化服务设计方案的确定要基于“竞争优势因素、资格取得因素”之上，在方案中加入更多具有竞争力的因素，而不是从“奢华”上着眼，要以体贴的细节设计，周到、尽心的态度在竞争中获取最佳位置，从而击败竞争对手。

第五节　酒店个性化创新内容

在现代服务贸易中，个性化服务的重要性日渐凸显，并正在成为经济全球化中一项崭新的内容。现代产业经济理论表明，经济发展到相当程度时，发达的现代服务业可以为发展新技术产业提供创业的氛围，现代服务业的发展可以与现代工业制造业形成互动的机制，所以可持续发展的经济需要发达的现代服务业作为支撑。特别是对于都市经济的发展，服务业的拉动作用更为明显。随着新科技革命浪潮的兴起，知识、技术和信息对经济增长的贡献越来越大，以信息产业为代表的知识型产业，正在成为世界经济的主要增长点，人类社会正逐步进入知识经济时代。现代服务业在知识经济和经济全球化发展过程中，正发挥着越来越重要的作用，并表现出新的发展趋势。

那么，在经济全球化的带动下，注重以个性化服务的发展来推动现代服务业的健康发展无疑是提升服务业竞争力的良策。也就是说，撰写本书的本意便是为了共同探索酒店个性化服务的相关理论、相关知识及其实践方法，以实现酒店服务业的快速发展。

中国酒店业服务发展到目前这个阶段，一个突出特点就是市场已经细分，供给相对过剩，只有那些有特色、质量好的酒店才能真正赢利。新标准中的这一条就是针对那些可能出现的“异化”酒店而设立的，也就是说，那些能够提供突出个性化服务而且十分受人青睐的酒店，即使其自身条件异于标准所规定的条件，也可以直接申请而被授予星级。这也显示了国内酒店发展的一种趋势——个性化发展。酒店要实现个性化发展，以下的几个创新内容是不可忽视的。

一、观念创新

随着生活水平的提高，酒店消费观念日趋成熟，尤其表现在从一般化服务的需求转向享受型服务的需求。因此为酒店个性化服务设计制定一套创新观念的服务规范是最初的需要。在观念上应意识到，不仅要让酒店宾客住得放心，为他们提供安全、舒适的服务，同时酒店服务者还应主动向宾客介绍当地的风土人情、景观，向宾客提供当地报纸、杂志、旅游资料等；并根据宾客的需求增加新的服务，提供一些增值服务，最大限度地提高宾客的满意度。

二、品牌创新

随着世界经济的一体化，市场竞争对手越来越多，酒店今后的竞争实质将转向品牌的竞争。酒店品牌的优劣，不仅会直接影响酒店在市场竞争中的扩张力，而且会影响酒店今后发展的可持续力。因此，打造品牌是形成酒店核心竞争力的关键，是个性化服务管理通往成功的道路。品牌必须有特定的市场定位、特定的品质、特定的文化。

为此，许多酒店制定和实施了符合酒店实际的个性化服务设计战略，通过全面提高酒店的综合素质去打造酒店特色品牌。在对本酒店的文化特质、行业特点和服务性质等因素进行全面分析后，根据酒店标志的意念和内涵，提炼出酒店个性化服务理念，以此建立酒店个性化特色的识别系统，形成有酒店特质的文化，这样便为塑造酒店形象和品牌打下了坚实的基础。

三、管理创新

酒店个性化服务讲求科学规范运作，从其设计到实施都要注重科学规范的制度化建设，建设包括针对整体运作、质量监控、市场营销、会议沟通、人力资源开发、财务物资、采购、工程设备、安全、卫生管理等内容的综合性规章制度。同时，对各部门的个性化服务联系工作进行建设，制定规范的系统运营流程，伴随特色服务的实际操作开展及变化，对体系不断地进行修订完善。只有在个性化服务设计中运用科学有序的管理制度才能使所有员工的行为做到有章可循，确保整个酒店个性化服务稳定有序地运转。

以人力资源管理为例，人员管理是酒店个性化管理的生命线。从招聘、培训员工环节开始，酒店个性化服务就应通过全员培训、学习个性化服务标准等方式，在营运中建立全方位、24小时服务质量和工作质量检查考核奖惩制度、总经理检查制度、24小时部门经理值班制度、大堂专职检查跟踪制度、卫生责任包干分区制度；建立宾客信息档案，主动征求宾客意见，力求使问题不断减少、服务满意度不断提高；开展各项礼貌礼仪、心理素质训练，以创造酒店温馨的服务氛围。

酒店竞争的背后是人才的竞争，员工的整体素质是形成品牌价值最基本的要素，要创新服务，就必须以教育为先。只有通过对员工进行系统的教育和培训，才能促进员工综合素质的提高；只有酒店关心员工生活，才能使员工以酒店为家，与酒店共同发展。酒店可以倡导民主管理，经常召开员工座谈会，设立总经理接待室、合理化建议箱，报道酒店快讯，弘扬好人好事。酒店管理者应定期召开员工工作心得交流会议，让员工畅所欲言，交流在个性化服务实际操作中碰到的问题和解决办法，积极采纳好的意见；专门设立员工自主管理委员会，开展自律管理，旨在通过教育、疏导、沟通的方式促使员工队伍更快、更全面地健康成长。严格管理是服务质量的保证，只有建立良好的服务管理体系，实行规范化管理，才能保证个性化服务的质量。

第七章

现代酒店营销环境

第一节 酒店市场营销环境概述

一、酒店市场营销环境的含义

营销环境由营销以外的那些能够影响与目标顾客建立和维持成功关系的营销管理能力的参与者以及各种力量所组成，营销环境同时提供机会和威胁。市场营销环境是存在于企业营销系统外部的不可控制的因素和力量，这些因素和力量是影响企业营销活动及目标实现的外部条件。

酒店市场营销环境是指酒店企业在其市场营销部门以外，影响其发展及其与目标顾客保持成功交换关系的各种参与者和因素，这些力量一般具有不可控制或不易控制的特点，能够同时给酒店带来发展机会和威胁。

酒店市场营销活动受其内外部可控与不可控因素的综合影响。因此，从本质上来说，酒店市场营销活动就是努力使其可控制的内部因素同不可控制的外部因素相适应的过程，是在特定时空条件下进行的。这一特定时空条件就是酒店市场营销环境，是酒店的生存空间。

二、酒店市场营销环境的构成

酒店市场营销环境包含广泛而复杂的内容，包含与酒店市场营销活动相关的所有内外部因素与条件，不同的因素对同一家酒店的市场营销活动的影响和制约不尽相同，同样的因素对不同酒店的市场营销活动的影响和制约也不完全一致。

酒店市场营销环境泛指所有制约酒店营销决策和实施的内部与外部因素的总和，包括微观营销环境和宏观营销环境。微观营销环境是指与酒店紧密相关，并能直接影响其营销能力和效率的各种参与者，包括酒店的供应商、营销中介、顾客、竞争者、社会公众和能够影响酒店营销决策的内部各相关部门；宏观营销环境是指能够通过影响酒店微观营销环境而间接影响酒店营销能力和效率的巨大社会力量，包括人口环境、经济环境、自然环境、科学技术环境、政治法律环境、社会文化环境等各个方面。微观营销环境直接影响和制约酒店的市场营销活动，宏观营销环境主要以微观营销环境为中介间接影响和制约企业的市场营销活动。

酒店对其内外部自然的、社会的、经济的条件具有较强的依赖性，从而导致酒店企业对所面临的营销环境变化的反应更加深刻，酒店所面对的诸多环境力量经常处于变化之中，许多酒店会由于营销环境变化的突然性变动而形成巨大冲击波。

营销环境的变化既有可能给酒店带来可资利用的市场机会，也可能给酒店带来一定的环境威胁。酒店企业研究市场营销环境就是通过市场营销环境分析，找到酒店受到哪些方面的挑战和威胁，面临着怎样的发展机遇，以便更好地满足消费和指导消费，进而提高酒店的竞争力和规避风险的能力。

三、酒店市场营销环境的特点

（一）客观性

酒店企业从事市场营销活动，必须面对各种各样的环境条件，也必然会受到各种各样环境因素的制约和影响，这些环境因素既有宏观的，也有微观的，都是客观存在的因素，不以酒店经营者的个人意志为转移。

同时，酒店企业又是旅游产业的重要组成部分，在旅游六要素——食、住、行、游、购、娱中占据前两个要素，而旅游产业是一个依赖性和关联性很强的产业，酒店企业也不例外。因此，酒店企业必定是在特定的社会经济与其他外界环境条件下经营和发展的，酒店企业经营者必须清醒地认识到这一点，并做好充分的思想准备工作，以便随时应付酒店所面临的各种环境的挑战。

（二）差异性

酒店市场营销环境的差异性表现在以下两个方面：一是不同的酒店会受到不同环境因素的影响和制约，二是相同的环境因素对不同的酒店企业的影响也不相同。

不同的国家、民族、地区之间在经济、社会、政治、法律、自然、技术等各个方面存在着广泛的差异性，从而形成各具特色的、个性化的需求。在我国，酒店企业所面对的市场营销环境发生了很大的变化：一是国家产业政策的调整，国家明确提出把旅游业培育成国民经济的战略性支柱产业，这种产业结构的变化对酒店企业的市场营销活动产生了决定性的影响；二是消费倾向的转变，我国消费者过去追求物质产品的数量化，现在消费主流则转向追求产品和服务的质量及满足消费者的个性化需求，消费者的消费心理逐渐成熟，消费倾向的转变对酒店企业的市场营销活动会产生直接的影响。

市场营销环境对酒店企业影响的差异性，导致酒店企业在其经营过程中，必须以自身资源禀赋为基础，根据自身所处环境的变化，制订相应的营销计划和营销战略。

（三）相关性

酒店市场营销环境是一个系统，包括宏观环境和微观环境，由多个影响因素构成。在这个系统中，各个影响因素之间相互依存、相互作用、相互制约，从而使酒店市场营销环境具有相关性的特点。这是因为社会经济现象的发生往往不是由某个单一的因素所能决定的，而是受到一系列相关因素共同影响的结果。

酒店企业在其经营过程中直接面对消费者，其市场营销活动不仅会受到经济因素的影响和制约，更会受到社会文化等因素的影响和制约。因此，酒店企业必须充分注意各种因素之间的相互作用，在全面分析市场营销环境的基础上进行市场细分，确定目标市场，进而制订市场营销计划和营销战略，以便充分满足市场的需求。例如，酒店门市价格不但受市场供求关系的影响，还会受到季节性、科技进步、财政政策、投融资政策等的影响。

（四）变化性

酒店企业所面对的市场营销环境随着科学技术、交通、通信等因素的发展而不断发展变化。例如，互联网的出现和应用，在丰富酒店经营手段的同时，可以使顾客获得更加简便的预订和住宿服务，顾客的需求也越来越多样化和个性化，酒店企业之间的竞争也越来越激烈。

酒店所面对的市场营销环境因素的变化存在差异，有的因素变化快、有的因素变化慢，有的因素变化大、有的因素变化小。一般来说，经济、科技等因素的变化相对较快、较大，进而对酒店企业市场营销活动的影响时间相对较短，且跳跃性较大；而社会文化、人口、自然等因素的变化相对较慢、较小，进而对酒店企业市场营销活动的影响具有长期且比较稳定的特征。因此，酒店企业必须不断地调整和修正自身的营销计划和营销战略，以适应市场营销环境的变化，抓住市场机会，规避市场威胁，保持并扩大市场份额。

（五）双重性

酒店市场营销环境的双重性是指营销环境既能给酒店的市场营销活动提供市场机会，使其在经营中具有一定的竞争优势，同时营销环境中又有不利于酒店市场营销的因素，会给酒店企业的经营带来困扰，从而对其市场地位构成威胁，即市场机会与环境威胁并存。

营销环境的改变对于一家酒店来说是市场机会，对于另一家酒店来说就可能成为环境威胁。酒店企业在其经营过程中，需要密切注意市场营销环境。

（六）可影响性

营销环境的客观性，导致酒店市场营销环境对于酒店营销活动的影响具有强制性和不可控性，决定了酒店企业不可能从根本上去控制营销环境的变化，但是酒店企业可以通过对企业内部要素的调整与控制，对外部营销环境施加影响，最终促使某些环境要素向有利于酒店经营的方向转化。

现代营销学认为，企业经营成败的关键在于企业能否适应不断变化的市场营销环境，“适者生存”不仅是自然界的法则，也是企业营销活动的法则，酒店市场营销活动也不例外。面对不可控的外部市场营销环境，酒店企业可以积极发挥营销人员的主观能动性，预测、分析和发现营销环境变化的趋势、特点，结合自身资源禀赋情况，及时甚至超前采取相应的营销措施，以适应市场营销环境的变化。

第二节　酒店市场微观环境

酒店市场微观环境又叫“作业环境”或“直接营销环境”，是指那些与酒店企业紧密相连，能够直接与酒店进行交流和沟通，并影响酒店为顾客提供服务的能力的机构或个人，包括供应商、营销中介、顾客、竞争者、社会公众和企业自身，这些微观环境因素是可以通过企业的努力加以影响并改善的。

酒店市场营销活动的目的是通过向目标市场提供有吸引力的产品和服务，创造顾客价值和顾客满意度，从而建立酒店同顾客间的关系。这一目的能否达成，不仅取决于酒店市场营销活动的成效，还取决于酒店微观环境的其他要素，如供应商、营销中介、顾客、竞争者、社会公众和企业自身。

一、供应商

酒店的供应商是指那些向酒店企业及其竞争者提供日常经营活动所需资源的企业和个人，他们提供的资源包括原材料、能源、设备、劳务、布草、备品、资金等。

供应商对酒店企业的市场营销活动有着直接的影响，并制约酒店营销计划的制订和实施。供应商对酒店市场营销活动的影响主要表现在三个方面：第一，供货的及时性与稳定性；第二，提供资源的质量水平；第三，提供资源的价格变动。供应商是否能够及时地为酒店提供成本低廉而又符合质量要求的商品，直接影响酒店为顾客提供的产品和服务的质量与成本，从而影响酒店企业的获利能力。

酒店企业的经营需要供应商连续、及时地提供其所需要的各种商品，以保证为顾客提供产品和服务的时效性和服务质量的稳定性。另外，供应商提供的商品的质量和价格直接影响到酒店产品和服务质量及成本，因而，酒店企业在选取供应商时必须注意供应商的供货质量和价格。酒店企业既要与主要的供应商建立长期的信用关系，又要避免供应商的单一化，从而避免受制于人。

二、营销中介

酒店市场营销微观环境中的营销中介是指为酒店融通资金、销售产品和服务给最终顾客、提供各种营销服务的机构，包括中间商、营销服务机构、金融中介机构等。

（一）中间商

中间商是协助酒店寻找消费者或直接与消费者进行交易的商业企业，酒店企业的中间商主要包括旅行社、在线网络服务商、交通运输服务企业等。

旅行社是指以营利为目的，招徕、接待旅游者并为旅游者安排食宿等有偿服务活动的企业，同时为旅游者代办各种相关手续。旅行社是旅游产品供应商与消费者之间的纽带和桥梁，承担着组合旅游产品（包括酒店所提供的住宿、餐饮等相关产品和服务），并向消费者推介和销售的职能。旅行社对于酒店企业寻找顾客并销售产品和服务给最终顾客具有重要的作用，同时，旅行社还可以协助酒店企业了解顾客需求，对于酒店企业改善产品和提高服务质量也有重要作用。

互联网的应用极大地改变了企业的经营环境和运营方式：一方面，酒店企业可以通过互联网加强与供应商和顾客之间的联系，互通信息，甚至部分抛开以传统业务为主的中间商而直接与顾客进行市场交易活动，如在线预订与网络营销，从而提高酒店经营的现代化；另一方面，以携程、去哪儿、同城艺龙、途牛、飞猪等为代表的在线网络服务商的蓬勃发展，为酒店企业寻找顾客并销售产品和服务给最终顾客、获取消费者信息提供了一个新的选择，它们所提供的旅游咨询、在线预订和支付服务，可以更好地加强酒店与零散顾客（包括各类商务、公务顾客）之间的联系，并为其提供更个性化的服务。

交通运输服务企业也可以为酒店企业提供中介预订和推广服务，在消费者消费相关交通运输服务的过程中，帮助酒店企业进行促销并进行预订，从而扩大酒店企业的服务受众群体。

（二）营销服务机构

营销服务机构是指为酒店企业提供市场调研、市场定位、市场推广、营销咨询等方面营销服务的企业，包括市场调研公司、广告公司、传媒机构及市场营销咨询公司等。

营销服务机构为酒店企业提供市场营销相关的服务，在服务质量、服务价格和创造性等方面会存在较大差异，酒店企业要选择那些符合自身需要、人员素质比较高、口碑好的营销服务机构。

（三）金融中介机构

酒店企业的金融中介主要包括银行、信贷公司、保险公司等能够提供资金融通或保险的各种金融机构，以及为酒店企业IPO提供辅导、承销、包销等金融服务的证券公司和投资银行等。

酒店企业在一定的情况下会需要金融中介机构提供融通资金的服务，因而其市场营销活动就会因贷款成本的上升或信贷来源的限制而受到严重的影响。因此，酒店企业必须与一些金融中介机构建立起密切的关系。但是，酒店企业必须谨慎行事，而不能盲目屈从于金融中介机构不切实际的扩张欲望。

营销中介对酒店企业的市场营销活动影响重大，又是酒店企业产品和服务销售中的一个重要环节，所以，如何选择营销中介事关重大，关系到酒店营销计划的成败。酒店市场营销人员应全面、深入地调查和分析营销中介的发展趋势，做好营销中介的选择、评估和管理工作。

三、顾客

顾客是酒店企业产品和服务的最终消费者，是酒店产品的直接购买者或使用者，是酒店市场营销的出发点和归宿，是酒店企业最重要的环境因素，既可以是组织，也可以是个人。

根据顾客的购买动机，顾客市场可以分为消费者市场、生产者市场、中间商市场、政府市场和国际市场五种类型。消费者市场由个人和家庭构成，他们购买酒店产品和服务的目的是个人消费；生产者市场由为了商务、差旅而购买的企业构成，他们购买酒店产品和服务的目的是企业经营并最终获取利润；中间商市场由为了转卖来获取利润而购买的批发商和零售商构成，一般是指旅行社；政府市场由为了履行政府职责而进行购买的各级政府机构构成；国际市场由国外的购买者构成，通常包括国外的消费者、生产者、中间商和政府机构。

上述五种市场类型的顾客在消费需求与消费方式上各有自己的特征，酒店企业的目标顾客可以是这五种市场中的一种或几种，酒店的营销人员需要对各类型顾客的需求特点和购买行为进行深入认真的研究。

根据购买行为的主体，上述五种类型的顾客又可以划分为两大类，即个体购买者和组织购买者。个体购买者是指购买决策由个人或家庭做出，购买的目的是满足个人或家庭的物质和精神需要的顾客，一般称为散客；组织购买者是指购买决策由企业、政府机关、事业单位等团体组织做出，购买目的是开展业务、奖励员工或行政事务。

散客人数众多，市场分散，构成复杂，年龄、性别、职业、偏好、受教育程度、个人习惯等差异较大，酒店企业需要有针对性地开展市场营销活动。与此同时，散客往往具有购买频率高、缺乏专业知识等特点，因此，比较容易接受酒店企业的宣传，从而付诸购买行动。组织购买者数量少，购买规模大，其购买是为公而不是为私，费用由组织承担。与散客相比，组织购买者需求价格弹性较小，但更为关注产品与服务的质量。

四、竞争者

竞争者有广义和狭义两个层次。对于酒店企业来说，广义的竞争者是多方面的，凡是与酒店企业之间存在利益争夺关系的其他经济主体都可以称为酒店的竞争者，如酒店上游的供应商和下游的旅行社与酒店企业之间的关系都是竞争者；狭义的竞争者是指那些与酒店企业提供的产品与服务类似，并且所服务的目标顾客也相似的其他企业。

竞争者可以分为四种类型：一是愿望竞争者，二是平行竞争者，三是产品形式竞争者，四是品牌竞争者。

“愿望竞争者”是指提供不同产品或服务以满足消费者的各种不同需求，与酒店企业争夺同一顾客购买力的所有其他企业。例如，一个消费者花费1万元进行旅游消费，他所面临的选择就是在食、住、行、游、购、娱等方面如何进行消费分配，这时酒店提供的产品和服务与旅游交通、旅游购物、游览观光、旅游娱乐等产品或服务之间就存在竞争关系，从而成为愿望竞争者。

“平行竞争者”又称“普通竞争者”“类别竞争者”“属类竞争者”，是指提供不同种类的产品或以不同的方法满足购买者相同需求的竞争者，反映的是满足同一消费需求的不同产品之间的替代性。例如，同样可以满足消费者食、住方面的需求，星级酒店与青年旅社、小餐馆、农家乐等企业之间就存在竞争关系，从而成为平行竞争者。

“产品形式竞争者”是指提供同一种类但不同型号的产品或不同标准服务的竞争者。如星级酒店中的一星级酒店、二星级酒店、三星级酒店、四星级酒店、五星级酒店，就构成产品形式竞争者。

“品牌竞争者”是指提供同种产品或服务但品牌不同，以满足购买者的某种愿望的竞争者。例如，同是五星级酒店，香格里拉、富丽华、万豪、希尔顿之间就构成品牌竞争者；又如，同是经济型酒店，如家、汉庭、速8、锦江、7天之间就构成品牌竞争者。

对于酒店企业来说，后两类竞争者既是本行业的竞争者，也是与酒店企业之间竞争最直接、最激烈的竞争者，是酒店企业分析研究微观环境时必须密切注意的竞争者。

五、社会公众

社会公众是指对酒店企业实现其市场营销目标的能力有实际或潜在的利害关系或影响力的团体或个人。酒店企业所面临的公众主要有以下七种。

（一）金融公众

“金融公众”是指影响酒店企业融资能力的金融机构，如银行、投资公司、证券经纪公司、保险公司、股东等。金融公众与金融中介的最大区别就是，金融中介直接为酒店企业提供融通资金、保险、IPO等服务，而金融公众的范围则大得多，所有能够影响酒店企业融资能力的金融机构都是金融公众，包括股东在内。

（二）媒介公众

“媒介公众”是指传递新闻、特写等的公众，包括报社、杂志社、广播电台、电视台等大众传播媒介，它们对酒店企业形象的建立及声誉具有举足轻重的作用。

（三）政府公众

“政府公众”是指负责管理酒店企业营销活动的有关政府机构。酒店企业在制订营销计划时，应充分考虑政府的政策，研究政府颁布的有关法规和条例。

（四）社团公众

“社团公众”又称“民间公众”，是指保护消费者权益的组织、环保组织及其他群众团体等。酒店企业的营销部门或公共关系部门必须密切注意并及时处理来自社团公众的批评和意见。

（五）社区公众

“社区公众”又称“地方公众”，是指酒店企业所在地附近的居民和社区团体。酒店企业保持和社区的良好关系，为地方的发展做出贡献，会受到社区居民和社区团体的好评，社区公众的口碑会帮酒店树立良好的企业形象，对酒店企业市场营销活动产生积极影响。

（六）一般公众

“一般公众”是指上述各种公众之外的社会公众。一般公众虽然不会有组织地对酒店企业采取行动，但企业形象会影响他们的惠顾。

（七）内部公众

“内部公众”是指企业内部的公众，包括董事会、经理、企业职工。所有这些社会公众，均对酒店企业的市场营销活动有着直接或间接的影响，处理好与广大公众的关系，是酒店企业营销管理的一项极其重要的任务。

六、企业自身

企业自身包括市场营销管理部门、其他职能部门和最高管理层。酒店企业为开展市场营销活动，必须依赖各部门的配合和支持，即必须进行接待、餐饮、住宿、财务、市场营销、安全保卫、工程维护、人力资源等业务活动。

酒店内部各个部门之间的协作是否默契，直接关系到酒店市场营销活动的顺利与否。市场营销管理部门必须与酒店最高管理层及各个职能部门紧密合作，营销决策必须与最高管理层的战略和计划保持一致，同时需要得到各个职能部门的协作和支持，各个部门必须加强联系、沟通和协调。只有这样，酒店企业的市场营销活动才能成功。

第三节　酒店市场宏观环境

酒店市场宏观环境又称间接营销环境，是指酒店企业运营的外部大环境，是通过影响微观环境来影响酒店企业营销能力和效率的一系列巨大的社会力量，包括政治法律环境、经济环境、社会文化环境、人口环境、科学技术环境和自然环境等因素。

宏观环境对于酒店企业来说，既不可控制，又不可影响，但它对酒店企业市场营销活动的成功起着十分重要的作用。宏观环境既给酒店企业发展提供了机遇，也带来了威胁，酒店企业必须根据宏观环境各因素及其变化趋势制订自己的营销计划与营销战略，以实现酒店的市场营销目标。

一、政治法律环境

政治与法律是影响酒店企业市场营销活动的重要的宏观环境因素，在任何社会制度下，酒店企业的市场营销活动都会受到政治法律环境的强制与约束。政治因素调节酒店企业市场营销活动的方向，法律因素则规定酒店企业市场营销活动及其行为的准则，政治与法律相互联系，共同影响酒店企业的市场营销活动。

（一）政治环境

“政治环境”是指酒店企业市场营销活动的外部政治形势和状况以及国家的方针和政策，分为国内政治环境和国际政治环境，包括政治体制、政党制度、方针政策、政策的稳定性、政府的廉洁与效率、国际关系等。

除此之外，一个国家的政治体制、政党制度、方针政策、政策的稳定性以及与他国之间关系的好坏等，都会对本国旅游业（国内旅游和入境旅游）和酒店接待（含国内接待和接待入境顾客）产生影响，这种影响既可以是正向的市场机会，也可以是负向的市场威胁。

（二）法律环境

“法律环境”是指国家或地方政府颁布的法律、法规、法令和条例等，是对参与酒店接待市场交易的法律主体所应享有的权利和承担的义务的法律规范，对酒店市场消费需求的形成和实现具有不可忽视的调节作用，而这些法律或规定都是在酒店企业的控制范围之外的。

二、经济环境

市场由购买力和人组成，消费者的实际购买力取决于收入、价格、储蓄、负债、信贷等因素。“经济环境”是指影响消费者购买力和消费方式、影响酒店企业市场营销方式与规模的经济因素，主要包括经济收入、消费结构、经济发展状况、货币汇率等因素。

（一）经济收入

1.宏观经济收入

国内生产总值（Gross Domestic Product，GDP）是指一定时期内一国居民在本国范围内所生产的全部最终产物和劳务的市场价值总额。

从酒店企业市场营销的角度来说，一个国家的GDP可以反映该国市场总需求的规模。一般情况下，一国的GDP越高，其市场总需求越高，市场越活跃，无论是个人还是组织，因公和因私出游的人次就越多，从而用于酒店消费的支出也就越多。当然，与GDP相比，人均GDP更能反映一个国家或地区需求的强度。

2.个人收入

个人收入是指一个国家的所有个人、家庭和私人非营利性机构，在一定时期（通常是一年）内从各种来源所得到的全部收入，包括工资、福利、退休金、利息、租金、利润、社会保险、赠与等所有现金收入和实物收入的总和。

消费者的购买力来自个人收入，但并不是每个消费者都把全部收入用来消费，因而个人收入只是反映购买力高低的一个重要尺度，而个人可支配收入才是决定消费者购买力的决定性因素。个人可支配收入是指在个人收入中扣除社会保险金和个人所得税负担后所得的余额，构成消费者的实际购买力，可以分为消费和储蓄两部分（个人投资是由储蓄转化来的）。

可任意支配收入是指在个人可支配收入中扣除衣食住行等生活必需消费支出外，可以自由支配的收入。可任意支配收入主要用于满足消费者基本生活必需以外的开支，通常用于购买耐用消费品、奢侈品、储蓄、投资、旅游等非生活必需品，是消费需求中最活跃的因素，因而是酒店企业开展市场营销活动所要考虑的主要对象。

（二）消费结构

消费结构是指总消费中用于购买各种产品和服务的支出占总支出的比例。微观消费结构是指消费者个人或家庭总消费中用于购买各种产品和服务的支出占其总支出的比例，宏观消费结构是指一个国家或地区居民总消费中用于购买各种产品和服务的支出占总消费的比例。

德国统计学家恩格尔根据经验数据提出了恩格尔定律，即一个家庭收入越少，家庭收入中或家庭总支出中用来购买食物的支出所占的比例就越大，随着家庭收入的增加，家庭收入中或家庭支出中用来购买食物的支出的比例将会下降。

恩格尔系数是根据恩格尔定律计算得出来的比例数，可以用来衡量宏观（国家或地区）或微观（家庭）的富裕程度。根据联合国粮食及农业组织提出的标准，恩格尔系数在59%以上为贫困，50%~59%为温饱，40%~50%为小康，30%~40%为富裕，低于30%为最富裕。只有在恩格尔系数足够小，家庭有能力购买生活必需品以外的娱乐及奢华耐用品时，人们才会选择旅游消费（含酒店消费）。

（三）经济发展状况

酒店企业的市场营销活动会受到国家或地区的宏观经济发展状况的制约。经济发展水平不同，居民的收入不同，顾客对酒店产品和服务的需求不同，从而在一定程度上影响酒店企业的市场营销活动。一般情况下，针对经济发展水平较高地区的消费者开展市场营销活动，更偏重于品质竞争，而不是价格竞争。

宏观经济发展状况还会影响到酒店企业和消费者的预期，当经济发展比较健康、经济增长比较稳定而持续时，预期比较乐观，消费者用于旅游消费的支出就会增加，从而酒店消费的支出也相应增加，酒店企业在相同预期下则会加大营销投入的力度，提供更多的产品和服务，或者提供质量更高的产品和服务。反之，当宏观经济发展状况较差时，酒店企业和消费者的预期则比较悲观，消费者的支出会减少，酒店企业则更倾向于提供更加有针对性的、适合消费者个性化需求的产品和服务，同时展开有针对性的市场营销活动。

（四）货币汇率

货币汇率反映不同国家货币之间的比价，对国际旅游需求的变化有重要的影响，汇率的变化对接待入境旅游者的涉外酒店有较大的影响。

在以本国货币标示的价格未变的情况下，汇率变动会导致以外币计算的价格上升或下降，进而影响到国际游客对于酒店产品和服务需求的改变。汇率的变化不会直接影响到一国涉外酒店顾客的需求，但是会影响到国际游客需求在不同国家涉外酒店之间的分配。

三、社会文化环境

文化是经过长时期发展，在特定的群体中所形成的共有的价值观念、道德规范、习俗习惯、审美观念等的复合体。这些文化因素对消费者的需求和购买行为的影响是很重要的。文化环境所蕴含的因素主要有社会阶层、家庭结构、风俗习惯、价值观念、消费习俗、审美观念等。

在酒店企业面临的宏观环境中，社会文化环境比较特殊，它不像其他环境因素那样显而易见、易于理解，却又深刻影响着酒店的市场营销活动。无视社会文化环境的市场营销活动必然会处于被动或归于失败。社会文化环境主要包括家庭结构、社会阶层、宗教信仰与相关群体等。

（一）家庭结构

家庭是社会的一个基本单元，是消费的基本单位，影响或决定家庭成员的大部分决定。家庭结构有两种形式：核心家庭与扩大家庭。核心家庭中包括父母和未婚子女；扩大家庭常常几代同堂，家庭规模较大。家庭结构形式的区别主要是经济原因造成的，国家越穷，家庭规模越大。

购买者家庭成员对购买者的购买行为的影响最强烈，尤其是配偶和子女对一个人的购买行为的影响最为直接。一般来说，针对家庭促销的对象主要是核心家庭。家庭是对消费者的需求影响较深的一个因素，人或多或少都会受到家庭对消费行为的影响。例如，孩子非常渴望去迪士尼乐园玩儿，那么这个家庭的父母就会考虑在条件允许时带孩子去迪上尼乐园，距离较远的消费者，就有可能选择在迪士尼乐园附近的酒店住宿。

（二）社会阶层

社会阶层是根据消费者个人或家庭相似的价值观、生活方式、职业、收入水平、受教育程度等所划分出的一种相对稳定的社会圈子。

社会阶层是一种购买力的社会表现：同一社会阶层的人基本上具有相似的购买力和购买行为，人们通常购买某些具有地位标志的商品来表明他们的社会地位，如出门乘坐商务舱或头等舱，入住五星级酒店；而不同社会阶层的人往往具有不同的价值观念和生活方式，因而具有不同的购买力和消费行为。在某些情况下，社会阶层甚至比购买力更能决定消费者购买商品质量和数额的大小。因此，酒店市场营销人员有必要弄清楚酒店所提供的产品或服务是否有变成某种地位标志的可能性，以便有针对性地采用相应的市场营销策略。

（三）相关群体

相关群体是指能够影响消费者的态度、消费行为和价值观念等的群体，如亲戚、朋友、同学、同事、邻居等。

受羊群效应、示范效应、攀比心理、从众心理等的影响，消费者在与相关群体的接触、交往过程中，会潜移默化地影响他人或受他人影响，从而逐渐将相关群体的规范和行为作为自己的行为准绳，或者使个人的消费行为、消费方式成为相关群体效仿的对象，从而形成一致的消费需求特征。

除了家庭结构、社会阶层、宗教信仰与相关群体等影响因素之外，一个国家或地区的社会教育水平与个人受教育程度、语言文字、民风民俗、价值观念等因素也会对消费者的消费行为和酒店企业的市场营销活动产生影响。

不同的社会文化环境会使消费者的消费行为和消费方式产生较大的差异，形成不同的喜好与禁忌。这就要求酒店企业在针对不同的目标市场开展市场营销活动时，必须认真分析潜在消费者所处的社会文化环境，从而开展有针对性的市场营销，以满足顾客的需求和欲望。

四、人口环境

人口的多少直接决定市场的潜在容量，人口越多，市场规模就越大。而人口的年龄结构、地理分布、婚姻状况、出生率、死亡率、人口密度、人口流动性及文化教育等人口统计特征都会对市场格局产生深刻影响，并直接影响酒店企业的市场营销活动。

对酒店企业而言，影响其市场营销活动的人口环境主要包括人口总量、人口结构与人口分布。

（一）人口总量

在其他条件一定的情况下，人口的多少决定市场容量，即人口总量与市场容量、消费需求成正比。

在收入水平接近的情况下，人口总量就是决定需求总量的关键因素，人口总量越多，因公因私出行的人越多，需要酒店提供住宿和餐饮等产品和服务的消费者就越多，反之，酒店消费则会比较少。但是，如果经济发展水平不同，则不能进行此类比较，经济发展水平比较低的国家和地区，对于酒店产品和服务的消费需求要低于经济发展水平比较高的国家和地区。

（二）人口结构

人口结构是指不同特征的人口数量占人口总量的比例。对于酒店市场营销来说，主要的人口结构因素包括年龄结构、性别结构和职业结构。

1.年龄结构

年龄结构是指各年龄段人口数量占人口总量的比例。对于酒店企业来说，其接待的顾客以成年人为主，未成年人一般不需要占床位，消费率太低。另外，未成年人的数量也比较少，不是市场主流，也不可能成为酒店营销的目标。不同年龄段的消费者具有不同的消费特征，这就需要酒店营销人员在定位目标市场的前提下，根据目标顾客的年龄结构特征采取针对性的营销措施。

2.性别结构

经过多年的妇女解放、男女平等运动，世界各国妇女学习与工作的机会大大增加，女性的社会地位不断提高。在我国，党和政府非常重视保障妇女权利，积极促进妇女就业，加强培训，支持和帮助妇女提高就业水平，妇女在整个经济系统中获得了更多的就业机会。随着妇女经济地位的提升，女性旅游者的数量越来越多，酒店企业营销人员需要注意女性顾客的消费需求与消费特征，提供适合女性特点的产品和服务。

3.职业结构

职业不同的消费者出行的机会不同，需要酒店产品和服务的机会也就不同，并且其购买能力也不同。例如，企业市场营销人员出差的可能性明显高于教师、技术人员、农民等。同时，不同的职业意味着不同的经济收入水平和支付能力，出游意愿也会不同。酒店企业的市场营销活动应该针对不同的职业群体的消费能力和消费特征采取相应的营销措施。

（三）人口分布

人口分布是指人口的城乡差别。受文化背景、经济收入等的影响，城乡居民的消费行为之间存在较大的差异。

城市居民相对受教育程度较高，思想比较开放，接收的信息量大，对于新生事物一般持积极、开放的态度，消费观念比较超前，而农村居民消费观念比较保守，对于新生事物的接受一般要慢一些。酒店企业需要注意到消费行为的城乡差别，并相应地调整营销策略。

五、科学技术环境

科技是第一生产力。作为市场营销环境的一部分，科技环境不仅直接影响酒店企业的内部运营，同时还与其他环境因素相互作用，尤其与经济环境、文化环境的关系更为紧密，如新技术革命，既给企业的市场营销创造了机会，同时也造成了威胁。

科学技术的一个重要作用就是改变消费者的行为习惯，推动营销方式的变革，尤其是当今互联网技术的发展正在缩短世界的距离，给酒店市场营销带来了机遇和挑战。

科学技术的进步使得企业可以通过新的生产方法、新的生产工艺或者新材料，生产出高质量、高性能的产品或全新的产品，从而提高竞争力。科技的进步为酒店企业的市场营销提供了先进的技术手段。例如，为酒店企业运营服务的高新技术——酒店信息管理系统、中央预订系统、信用卡技术的改进、顾客数据库系统的应用等，提高了酒店企业的经营效率，降低了经营成本，从而提高了酒店的综合效益。

新技术的出现也使酒店企业面临挑战。通常情况下，技术进步会使社会对产品和服务的需求发生重大变化。社会对企业产品和服务的需求量与科技发展水平呈正相关，即科技发展水平越高，对酒店的消费需求就越大。电子商务的发展使得酒店企业面临一个共同的挑战——市场的全面开放。借助网络，信息的容量和传递的速度以几何级数递增，不断地消除酒店内部、酒店企业之间的界限，甚至是国家之间的界限，迫使酒店企业不得不面对全球的开放和竞争的挑战。在此背景下，网络预订、虚拟客房、遥感技术与360° 全景虚拟漫游等高新技术在酒店的运用越来越广泛。同时，人工智能（Autifical Intelligence，AI）、云计算、大数据，以及以支付宝、微信、云闪付等为代表的电子支付方式的逐渐普及，既对酒店的发展提出了挑战，又为酒店的营销创造了机遇。

六、自然环境

自然环境是指自然形成的各种自然因素——阳光、水、空气、土壤、岩石、植物、动物等的综合，是人类和其他一切生物赖以生存和发展的物质基础。人与自然环境相互依存、相互影响，共同构建了自然界的生态平衡。

自然生态是脆弱的，随着消费者对这一特性越来越关注，酒店企业在其日常经营和市场营销活动中也需要密切注意自然环境问题。例如：在建设和日常运营中，采用无污染或少污染的设施设备，以减少对生态环境的破坏；为加强自然环境保护，减少环境污染，对住店顾客加强环境保护教育，倡导节约用水，不随意使用一次性物品，等等。

在当今越来越关注生态保护与可持续发展的社会环境下，即使酒店不是以绿色酒店为主题，也应该努力承担保护环境的社会责任，建设环境友好型酒店，在顾客心目中树立良好形象，从而提高酒店竞争力。

第四节　酒店营销环境分析

酒店在了解市场营销环境及其构成要素的基础上，需要采取一定的方法分析市场营销环境，从而制定有针对性的市场营销战略。对于酒店市场营销环境的分析有以下两种方式：一种是按照酒店市场营销的微观环境和宏观环境的要素逐一进行分析，然后综合形成酒店市场营销环境分析报告和结论；另一种是采用成型的专门模型或分析方法，常用的有波特五力分析模型、PEST（Political，Economic，Sociological，Technological，政治、经济、社会、技术）分析和SWOT（Strengths，Weaknesses，Opportunities，Threats，优势、劣势、机会、威胁）分析。

一、波特五力分析模型

波特五力分析模型，又称波特竞争力模型、波特五力分析法，主要用于行业（产业）内竞争环境和竞争强度的分析，对企业战略制定产生了全球性的深远影响。波特五力分析模型将大量不同的因素汇集在一个简便的模型中，以此分析一个酒店的基本竞争态势。

影响行业内竞争的五种力量分别是：供应商的讨价还价能力、顾客的讨价还价能力、潜在竞争者的进入能力、替代品的替代能力、现有竞争者的竞争能力。五种力量反映出这样一个事实——酒店企业的竞争大大超越了现有参与者的范围，顾客、供应商、替代品和潜在竞争者都是酒店的“竞争对手”（营销中介和社会公众则对行业竞争产生正向或负向的影响，但不属于波特五力分析法的研究范畴），这种广义的竞争可以称为“拓展竞争”。

这五种力量的不同组合变化决定酒店企业竞争的强度，并最终影响行业利润率，最强的一种或几种力量占据着统治地位，并且从战略形成的观点来看起着关键性作用。例如，假设一家酒店不受潜在进入者的威胁并处于很强的市场地位，如果它面临一个先进的、低成本的替代品，该酒店仍将只能获得比较低的收益；即便没有替代品出现，也不存在进入者威胁，现有竞争者们的激烈竞争也将限制潜在收益。

（一）供应商的讨价还价能力

供应商主要通过提高投入要素价格与降低单位价值质量的能力来影响酒店企业的盈利能力与服务竞争力。供应商力量的强弱主要取决于其提供给酒店的是什么投入要素，当供应商所提供的投入要素价值构成了酒店产品与服务总成本的较大比例，对酒店产品生产过程非常重要，或者严重影响酒店产品与服务的质量时，供应商对于酒店的潜在讨价还价力量就大大增强。一般来说，满足以下三个条件的供应商会具有较强的讨价还价能力。

一是供应商所在行业为一些具有比较稳固的市场地位而不受市场激烈竞争困扰的企业

所控制，其产品的买主很多，以至于每一单个买主都不可能成为供应商的重要客户。

二是不同供应商的产品各具特色，以至于买主难以转换，或转换成本太高，或者很难找到可与供应商产品相竞争的替代品。

三是供应商能够方便地实行前向联合或一体化，而买主难以进行后向联合或一体化。

酒店企业的供应商向酒店提供的产品以布草、备品、菜品原材料等为主，大多属于低值易耗品，相比于酒店产品和服务的价值，其成本普遍较低。不满足上述三个条件中的任何一个，都会导致酒店供应商的讨价还价能力相对较弱，差别是不同供应商的讨价还价能力不同。

（二）顾客的讨价还价能力

顾客主要通过压价与要求提供较高的产品或服务质量的能力来影响酒店企业的盈利能力。一般来说，满足以下四个条件的顾客可能具有较强的讨价还价能力。

一是顾客的总数较少，而每位顾客的购买量较大，占了卖方销售量的很大比例。

二是卖方行业由大量相对来说规模较小的企业所组成。

三是顾客所购买的基本上是一种标准化产品，同时向多个卖主购买产品，在经济上也完全可行。

四是顾客有能力实行后向一体化，而卖主不可能实行前向一体化。

酒店企业的顾客主要分为两大类，即散客和组织顾客。散客的数量很大，但每位顾客的购买量很小，偶尔才会购买酒店类产品和服务，因而其讨价还价能力较弱；组织顾客包括旅行社、航空公司、工商事业单位和政府机关等，这类顾客通常能够满足上述一条甚至多条要件，因而其讨价还价能力较强。

（三）潜在竞争者的进入能力

新酒店企业在给行业带来新接待能力的同时，也会在已被现有酒店企业瓜分完毕的市场中争夺市场份额并赢得一席之地，这就有可能与现有酒店企业发生供应商与市场份额的竞争，最终导致行业中现有酒店企业盈利水平降低，严重的话还有可能危及行业内已有酒店企业的生存。

潜在竞争者进入的威胁的严重程度取决于两个方面——进入障碍大小与预期现有企业对于进入者的反应情况。酒店行业的进入障碍主要包括规模经济、产品与服务差异、资本需要、转换成本、销售渠道开拓、政府行为与政策、不受规模支配的成本劣势（如学习与经验曲线效应）、地理环境等方面；预期现有企业对进入者的反应情况，主要是采取报复行动的可能性，它取决于有关酒店的财力情况、报复记录、固定资产规模、行业增长速度等。

总之，新酒店企业进入可能性的大小，取决于潜在进入者主观估计进入所能带来的预期利益、所需花费的代价与所要承担的风险三者的相对大小情况。

（四）替代品的替代能力

两个处于同行业或不同行业中的企业，可能会由于所生产的产品互为替代品而产生相互竞争的行为。对于酒店企业来说，能够提供替代品的企业是指所有能够提供餐饮与住宿接待能力的企业，其中包括提供单一接待能力的企业，如酒楼、餐馆、酒吧、家庭旅馆、农家乐等。

源自替代品的竞争会以各种形式影响行业中现有企业的竞争战略。第一，现有酒店企业门市价以及获利潜力的提高，将由于存在能被顾客方便接受的替代品而受到限制；第二，由于替代品生产者的侵入，现有酒店企业必须提高产品与服务质量，或者通过降低成本来降低价格，或者使其产品与服务更具特色，否则其出租率与利润增长的目标就有可能无法完成；第三，源自替代品生产者的竞争强度，受顾客转换成本高低的影响。总之，替代品价格越低，质量越好，用户转换成本越低，其所能产生的竞争压力就越强。

（五）现有竞争者的竞争能力

行业中大部分企业的利益都是紧密联系在一起的。作为企业总体战略一部分的各企业竞争战略，其目标都在于使得自己的企业获得相对于竞争对手的优势，所以，在实施中就必然会产生冲突与对抗现象，这些冲突与对抗就构成了现有企业之间的竞争。现有企业之间的竞争常常表现在价格、广告、产品介绍、售后服务等方面，其竞争强度与许多因素有关。

一般来说，出现下述几种情况意味着行业中现有企业之间的竞争加剧：第一，行业进入障碍较低，势均力敌的竞争对手较多，竞争参与者范围广泛；第二，市场趋于成熟，需求增长缓慢；第三，竞争者企图采用降价等手段促销；第四，竞争者提供几乎相同的产品或服务，用户转换成本很低；第五，一个战略行动如果取得成功，其收入相当可观；第六，行业外部实力强大的公司在接收了行业中实力薄弱的企业后，发起进攻性行动，结果使得刚被接收的企业成为市场的主要竞争者；第七，退出障碍较高，即退出竞争要比继续参与竞争代价更高。在这里，退出障碍主要受经济、战略、感情以及社会政治关系等方面的影响，具体包括资产的专用性、退出的固定费用、战略上的相互牵制、情绪上的难以接受、政府和社会的各种限制等。

酒店行业普遍具有进入障碍低而退出障碍较高、产品或服务同质化严重且易于模仿、用户转换成本低、降价促销是主要促销手段之一等特征，从而导致同类型、同档次酒店企业间的竞争十分激烈，即使是不同类型、不同档次的酒店企业之间也存在一定的竞争。

根据上面对于五种竞争力量的讨论，为了对付这五种力量，酒店企业可以采取的措施是：尽可能地将自身的经营与竞争力量隔绝开来，努力从自身利益需要出发影响行业竞争规则，先占领有利的市场地位，再发起进攻性竞争行动，以增强自己的市场地位与竞争实力。

二、PEST分析

PEST分析是用来分析酒店企业市场营销的宏观环境的一种方法，是指对政治（Political）、经济（Economie）、社会（Sociological）和技术（Technological）这四大类影响企业的外部环境要素进行分析。

与PEST分析对应的是酒店市场营销的宏观环境分析，即分析宏观环境六要素——政治法律环境、经济环境、社会文化环境、人口环境、科学技术环境和自然环境中的前五项环境要素，具体各要素所包含的内容详见本章第三节相关内容。

在PEST分析的基础上还有一些变形，如SLEPT分析（Sociological，Legal，Economic，Political，Technological，社会、法律、经济、政治、技术）、SPENT（Sociological，Political，Economic，Natural，Technological，社会、政治、经济、自然、技术）等，都是围绕宏观环境分析展开的，只不过侧重点不同而已。

第五节　酒店市场营销管理

一、酒店市场营销管理过程

酒店企业的市场营销活动涉及多个因素，为保证营销目标的最终实现，要求酒店企业必须预见环境变化来调整企业行为，并对酒店市场营销活动有时间上、整体上的管理，而这一管理过程就是酒店市场营销管理过程。

一个完整的酒店市场营销管理过程主要由以下五个步骤组成：分析市场营销机会、研究和选择酒店目标市场、制定酒店市场营销战略、制订营销计划、实施和控制酒店市场营销计划。

（一）分析市场营销机会

1.酒店企业的市场营销机会

酒店企业的市场营销机会，就是与企业内部条件相适应，能实现最佳营销因素组合策略和营销目标，享有竞争优势和获得局部或者全局的差别利益，并能促成企业自身发展的环境机会。

分析市场营销机会是酒店营销过程中的第一步，只要市场上存在未被满足的需要，就会有无数可以利用的环境机会。但是，并不是任何环境机会都能成为某一酒店企业的营销机会，关键在于酒店企业是否能结合其自身的资源禀赋，最早发现市场营销机会，选准目标市场，及时制定营销策略，这样才能使酒店企业扬长避短，比现实的竞争者和潜在的竞争者获得更大的差别利益，在日益加剧的竞争中居于领先地位。

2.酒店企业分析市场营销机会的方法

酒店企业市场营销机会分析包括酒店市场营销环境分析、顾客消费行为分析和酒店市场竞争者分析。寻找和识别市场营销机会，在酒店市场营销管理过程中占有非常重要的位置。那么，酒店企业应如何分析市场营销机会呢?

（1）最大范围地收集意见和建议。发现市场机会，提出新观念的人员范围很广。首先，企业内部各部门是一大来源。其次，更广泛的来源是企业外部。例如，营销中介、专业咨询机构、教学与科研机构、政府部门，尤其是广大顾客，他们的意见直接反映市场需求变化的趋势。

因此，酒店企业必须注意与各方面保持密切联系，经常倾听他们的意见，并对这些意见进行归纳和分析，以便从中发现新的市场机会。

（2）聘请专业人员进行市场机会分析。酒店企业应该经常聘请行业内的专职或兼职专业人员进行市场机会分析。

（3）建立完善的市场营销信息系统和进行经常性的市场调研。建立市场营销信息系统对于酒店企业的发展非常重要。完善的市场营销信息系统为市场分析提供了大量的数据资料，分析人员通过这些资料，运用各种方法才能从中寻找和识别各种市场机会。同时，经常性的市场调研是市场营销信息系统中信息资料得以补充的主要手段。

（二）研究和选择酒店目标市场

酒店企业应把满足顾客的需求放在首位，只有充分满足顾客的需求，酒店企业才能生存和发展。顾客的需求存在差异，加之酒店企业受技术、资源和管理能力的限制，不可能占领所有的细分市场，只能根据自己的任务、目标和内在条件等，选择对自己当前和今后一段时间内最为有利的一个或几个细分市场作为营销重点。企业最终确定要进入的市场，就是酒店市场营销中的目标市场。这一过程分为四个步骤，即预测市场需求—进行市场细分—选择目标市场—实行市场定位。

特别需要强调的是，在酒店市场营销中，酒店不仅要慎重地选择自己的特定目标市场，还要更为慎重地选择自己的竞争者。尤其当市场增长趋缓、市场竞争加剧时，针对竞争者来规划和实施市场定位与针对顾客来规划和实施市场定位有同等重要的意义，不但要使自己的产品和服务在顾客心目中占有一个明确、与众不同、有吸引力的位置，而且要扬长避短，在竞争中处于有利地位。

（三）制定酒店市场营销战略

酒店市场营销战略是为实现其市场营销目标应遵循的主要原则，包括酒店市场营销因素组合、酒店市场营销资源配置和酒店市场营销总费用预算等方面的基本决策。

1.酒店市场营销因素组合

酒店市场营销因素组合是酒店企业用于追求目标市场预期销售水平的可控营销变量的组合。酒店市场营销因素组合中的产品、渠道、价格、促销等各个要素各具特色，有不同的运用范围、效用和条件，营销战略就是要把这些营销因素组合成最佳形式。

一般来说，酒店市场营销因素的组合运用要保证营销活动的整体性，相互协调，相互配合，形成较强的合力，而且围绕营销目标进行。面对复杂多变的营销环境，酒店企业市场营销因素要灵活多变地进行组合。

另外，酒店企业还应根据市场环境的变化，对营销因素组合进行积极调整，变不可控因素为可控因素，减少外界因素的干扰，主动适应市场营销配置的变化。

2.酒店市场营销资源配置

酒店市场营销战略的运用必须建立在一定的企业资源基础之上，尤其是要与市场营销的费用预算相适应，也就是酒店企业必须进行资源分配的规划。

一般来说，首先要确定市场营销费用的总预算，其次确定营销组织各个方面的预算额，最后再进行年、季、月的预算分析。

3.酒店市场营销总费用预算

酒店产品和服务要到达顾客，必须通过市场交易来完成。所以，总费用的预算要考虑到酒店企业的历史和以往做法、竞争对手的情况、企业所要占领的新市场、计划中拟采用的营销策略等各方面的因素。

（四）制订营销计划

为使营销战略得以贯彻落实，营销部门还需制订营销计划。营销计划主要包括产品管理和产品发展计划、价格管理和定价计划、销售渠道管理和分销计划、促销计划。

规范的营销计划包括内容摘要、目前营销状况、营销机会和问题分析及结论、计划期营销目标、计划期营销战略、营销战略的实施计划、费用预算和利润计划及营销计划控制措施等。

（五）实施和控制酒店市场营销计划

影响市场的因素复杂多变，因为在实施营销计划的过程中可能会出现许多意外情况，酒店企业必须不断地进行控制，并对计划进行必要的修正，以保证酒店营销目标的实现。

二、酒店市场战略营销计划

（一）酒店市场战略营销计划概述

1.酒店市场战略营销计划的含义

酒店市场战略营销计划是对酒店企业市场营销活动方案的具体描述，即通过对目前市场的发展态势以及自身地位和实力的分析，确定今后的发展目标、营销战略和行动方案的过程。

酒店市场战略营销计划的含义可以从以下三个方面来理解。

首先，酒店市场战略营销计划所处的层次是指导整个计划周期内各项营销活动的战略层次。如营销目标是对本计划期内酒店将要达到的目标的约定，它明确了判断酒店成功与否的标杆，并以此协调和规范酒店企业的整体经营活动，从而取得预期结果。

其次，酒店在选择目标市场以后，营销策略就是对酒店企业进入各个细分市场后将要采取的营销活动，如产品、销售渠道、广告和促销、公关与宣传、营销调研、定价以及顾客服务等方面的具体安排。

最后，酒店市场战略营销计划是一个书面文件。营销计划要以准确、明晰的文字或图表明确营销活动的指导方针，保障酒店在计划周期内的各项营销活动能够稳定、连续、有效地开展并达到设定的目标。

2.酒店市场战略营销计划的分类

（1）战略营销计划和战术营销计划。按战略和战术关系分类，酒店营销计划可以划分为战略营销计划和战术营销计划。

①战略营销计划。战略营销计划是在分析当前最佳市场机会的基础上提出其目标市场和价值建议。这一过程通过分析市场、细分市场和评估竞争对手的产品等来制定有效应对市场环境变化的战略。

②战术营销计划。战术营销计划描绘了一个特定时期内的营销战术，包括产品特征、促销、商品化、定价、销售渠道和服务质量等。

（2）短期营销计划、中期营销计划和长期营销计划。按计划的时间周期分类，酒店营销计划可以划分为短期营销计划、中期营销计划和长期营销计划。

①短期营销计划。短期营销计划通常以一个财务周或一个财务月为周期。这对酒店管理人员的影响极大，相对于中长期营销计划而言，它更侧重手段与措施问题，可以将其理解为酒店企业经营工作的指南。

②中期营销计划。一般来说，中期营销计划的时间跨度为一个季度或半年。由于住宿接待随季节的波动幅度较大，营销计划要灵活适应淡旺季顾客需求量变化的情况。

③长期营销计划。长期营销计划的时间跨度为一年，一般包括年度运营计划和适应性计划。其主要内容包括酒店产品的改进和新产品的开发，各细分市场的攻守策略，设施设备的改（扩）建及维修，酒店内部的装饰、装潢与重新装修等经营管理的重大工作安排。

（3）产品营销计划、服务营销计划和客户营销计划。按计划涉及的范围分类，酒店营销计划可以划分为产品营销计划、服务营销计划和客户营销计划。

①产品营销计划。产品营销计划主要是对酒店产品或服务的目标、战略、战术等做出具体规定。酒店产品的种类很多，酒店可根据产品特性的不同分别制订不同的产品营销计划。

②服务营销计划。酒店服务是该计划规划的核心，主要包括对酒店服务项目的设置、特色与创新、服务质量控制系统设计和运行监控等的安排。

③客户营销计划。客户营销计划主要包括如何开发目标顾客、与客户建立长期稳定的合作关系、培养忠诚顾客、建立顾客数据库和优化顾客价值结构等工作。

（4）分销、广告、促销、价格、新产品开发等计划。按计划的具体功能分类，酒店营销计划可以划分为分销计划、广告计划、促销计划、价格计划和新产品开发计划。

①分销计划。分销渠道的选择与管理是分销计划的中心内容，保证酒店与渠道成员建立友好、双赢的合作关系。

②广告计划。酒店应根据总体目标的安排，协调好内部各部门之间的业务分工，把广告目标与目标市场、市场定位、营销组合等诸多决策结合起来。广告计划应全面负责酒店的媒体组合规划、广告投放、广告效果评估等工作内容。

③促销计划。促销计划主要规划酒店产品和服务促销的具体目标、战略战术、措施等内容。促销计划是酒店企业或营销组织部门的工作手册和行动指南。

④价格计划。价格计划主要是对在不同环境、时期、目标市场、产品组合等条件下，酒店企业应遵循的价格体系、政策以及特殊情况下的应对策略等做出规定。

⑤新产品开发计划。随着市场环境的不断变化，竞争对手不断推陈出新，目标市场的需求特点会相应发生变化，酒店企业必须经常调整自己的产品结构和产品组合方式，开发、生产、推广自己的全新产品。新产品计划应规定阶段性新产品的开发重点、目标市场

的投放时机和投放方式等工作内容。

3.酒店营销计划的内容

营销计划在酒店企业经营活动中的作用日益突出，营销计划不仅为酒店企业经营明确了方向，还为酒店实现营销目标乃至总体目标规定了具体的逻辑步骤。

（1）确定酒店企业任务。确定酒店企业任务需要解决以下几个问题：企业是做什么的？企业应做什么？顾客是哪些人？顾客预想的价值是什么？

（2）制定市场营销目标。酒店企业的市场营销目标是在分析企业市场营销现状，并对未来的风险和机会进行预测的基础上制定的，是酒店市场营销计划中的核心部分。一般要确定以下两个目标：财务目标，如长期投资收益率和短期利润目标等；市场营销目标，如销售量、销售收入、市场占有率等。

（3）制定市场营销策略。这关系到酒店企业应采取什么措施来实现企业的目标。这一过程包括三个步骤：确定目标市场—定位—为市场营销组合制定策略。

（4）市场营销研究。市场营销研究既包括内部资料的收集，以明确企业的优势和劣势，又包括外部资料的分析，以提供企业外部机会和威胁的信息。市场营销研究对消费者的研究特别重要，因为它可以揭示顾客和潜在顾客对酒店服务和产品的要求以及他们对酒店的看法。

（5）制订行动方案。行动方案即活动程序，具体内容主要为：要做什么？由谁负责？什么时候做？何时完成？成本费用如何？要为每项活动编制出详细的程序，以便执行和检查。

（6）编制营销预算。营销预算是一个预计盈利或亏损的报告。酒店企业的各业务单位编制出营销预算并由决策层审批后，成为各种营销支出的依据。

（7）反馈和控制系统。反馈系统一般包括销售量和收入分析、市场份额分析、用于销售分析的市场营销费用以及对顾客态度的探索等。对营销计划的实施过程进行监督控制是保证其顺利完成的重要环节；同时也可以随时发现问题，对计划进行调整。

（二）酒店市场战略营销计划的层次与内容

1.酒店市场战略营销计划的层次

酒店市场战略营销计划包含三个基本层次：企业总体战略营销计划、战略业务单位（Strategic Business Unit，SBU）的战略营销计划和职能性战略营销计划。它们共同组成了战略营销计划的复杂体系，而最终的目标只有一个——在长期内实现企业的使命。

酒店首先要制订出总体战略营销计划，这个过程通常有以下两种形式：自上而下和自下而上。而不管哪种形式都体现了全员参与的指导思想，这是保证总体战略计划得到酒店全体员工的理解、支持和贯彻的前提。

战略业务单位的战略营销计划，是根据酒店的总体战略营销计划，并结合本单位的情况制订的。它是总体战略营销计划目标的有机分解和落实，一般是经过本单位有关人员的反复分析、研究制定的，并报酒店企业高层管理者审议批准。它是总体战略营销计划得以实现的保证。

职能性战略营销计划，是对酒店企业和战略业务单位的战略目标的进一步战略性分解和落实。它在更具体的层次上解决企业的各个功能性单位的发展战略问题。

在整个战略营销计划的制订过程中，无论是哪个层次的计划，都强调长远的发展方向，注重的都是整体的协调和全局的利益。这是战略营销计划的特点，它不因战略的制定部门的规格或规模而改变这种性质。

2.酒店市场战略营销计划的内容

与传统的营销计划不同，酒店企业的战略营销计划更注重长期、总体的发展战略，同时包含对各个职能部门的战略的分析和制定。下面对战略营销计划的内容逐项加以解释。

（1）明确企业使命。酒店企业使命一般指酒店的总体目标，包括酒店的产品、服务、市场、目标和经营思想。酒店企业使命是通过战略营销计划解释酒店企业为什么存在、与谁竞争、市场是谁，以及如何为该市场提供服务的纲领性表述，也是酒店企业高层管理人员的管理思想的体现。

（2）制定各战略业务单位的战略。在酒店战略营销计划中，还要明确各个战略业务单位的发展战略。它是针对酒店企业具体战略业务单位而制定的，因此更为明确、具体，包含更多的对策性内容（但仍然是战略而不是战术，这一点很重要），也包含具体的行动计划和时间要求，它所解决的是酒店企业如何能够达到既定目标的问题。在这部分内容中，集中体现的是企业的目标市场策略、产品/服务策略、竞争策略、市场覆盖策略和定位策略。

（3）制定职能部门战略。当酒店企业的整体目标（使命）已经确定，而且也明确了各个战略业务单位的发展目标，那么，接下来的任务当然是动员各个职能部门为达到这些目标而全力以赴地开展工作。产品设计与组合、价格策略、销售渠道策略、沟通与宣传策略等的制定，将落实在各个职能部门的战略营销计划中。

（三）酒店市场战略营销计划实施效果的影响因素

几乎所有的大型酒店或营销意识比较强的中小型酒店都会制订战略营销计划，但不是所有的企业都能获得成功。概括来说，战略营销计划的失败常常由以下几个原因导致：缺乏对基层管理人员的足够关注；组织机构的障碍（机构往往先于战略而设，而这些机构难以形成对计划的有效支持）；目标含混不清；对行动计划缺乏足够的信息支持；战略营销计划与其他控制系统的衔接出现失调（包括与预算、信息、奖励等系统）。

失败的企业都有一个共同的特点：对形式、前景和自身状况几乎不了解，缺乏准确的判断。从战略营销计划的制订过程可以看出，影响战略营销计划成败的因素十分复杂。下面简要地讨论一下这些因素对战略营销计划质量的影响。

1.积淀性因素与变动性因素

积淀性因素专门指酒店企业长期发展过程中形成的惰性结构和文化，它有时会促进强势企业文化的形成，但有时可能意味着保守自恋而抵制任何创新，所以制订战略计划的人必须对这种因素有所认识并加以引导、利用或控制，使之成为战略制定中的积极力量。

酒店企业组织机构的变更和调整、人员的流动、环境的演变则构成了变动性因素，它有可能导致局部功能的错乱或者形成新的模糊群体，但也可能塑造机会，所以酒店管理人员需要通过及时的策略性调整，以保证这些变动不至于影响到总体战略营销计划的执行。

2.观念性因素与行动性因素

观念性因素是指战略营销计划的制订者对该计划所持有的根本态度问题，有的酒店企业管理人员和营销人员虽然制订了战略营销计划，且每年都注意更新，但从来没有真正把它当作指导酒店经营的总体方针和行动指南，使计划成了装点门面的东西。

另外，有的酒店管理人员也许很重视战略计划的制订和实施，但执行力不强，使得计划由于执行过程中的管理、组织和控制性因素的消极影响而失败，这就是行动性因素发挥的作用。

3.策略性因素与能力性因素

策略性因素包括制订计划时所采用的原则（如规划的过程是自上而下还是自下而上，是动用专家系统还是发动群众等），以及所形成的计划在策略上的得失（如目标过高或过低、优先顺序不科学等）；能力性因素主要是指战略营销计划制订人员的预见力和判断力、计划执行过程中管理阶层的决策能力以及各业务或职能部门的实施能力。

策略性因素与能力性因素显然会决定酒店营销计划的质量以及计划实施的程度。

4.内部因素与外部因素

影响战略营销计划成败的内部因素来自战略的制定、执行以及控制过程，而且涉及酒店企业各个层级和部门以及所有人员；外部因素则指环境的影响和变化，是不可控因素。

要想提高计划的质量，主要的可调整变量还是来自酒店企业的内部。

第八章

现代酒店市场营销策略

第一节　酒店产品策略

一、酒店产品概述

提供什么样的产品或服务去满足市场的需要，这是酒店经营者必须解决的一个核心问题，事关酒店的生存和发展。只有不断地推出受消费者欢迎的产品，满足市场的需求，才能实现酒店的市场营销目标，使酒店在市场中占据有利的竞争地位。

（一）酒店产品概念

从不同的角度出发，对酒店产品概念的认识是不同的。

从酒店的角度来看，酒店产品是指酒店向顾客提供的能满足其需要的所有物质产品和服务产品的总和。它是有形产品和无形服务的有机结合。酒店产品包括住宿、餐饮、康乐、购物等项目的服务，是为了满足顾客在住店过程中对食、住、娱、购等方面的需要。

从顾客角度出发，酒店产品是指顾客在酒店花费时间、精力、金钱购买的一次经历。他所购买的不仅是一件件具体的实物，还是一次活动的体验。从这个意义上说，顾客购买的既有物质产品，又有精神产品。

从整体产品概念来看，酒店产品作为一个整体概念，可以分为三个层次，即核心产品、形式产品和延伸产品。

1.核心产品

核心产品是酒店产品中最重要的构成部分，是顾客希望从产品中获得的最根本的利益，表现为顾客希望由酒店所解决的各种基本问题，是酒店产品提供给消费者的基本效用或利益。如为客人提供住宿，解决食膳等问题，这些是酒店的基本功能，是每个酒店都必须做到的。在设计产品时，应善于研究和发现不同顾客对酒店产品或服务不同的核心需求，并通过具体的产品和服务及时加以满足。

2.形式产品

形式产品是酒店产品的外在表现形式，既可表现为实体产品，又可表现为无形的服务。酒店建筑、地理位置、周围环境、店内氛围、价格等均是形式产品。借助于形式产品，顾客可更直观、清晰地了解酒店产品核心利益所在。因此，在一定程度上影响顾客购买决策的是形式产品。

3.延伸产品

延伸产品指酒店为顾客提供的各种附加价值与利益，以便把酒店的提供物与竞争者的提供物区别开来，如鲜花、结账快捷、美味的晚餐、优良服务等。延伸产品一般能为顾客创造意外的惊喜，属于服务标准和规范之外的超值服务。在附加值竞争时代，顾客的消费选择在很大程度上取决于酒店产品所提供的附加价值和利益。因此，酒店产品的市场竞争力取决于延伸产品的设计与提供，酒店可从物质、价格、心理等方面适时向顾客追加附加利益。

整体产品概念体现了以顾客为中心的现代营销观念，为酒店开发适合消费者需要的有形与无形产品、挖掘新的市场机会提供了新的思路，给酒店的产品差异化提供了新的线索，为酒店产品开发设计提供了新的方向。酒店在开发设计各种产品时，应根据“先核心，后形式，再延伸”的思路进行全面设计，使产品的科学性和适用性不断增加。

（二）酒店产品特性

1.不可储存性

酒店产品以时间作为计量单位，客房或娱乐设施等只有在当天销售才能实现当天的价值，第二天销售出去，获得的是第二天的价值，错过的时间、错过的价值不可能再挽回。客人购买了酒店产品，必须及时消费，无法储存。酒店营销人员要努力提高每天的客房出租率，最大程度地实现酒店产品价值。

2.不可转移性

不可转移性有双重含义。一是指酒店产品在地点上的不可转移性。酒店产品进入流通领域后，其本身仍固定于原定的地点方位上，消费者只能到酒店产品的生产地点进行消费。二是指同服务相关的设施和用品在所有权上的不可转移性。消费者在购买酒店产品后，这种交易并不导致有关服务设施和用品的所有权的转移，而只是有限使用权的转移。

3.明显的季节性

很多酒店有明显的淡季和旺季的区分，尤其是著名景区内的酒店，旺季应接不暇，淡季需求疲软。根据这一特点，营销人员要做好预测工作，旺季到来时，提前做好准备，把握销售商机。在淡季时，适时开展各项促销政策，同时进行员工培训、设备维护，使得淡季不淡，充分协调好各项的工作。

4.不可专利性

酒店可以为自己的标志和名称申请专利，却无法为自己的酒店产品申请专利，如独特的房间设计、特色菜肴、创新服务等。当这些独创产品在市场创造了良好业绩之后，很快会被业内效仿，甚至超过。因此，酒店不断地推陈出新就成了时刻面临的任务。

5.生产和消费的同时性

普通商品都是在厂家生产，在卖场交易，客人带走商品，但酒店产品是一种体验、一种服务，服务和接受服务是同时的，不可分割，即服务产品的生产、销售和消费都是在同一时间完成。这样的特性使得酒店产品的销售受到很大的区域局限，酒店营销人员要想办法多途径拓宽酒店产品的销售渠道。同时这样的特性也使得酒店产品不能在出售之前就做好检验，所以质量控制难度大，必须对服务人员进行培训，以保证提供服务时有良好的表现。

6.产品差异性

酒店服务为大量的人工劳动，缺少生产的统一标准，每个工作人员的工作态度、工作方式方法不同，客人对于服务好坏的评价标准也因人而异，千人千样。如何把握酒店服务产品的统一风格是一个亟待解决的难题。

7.对信息的依赖性强

酒店的主要客源是来自外地的旅游者和商务客人，他们来到异地，人生地疏，需要借助一定渠道了解酒店，在这方面，顾客之间的口碑传播具有重要作用。因此，要求酒店注意通过优质服务树立良好的形象，并充分利用各种现代化传媒手段如网络通信技术、移动网络技术、信息理系统等来做好信息传递工作。

8.脆弱性

酒店产品的脆弱性源于旅游业本身的脆弱性。旅游业的发展受制于多种旅游业无法控制的外部因素，如国家政策和法律、经济发展状况、汇率的变动、突发的自然灾害、社会治安等。这些因素的变化均可影响旅游业的发展，进而影响酒店的发展。

二、酒店产品的生命周期

（一）酒店产品生命周期的概念

产品生命周期理论认为，与人的生命周期要经历出生、成长、成熟、死亡等阶段一样，产品也会经历一个生命周期。产品的生命周期一般可分成四个阶段，即导入期、成长期、成熟期和衰退期。

研究产品生命周期理论，对于正确制定产品决策，及时改进老产品、发展新产品，有计划地进行产品更新，正确地制定各项经营策略，指导酒店的经营管理等都具有重要意义。

产品生命周期与产品使用寿命是两个截然不同的概念。产品的使用寿命是指产品的耐用程度，是产品从开始使用到损坏报废的时间间隔。酒店产品的生命周期指产品从进入市场开始，直到被市场淘汰，不再生产为止的全部持续时间。根据产品销售量的变化，将酒店产品生命周期划分为四个周期：①导入期，销售量从零开始，慢慢上升；②成长期，销售量迅速上升；③成熟期，初期销售量虽上升，但速度减缓，以后销售量逐渐下降；④衰退期，销售量急剧下降，如不采取任何措施，将退出市场。

（二）酒店产品生命周期各阶段的特征

随着时间的变化，产品的销售量也在变化，每一个阶段的销售量都有自己的特点。根据这些特点，酒店可以采取相应的营销策略。

1.导入期的主要特征

导入期内，酒店新产品进入市场。一方面，知名度低，知之者少，只有少数追求新奇的顾客可能购买。另一方面，新产品质量的不稳定，使广大的顾客或中间商对新产品抱观望心态，导致新产品销售量很低，为了扩展销路，需要大量的促销费用，对产品进行宣传。

这一阶段，销售额增长缓慢，而投入费用大，导致产品单位成本高，酒店不但不能获利，反而可能亏损，产品也有待进一步完善，风险较其他阶段而言最大，但面临的竞争压力小。

2.成长期的主要特征

成长期内，酒店产品在市场上拥有一定的知名度，产品也已经定型，顾客对产品已经熟悉，大量的新顾客开始购买，市场逐步扩大，销售额迅速上升，产品大批量生产，生产成本相对降低，利润也迅速增长。竞争者看到有利可图，纷纷仿制相同产品跟进市场、参与竞争，同类产品供给量增加，市场开始细分，销售网点也在增加。竞争加剧，各家酒店会在产品的特色方面大做文章，会吸引更多的消费者加入购买的行列，扩大了市场的规模。这一阶段，产品价格维持不变或略有下降，酒店维持同等的促销费用或稍微提高，以满足竞争和继续培育市场。销售的高速上升，使促销费用对销售额的比率不断下降。

3.成熟期的主要特征

成熟期，产品已为大多数潜在购买者所接受，购买者一般较多，销售数量相对稳定；产品产量大、成本低；市场饱和或成长趋势减缓，利润在达到顶点后逐渐走下坡路。此时市场争夺激烈，提供同类产品的酒店之间在产品质量、等级、成本等方面的竞争加剧，酒店为保持产品地位须投入大量的营销费用。

4.衰退期的主要特征

衰退期，市场销售量由缓慢下降变为急剧下降，利润也急剧下降，利润低微甚至等于零，出现的新产品正逐渐代替老产品。市场竞争突出表现为价格竞争，价格被迫不断下跌，甚至使酒店出现亏损。

（三）酒店产品生命周期的营销策略

酒店营销者要根据市场情况和产品生命周期各阶段的特点，分阶段采取不同的营销策略，使产品顺利地通过导入期，更快进入成长期，延长成熟期，推迟衰退期。

1.导入期的营销策略

在产品的导入期，酒店最重要的任务是选择有针对性的新产品投入市场，选择合适的时机进入市场，选择最有可能的购买者作为重点推广对象；同时，大力加强产品的广告宣传工作，提高产品的知名度，使市场尽快接受该产品，缩短导入期，更快地进入成长期。按照促销水平的高低与定价的高低，可以有以下四种营销策略供选择。

（1）快速撇脂策略。以高价格、高促销费用推出新产品。实行高价策略可在每单位销售额中获取最大利润，尽快收回投资；高促销费用能够快速建立知名度，占领市场。这种策略在以下市场环境下适用：顾客对产品不了解，产品替代性强，生命周期短，市场容量相对有限，顾客对价格不敏感。例如，酒店举办的“美食节”等系列产品就可采取此策略。

（2）缓慢撇脂策略。即以高价格、低促销费用推出新产品。目的是以尽可能低的费用开支求得更多的利润。实施这一策略有以下几个条件：市场规模较小，产品已有一定的知名度，目标顾客愿意支付高价，潜在竞争的威胁不大。

（3）快速渗透策略。即以低价格、高促销费用推出新产品。目的在于先发制人，以最快的速度打入市场，取得尽可能大的市场占有率；然后再随着销量和产量的扩大，使单位成本降低，取得规模效益。实施这一策略的条件：该产品市场容量相当大；潜在消费者对产品不了解，且对价格十分敏感；潜在竞争较为激烈；产品的单位制造成本可随生产规模和销售量的扩大而降低。

（4）缓慢渗透策略。即以低价格、低促销费用推出新产品。目的是以低价快速吸引顾客，以较少的支出费用保证酒店利润。这种策略有以下几个适用条件：市场容量很大；市场上该产品的知名度较高；市场对价格十分敏感；存在某些潜在的竞争者，但威胁不大。

2.成长期的营销策略

在成长期，酒店营销策略的重点应放在提高产品质量、增加产品品种、提供系列服务方面，同时明确真正的目标市场，努力扩大市场占有率，挖掘潜在市场，探索重点目标市场，把握好产品的黄金时代。具体的策略如下。

（1）改善产品品质。如增加新的功能，开发新的用途等。对产品进行改进，可以提高产品的竞争能力，满足顾客更广泛的需求，吸引更多的顾客。

（2）寻找新的细分市场。通过市场细分，找到新的尚未满足的细分市场，制订相应的营销方案，迅速进入这一新的市场。

（3）改变广告宣传的重点。把广告宣传的重心从介绍产品转到建立产品形象上来，树立产品品牌，维系老顾客，吸引新顾客。

（4）适时降价。酒店在适当时候可以采取降价策略，以吸引对价格比较敏感的消费者产生购买动机和采取购买行动。

3.成熟期的营销策略

在这个阶段，产品已被大多数可能购买者接受，酒店的销售量趋于稳定。由于竞争对手日益增多，市场争夺日益激烈，为了保持原有市场占有率，酒店不宜采用防守性策略，宜主动出击，延长成熟期。可采取以下三种策略。

（1）市场调整。一方面，通过市场细分，发现新需求，寻找新的消费群体，提高产品的销售量；另一方面，刺激现有顾客重复购买，提高产品的使用率。酒店可以通过以下途径进行市场调整，提高销售量；①扩大消费群，尽可能使用各种促销手段，使尚未使用该产品的人转而使用该产品；②争夺竞争者的消费群，可以采取优惠的措施吸引竞争者的顾客；③发展产品的新用途。增加产品的用途，顾客购买产品的数量就会大大增加；④积极促销，激励顾客在更多的场合以更高的频率使用这种产品。

（2）产品调整。这是通过产品自身的调整来满足顾客的不同需求，吸引有不同需求的顾客。整体产品概念的任何一个层次的调整都可视为产品再推出。具体策略有如下几种：①通过增加产品的附加利益，对产品重新定位；②提高质量策略；③给产品增加新的特性，扩大产品的多方面适用性。

（3）营销组合调整。即通过对产品、定价、渠道、促销四个市场营销组合因素加以综合调整，刺激销售量回升。常用的方法包括降价、提高促销水平、扩展分销渠道和提高服务质量等。

4.衰退期的营销策略

产品进入衰退期后，产品销售量急剧下降，酒店从这种产品中获得的利润很低甚至为零，消费者的消费习惯已发生改变。面对处于衰退期的产品，酒店需要进行认真的研究分析，决定采取什么策略，在什么时间退出市场。通常有以下几种策略可供选择。

（1）继续策略。在产品衰退期，如果这种产品在市场上仍能满足一部分消费者的需求，酒店就可以根据自身条件适当保留一部分，以获取其他竞争者因退出而留出的利润空间。

（2）延长寿命策略。通过价值分析，降低产品成本，以便进一步降价；加强市场调查研究，开辟新的目标市场，争取新的顾客；改进产品设计，以提高产品功能、质量、等级等，从而使产品生命周期不断实现再循环。

（3）放弃策略。对于衰退比较迅速的产品，应该当机立断，放弃经营。可以采取完全放弃的形式，如把产品完全转移出去或立即停止生产；也可采取逐步放弃的方式，使其所占用的资源逐步转向其他产品。

三、酒店新产品开发

（一）酒店新产品开发的概念

酒店新产品开发是指酒店对新产品的研究、构思、设计、生产和推广，目的在于推出不同内涵与外延的新产品，以满足市场不断变化和增长的需要。新产品开发既包括新产品的研制，推出与老产品有本质差异的全新的产品，也包括对原有的老产品的改进与换代和引进外地有而本地没有的产品。新产品开发既是酒店研究与开发的重点内容，也是酒店生存和发展的战略核心之一。

对大多数酒店来说，新产品开发是改进现有产品和引进外地新产品而非创造全新产品。在酒店经营中，产品整体概念中任何一部分的创新、更新，包括对现有产品的改进、对竞争者产品的仿制、产品系列的形成以及对原有产品的重新组合，只要能给顾客带来新的满足就是新产品的开发。

酒店新产品开发需要酒店全体员工的支持，技术和构思只是实现产品开发的手段，而正确的经营策略是产品开发的前提，并且产品开发出来以后，也要以相应的优质服务为基础。譬如，新推出的客房服务尽管有市场的需求，但如果服务没有跟上，新产品仍然会失败，所以技术、经营管理和服务三者紧密结合才能保证新产品开发的成功。

（二）酒店新产品的类型

1.全新产品

采用新原理、新结构、新技术、新材料研制而成的全新产品，技术含量最高，是过去人们未曾想到的产品。全新产品开发周期长，且投资较多，风险较大。全新的产品往往运用了新科技成果，开发的角度可以是一些新的功能性的设施、设备的运用，比如完全依靠环保能源运转的酒店，或者是新的产品组合，如包价住宿产品的出现，还有新的管理模式的运用等。

2.换代新产品

换代新产品是指对现有产品进行较大改革后生成的产品。例如，酒店客房过去夏季室内一般用分体式空调，现在改成中央空调；餐厅由纯粹的餐饮产品，发展到饮食兼娱乐“二合一”式产品。

3.改进新产品

改进新产品是指对原有产品不进行重大改革，只对它进行局部形式上的改变。如客房服务多增加儿童免费加床服务或餐厅延长服务时间等。推出改进新产品是酒店吸引顾客、保持和拓展市场的一种重要手段。

4.仿制新产品

仿制新产品是指市场上已经存在，酒店对其进行模仿后而生产出来的产品。仿制是一种重要的竞争策略。全新产品投资大，面临的风险大，许多酒店是静观其变。当看到某一酒店产品在市场上很受欢迎时，则迅速进行仿制并推向市场。

（三）酒店新产品开发程序

1.形成构思

构思是指对未来新产品的基本轮廓架构的设想，是新产品开发的基础和起点。这些设想可以通过多种方式产生，既可以来自酒店内部，也可以来自酒店外部。酒店营销人员应通过对内部和外部信息的分析，找到新产品开发的思路，并围绕这些思路收集信息与数据，形成各种创新的方案。

酒店新产品开发构思的来源包括以下几个方面。

（1）酒店内部。酒店内部管理者和工作人员是新构思的主要来源。一线员工与客人直接接触多，通过观察最能了解客人的需要，他们的构思最能代表客人的意见。酒店高层应尝试通过基层员工间接获得新产品的构思，这些构思往往对新产品的开发有决定性的影响。

（2）顾客。顾客在酒店消费过程中，有不满意或无法满足的需求会向酒店提出投诉或建议，这些投诉和建议就是新构思的重要来源。

（3）竞争者。竞争者在经营过程中会不断推出新产品，对于那些受到市场欢迎的产品，其他酒店是可以学习借鉴的。了解竞争者新产品的渠道有很多，比如他们的广告宣传信息。

（4）分销商和供应商。分销商在向客人推介酒店产品时也会得到顾客对于酒店产品的意见和建议，酒店经营者可以根据这部分信息构思新产品。酒店供应商可以向酒店提供新材料和新技术，启发酒店工作人员运用这些新技术、新材料开发新产品。

（5）其他来源。除以上来源可以获得新构思外，报纸、杂志、媒体、网络、专家讲座访谈等信息渠道，都是获得新构思的来源。总之，只要是与酒店发生业务联系的企业、单位或个人，都可能对酒店产品提出建议，这些都是新产品构思的来源。

2.构思筛选

筛选构思的目的是尽可能早地发现和放弃错误的构思，以避免后续阶段的开发成本提高，造成大的损失。构思只是一个初步的设想，可以有很多，但很多构思是不能付诸行动的。酒店可以根据自身的条件，包括人员素质、原有产品基础、现有资金、管理体制等，也包括酒店所处的市场外部环境、市场需求、市场供应商、市场竞争等综合衡量，逐个筛选，慎重做出决定。

3.概念的发展和测试

经过筛选的产品构思要转化成具体的产品概念。它包括概念发展和概念测试两个环节。产品概念是精心阐述的构思，给顾客一个实际产品或潜在产品的特定形象。产品概念发展即构思从供方转向了需方。每一个概念都需要定位，以便了解真正的竞争情况。

在概念发展环节里，主要是将酒店产品的构思发展成产品概念，一个构思可能形成几个产品概念。如某酒店将开发商务中心，这个构思可转化为打字、复印、电话、传真等几种产品概念。

概念的测试是指与合适的目标消费者一起测试这些产品概念，以便了解顾客的看法与反应，酒店根据顾客的看法和反应决定是否接受产品构思。

4.制定营销策略

在选定最佳产品概念后，酒店营销人员就要针对新产品制定相应的营销策略，包括分析目标市场规模、市场结构、产品的市场定位、消费者行为特点，预计销售量和市场占有率，制定新产品的价格，选择分销渠道、促销手段，并做好营销预算。

5.商业分析

商业分析是对新产品在市场中的适应性和发展能力的预测。预测内容包括产品的销售量、成本、利润和收益率。这些不仅需要描述，更需要精确的数字计算和市场调查，才能得出确切的结果。这项工作需要科学的开发技术和市场研究，并结合新产品上市后的实际情况进行分析。对新产品的构思进行商业分析，应弄清下列问题：新产品有什么特点？新产品是否比市场上现有的同类产品好？新产品的目标市场在哪里？新产品的购买潜力如何？酒店的资金与设备如何，是否适应新产品的发展？新产品的原材料供应如何，成本如何？新产品的预期利润如何？新产品上市成功的可能性有多大，竞争能力如何，社会效益如何？经过商业分析，确定该新产品有开发价值，就可以进入正式的实际开发阶段。

6.产品开发

新产品要严格按照产品概念描述去开发，并严格控制开发成本，按照商业分析出来的数据去实施，否则前边制定的营销策略和商业分析不能起到指导性作用。酒店产品作为服务性产品，开发时不仅要注意产品实体的效果，更要注意服务在实际运转中与各部门各方面的协调，确保酒店新产品的运转顺利。

7.市场试销

新的酒店产品是否能被顾客接受，新产品的生产运转是否顺利有序都需要在小范围内试销。市场试销一是可以观察顾客对新产品的接受程度，从顾客那里得到对新产品的评价，对不足的地方进行修改和提高；二是对自身提供新产品的能力也可以进行测试，如酒店自身的内外部条件是否适应新产品的供给要求，哪些方面还需要协调；三是可以对商业分析的内容进行核对，看商业分析的结果是否符合实际经营状况，是否需要调整。

8.正式上市

新产品试销成功后，就可投入市场。为了推广新产品，酒店应该制定新的营销组合来吸引消费者。消费者大致要经历知晓、兴趣、评价、尝试和采用五个阶段，才能最后确立对新产品的可信度并经常使用。酒店的长期顾客就是这样被逐步吸引过来的。

由于顾客的消费习惯和个性不同，酒店必须注意营销渠道和方式的选择。在采用新产品上，因人而异的现象十分明显。据统计，真正主动、率先尝试的只占总顾客人数的3%，早期采用的为13%，中期的为34%，晚期的为34%。所以，酒店应注意个人影响在新产品采用中的作用，要对率先尝试者进行高强度的宣传。一是扩大影响；二是改变他们将信将疑的态度，激发他们跃跃欲试的心理。在率先尝试者不多的情况下，可有计划地组织一部分顾客来进行尝试。

（四）酒店新产品开发应注意的问题

尽管各类酒店逐渐认识到开发新产品和新服务的必要性和优点，然而，新产品的开发也存在着风险。

对新产品开发的风险进行分析，有助于酒店明确可能导致新产品失败的原因，在开发工作中注意避免这些问题的产生。酒店新产品失败的原因主要有以下几个方面。

一是新产品缺乏足够的优势。产品构思不新颖，缺乏特色，或酒店新产品开发完成，投入市场后，由于没有严格的质量管理，产品质量无法达到顾客的要求。

二是市场分析不够充分。对市场需求预测不准，没有了解顾客的购买动机和习惯，或对市场规模估计过高，或市场定位错误，都会使产品投入市场后无法达到适销对路或出现需求不足的情况。例如，在酒店外卖特色菜肴这一产品中，酒店周围常住居民或附近城区消费者比较感兴趣。如果不加任何改进地把此项目推向区域外消费者，势必会导致失败，因为它在口味上很难适应所有的消费者，并且长途携带的不便也要求改进产品的包装。

三是投入时机选择不当。如决策太晚，失去时机，或投入时消费者的口味已发生变化，也会影响新产品在市场上的销售及发展。特别是某些季节性较强的酒店产品，更应注意选择正确的投入时机。

四是营销组合决策失误。缺乏销售渠道的支持，或者销售渠道选择不当，市场推销手段运用不力，或推销力量较强，产品定价过高等。

五是实际开发成本超过预算数额。

六是市场需求发生变化。

七是管理层本身因素。管理者强行推出自己偏好的，但是经市场分析已经否定的产品构思，或者在新产品开发的最后阶段才发现某产品不宜开发，但因投资过多，不忍放弃，希望投入市场回收部分成本。酒店管理层决定继续开发本已无前途的产品，失败是不可避免的。

第二节　酒店价格策略

酒店价格策略是酒店市场营销组合中一个十分关键的组成部分。价格既是影响交易成败的重要因素，又是市场营销组合中最难以确定的因素。酒店定价的目标是促进销售，获取利润。这要求酒店既要考虑成本的补偿，又要考虑消费者对价格的接受能力，从而使定价策略具有买卖双方双向决策的特征。此外，价格还是市场营销组合中最灵活的因素，它可以对市场做出灵敏的反应。

一、酒店产品价格概述

（一）酒店产品价格概念

酒店产品价格就是指顾客购买酒店产品支付的货币量。酒店产品的价格由产品的成本、税金和利润三部分构成，酒店产品价格的高低取决于这三部分之和的大小。酒店产品的成本包括为生产酒店产品而发生的各种耗费和酒店员工提供服务时产生的劳务成本两部分；税金是国家依法向酒店征收的预算缴款；利润是酒店的经营成果，是酒店产品的价格减除产品的成本和税金后的余额。酒店产品价格是酒店获取利润的重要手段，是酒店体现产品形象和质量的主要因素，也是用来进行市场定位的重要手段。

酒店产品的价格具有综合性和波动性的特点，综合性指酒店产品的价格既受市场因素和酒店内部的人员、设施、服务等客观存在的因素影响，又受人为控制的因素影响。波动性指酒店产品价格随着酒店产品销售的变化而发生变化：淡季销售量降低，供过于求，酒店产品价格会相应降低；旺季酒店产品供不应求，酒店产品价格则会相应上调。但是，价格的变化反过来又会影响酒店产品的销售，使销售量发生变化。

（二）酒店价格形式

在经营实践中，酒店与消费者之间的产品成交价格通常采用以下四种形式之中的·种。

1.正常价格

酒店产品的正常价格是供需基本平衡下的价格，酒店所出售的产品价格是按照自己的预期进行规定的，这样的价格虽然不会给酒店带来巨大的收益，但也不会使酒店经营面临很大的风险，过于惨淡。

2.超额利润价格

酒店产品如果在市场上具有明显的、别人不可逾越的优势，市场呈现出需求大于供给的状况，则可以采取超额利润价格形式，即利润部分相比其他几种形式属于最高。经营者都希望以这样的形式定价，但现实中是很难做到的。

3.酒店产品的保本价格

酒店产品的需求不是很明显的时候，酒店往往采取保本的价格。在市场需求少的时候，采取保本价格，可以保证一定的客房入住率，不至于亏损严重。但作为经营者，是不希望长期采用这种价格方式的。

4.酒店产品的停业价格

停业价格是市场需求远远小于酒店产品的供给时所采取的价格形式。停业价格仅仅等于变动成本，没有任何获利的空间，甚至使固定成本无法得以回收。

（三）影响酒店产品价格的因素

酒店产品价格的制定会受到许多因素的影响，这些因素大致可以分为可控因素和不可控因素两类。可控因素是酒店在定价时有能力调节控制的因素，反之则是不可控因素。

1.可控因素

（1）成本。成本是酒店定价的主要依据。为了保证生产的顺利实现，通过销售，酒店既要收回成本，同时也要获取一定的利润，所以酒店产品的成本是酒店在正常市场环境中定价的最低点。一般来说，在成本不变的情况下，酒店产品价格与酒店利润成正比。价格越高，酒店产品的利润就高；价格越低，酒店产品的利润就越低。所以产品成本低的酒店在制定价格时有较大的调整余地，在市场竞争中位置比较有利，比较容易获得好的经济效益。但过度强求削减成本也会使产品质量得不到保证，所以，酒店在定价时应根据自身的情况确定一个合适于成本的定价。

（2）定价目标。酒店定价目标为定价者指明了方向，定价者也必须根据定价目标来制定价格，这样才能实现最初的目标。同时，不同酒店的定价目标不同，随之采取的具体定价方法也有差异。定价者要明确了解自己酒店的定价目标，选择正确的定价方法，才能制定出适合酒店的价格。

（3）酒店的产品特色。酒店的产品特色对酒店产品的定价有很大的影响。酒店的产品特色包括产品的质量、功能、服务等是否新颖，是否对消费者有吸引力，也包括产品声誉的好坏、受关联产品的影响程度等。若产品有特色、信誉好，在市场上不易受制约，不易被替代，则产品对市场会有较大的吸引力，呈现供不应求的供需关系，则价格自然比同类产品高。如果一个酒店毫无特色，它的酒店产品缺乏吸引力，其营销定价人员就往往不得不把价格降低，在市场处于被动的地位。

（4）酒店的营销能力。酒店营销人员的营销能力也是决定酒店产品定价的因素之一。如果酒店的销售能力较强，销售渠道多，不必担心高价使产品大量滞销，酒店可以把酒店产品的价格定得高一些。如销售能力一般，或销售能力较弱，应适当调低价格以保证一定的销售率。

2.不可控因素

（1）市场竞争。酒店的经营活动总是受竞争者的经营活动的制约。当酒店自身产品在优势上有过于竞争对手之处，则定价时受对手的制约会较少，可以根据自己的意愿在价格上做较大幅度的调整，而不会在竞争中处于劣势。但竞争往往与市场供求有密切关系，供不应求，则竞争程度自然降低，供过于求，竞争程度加剧，价格的微小变动都会引起竞争局势的变化。在现实中，竞争者采取怎样的竞争价格，供求关系怎样变化都不是人为控制的。

（2）供求关系。酒店客源的需求具有不稳定性，且不同层次的顾客对价格的敏感性也不一样，所以市场上的供求关系随时处于变化之中。酒店作为供给一方，供大于求，酒店定价的自由度就相对较小，反之，就较大。

（3）酒店中间商的力量。酒店中间商在很大的程度上制约着酒店产品价格的制定，酒店如果过分依赖中间商进行产品销售，自身对定价的掌控程度就会变得很小，甚至要与中间商商量着定价，而酒店中间商作为旅游销售渠道中一个独立的经营者就会获得高额利润。酒店应尽量减少对中间商的依赖，将产品定价权把握在自己手里，才能实现酒店的经营目标。

二、酒店产品定价

为了实现酒店的定价目标，就要相应地采取适当的定价方法，给酒店的产品制定一个基本的价格，并且在此基础之上进行适当的调整。酒店在产品定价时主要考虑产品的成本、市场供求情况以及竞争情况三个方面因素，但是在不同的时期，不同的酒店产品对各个因素的侧重点会有所不同。下面结合三个因素来考察酒店产品的定价原则、目标、方法和程序。

（一）酒店产品的定价原则

1.价格反映价值原则

价格反映价值原则要求酒店产品的价格必须依据酒店产品的真实价值来制定。

2.价格反映供求关系原则

价格反映供求关系原则指酒店产品的定价必须适应市场供求关系的变化。市场供求关系有三种状况：供不应求、供大于求和供求平衡。当酒店产品的市场供求关系变化时，酒店产品的价格就要围绕其进行相应的调整。

3.相对稳定原则

相对稳定原则要求酒店产品的价格应保持相对的稳定。因为酒店价格在一定程度上代表了酒店在市场中的形象，价格变化频繁会给消费者带来酒店经营不稳定的印象，使消费者丧失对酒店的信心。一般来说，在价格变动之前，应提前较长一段时间给出变动信息，说明变动原因，让消费者有一个心理过渡期。此外，每次调价的变动幅度不应太大，一般不超过15%。

4.灵活性原则

灵活性原则的含义是酒店产品的价格应有一定的灵活性。虽然酒店产品的价格应保持稳定，但也不是一成不变的。旅游市场本身就有很强的季节性波动，酒店产品的价格应该有淡季和旺季的区分；对于散客和团队顾客，因为购买数量的不同，也应该采取不同的价格；顾客购买方式的差异也是在制定价格时应该考虑灵活对待的因素。例如，有些顾客是提前很多天预订客房的，如果顾客在一个较长时间前愿全额支付预订的房费，酒店就应该给予适当的折扣优惠，以鼓励顾客多采用这种方式购买。这种购买方式可使酒店在制订财务计划、维修计划、采购计划时做到早有准备，有的放矢地安排计划，提高计划的严谨性和合理性，减少浪费，降低管理成本。

5.接受相关法律法规的指导原则

酒店产品的价格要接受国家政策的调整。酒店产品的价格首先要符合国家旅游行政主管部门和行业协会的相关规定。在特殊时期比如黄金周等重大节庆期间，相关部门还会对酒店产品实施限价管理，酒店在调整价格时要充分考虑。

（二）酒店产品的定价目标

定价目标是指通过价格的制定或调整所要达到的预期目的。在确定定价目标时，酒店要考虑经营目标、经营方针和竞争态势等因素的影响。酒店的定价目标有以下几类。

1.以利润为定价目标

（1）以追求利润最大化为定价目标。利润最大化即企业追求一定时间内可获得的最高利润。追求利润最大化并不意味着给产品制定最高的价格，这是因为利润最大化更多地取决于合理价格所推动产生的需求量和销售规模。追求利润最大化的定价目标是以良好的市场环境为前提的，当企业及其产品在市场上享有较高知名度、处于竞争的有利地位时，这一定价目标是可行的。但是长期维持不合理的高价位，会减少需求，引发激烈的市场竞争，削弱产品的竞争力。

（2）以实现预期利润为定价目标。预期利润是指酒店将预期利润值设定为投资额或销售额的一定比率，用预期的投资收益率或销售利率等指标表示，用来衡量酒店的投资效益。酒店在定价时，要考虑把价格定在什么水平，才能在预定时间内收回投资成本，并获得预期的利润。为此，定价除了产品成本外，须再加入预期利润。预期利润应高于同期银行存款收益，在市场竞争不激烈的情况下，可将预期利润率定得适中，以便实现中长期稳定的利润。

（3）以追求满意利润为定价目标。满意利润是指少于当前最大利润，维持在酒店的股东和管理者能接受、消费者也能接受，并保持一定的销售量的水平，保证酒店有利可图，同时减少经营风险。

2.以竞争为定价目标

（1）以维持企业生存为定价目标。以使酒店能够继续经营为目标，是酒店处于不利环境中，如受到外界环境的冲击或经营管理不善时实行的一种策略。在这种情况下，通常制定较低的价格，以加快产品的销售和快速回收资金。有时为了避免更大的损失，或是不错过有利的市场机会，定价可以低于总成本，但不宜低于变动成本。这是一种特定时期内的过渡性目标，一旦出现转机，则必须以其他的定价目标代替。

（2）以防止和应付竞争为定价目标。酒店在竞争中，经常使用价格手段去争取有利地位，但不同的酒店有不同的做法。实力雄厚、美誉度和知名度都较高的酒店，可以选择高于一般竞争对手产品的定价目标，而在竞争者实力相当、市场容量宽松的条件下，可以采取随行就市的定价抉择，以免两败俱伤；实力较小的酒店，定价一般要低于行业领先者同类产品的价格。

3.以维持和提高市场占有率为定价目标

市场占有率是一定时期某产品的销售量占全行业同类产品销售量的百分比，是酒店经营状况和竞争能力的综合反映。为了维持和提高市场占有率，很多酒店通过制定较低的价格，牺牲短期利润以换取长远发展。

（三）酒店产品的定价方法

酒店产品的定价方法是酒店为实现其定价目标所采取的具体方法。可以归纳为成本导向定价法、需求导向定价法和竞争导向定价法三类。

1.成本导向定价法

以营销产品的成本为主要依据，再加上预期利润制定价格的方法统称为成本导向定价法，这是最简单、应用最广泛的一种定价方法。

（1）成本加成定价法。成本加成定价法是按酒店产品单位成本加上酒店的利润和税金进行定价。其计算公式为：

单位产品价格＝单位产品总成本×（1+目标利润率+税金）

成本加成定价法计算方便，在市场环境基本稳定的前提下，酒店采用这种定价方法，可以保证其达到正常的利润率。另外，如果整个酒店行业都采用这种定价的方法，各个酒店的成本和加成率就都比较接近，定出的价格也就相差不大，互相之间的价格竞争也就不会太激烈。但是，这种定价方法只考虑了成本的因素，而没有分析市场的弹性需求与顾客的心理。因此，一般来说，无论是长期还是短期使用这种方法都不能使酒店获得最长远的利益。

（2）目标收益定价法。目标收益定价法又称目标利润定价法，是酒店按照获得的利润量来确定酒店产品价格的一种方法。其计算公式为：

单位产品价格＝（产品总成本+目标利润总额）÷预期销售量

单位产品价格＝（酒店固定成本 ÷ 预期销售量）+单位变动成本+单位产品目标利润额

目标收益定价法的优点在于同时考虑了投资消费水平、收入、价格以及利润等因素，可以保证实现既定的目标报酬率。该方法的不足之处就是没有考虑价格与需求之间的关系，而且，先确定产品的销售量再计算价格，把销售量看作价格的决定因素，在实践中很难行得通。因此，采用这种方法制定出来的价格，不可能保证销售量的实现，尤其是需求弹性比较大的酒店产品，这个问题会变得更加突出。

（3）收支平衡定价法。收支平衡定价法是指运用损益平衡实行的一种保本的定价方法，以盈亏分界点的总成本为依据来确定酒店产品的价格。盈亏分界点是指酒店在收支平衡、利润为零时的销售水平。其计算公式为：

盈亏分界点价格＝固定总成本÷预计销售量+单位变动成本

收支平衡定价法的用途很广，可以帮助定价人员找出最理想的价格和最理想的酒店获利机会，因此，收支平衡定价法成为酒店营销定价人员分析酒店产品价格的一种十分有力的工具。但是，由于酒店产品的销售量和产品单价的估计存在一定的难度，另外酒店产品的成本费用有时候也不易计算，因此，这种方法也带有一定的局限性。

（4）千分之一法。千分之一法是指酒店客房定价时用到的一种方法。由于酒店的建筑投资占酒店总投资额比例很高，客房部门又是酒店建筑物使用最多的部门，因此，客房产品的定价应考虑酒店的建筑造价。

千分之一法就是以酒店建筑的总投资额为基数，按照总投资额的千分之一来划定客房产品的平均价格，即以酒店建筑的总投资额除以房间数，再除以1000作为每个房间的平均价格。其计算公式为：

房价＝酒店建造成本÷（1000×房间数）

千分之一法的目的就是要求一个合理的投资收益率，但是，因为它只考虑了客房的成本因素，没有考虑市场的变化和酒店经营环境的变化，所以只能作为酒店经营定价的一个基点或参考。

2.需求导向定价法

需求导向定价法不再是以成本为基础，而是以顾客对酒店产品的理解和认识程度为依据进行定价。需求导向定价法是市场导向观念的产物，主要包括理解价值定价法和需求差别定价法。

（1）理解价值定价法。它是根据顾客认知的酒店产品价值以及对价值的肯定程度的高低来进行定价。例如，一瓶矿泉水在便利店售价为2元，在高档的酒店，同样的一瓶矿泉水售价为20元，决定两者价格差异的主要因素是附加的服务和环境气氛增加了顾客的满意度，从而提升了产品的价值。

理解价值定价法认为，某一酒店产品在市场上的价格和该产品的质量、服务水平等，在顾客的心目中都有一定的价值。酒店销售自己产品的价格和顾客的认知价值是否一致是酒店的产品能否顺利销售出去的关键。因此，如果一家酒店想采用这种方法来为自己的产品进行定价，必须做到以下两点：①酒店产品的价格要尽量向顾客的主观认知靠拢，这就需要酒店运用各种市场调研的手段以及营销的经验，尽可能全面地收集顾客对自己酒店产品价格的评价，从而制定一个合理的产品价格提供有力的支持和依据；②酒店要尽量改变顾客的主观价值评价，这就需要酒店运用各种市场宣传手段，对顾客进行合理的适度的引导，从而在一定程度上改变顾客既定的价值评判标准，并认可酒店所制定的现行价格。

很多酒店并不是直接采用这种定价方法，它们在定价的时候参照的是其他同档次酒店的产品销售价格。这样一来，各个酒店的产品在无形之中就存在着一种比价关系，这种比价关系的基础其实还是顾客的认知价值。

（2）需求差别定价法。它是对同一个产品或者服务，制定出两种或多种价格，运用在各个需求强度不同的细分市场上。如果不存在竞争，决定差价的原则是以获得最大实际利益，同时又不会引起顾客的不满为标准。如果存在竞争，一些酒店运用这种方法，把自己的最低等级的价格定到比竞争对手的最低价格还要低，这样一来，不仅可以使酒店在市场竞争之中处于有利地位，还可以获得较高的经济效益。酒店在使用需求差别定价法的时候要注意以下几个问题。

①等级差价是按质论价的原则的具体运用。一家酒店的客房之间，在很多方面存在着差异，比如面积、装潢、位置、朝向、结构以及内部的设施设备等方面。这决定了不同位置的客房所体现的享受价值是不一样的，通过价格分等可以体现出客房的等级，顾客也

会相信客房定价的差别是合情合理的。如客房的朝向、方位决定了室内观望窗外景色的效果、阳光的采集等有所不同，这就会引发顾客对客房的挑剔，导致顾客满意度的降低和客房使用率的高低不均。酒店可以利用价格进行调节，把朝向好的客房适当提价，把朝向不好的客房适当降价，这样就会平衡顾客的心理，减少抱怨。

②等级差别的差价大小要适宜。也就是说，在酒店内部不同等级客房的价格不要相差太多，如果相差太大的话，会使不同的顾客产生不同的心理情绪，住高档客房的顾客可能会觉得自己的消费太高了，而住低档客房的顾客有可能产生自卑的心理，从而使酒店的高端和低端市场都产生不良的影响。另外，有的酒店采用固定的差价来确定不同等级的房间。比如，三个等级分为100元、90元和80元，相邻的两个等级的差价均为固定的10元。还有的酒店采用相等的百分比差价来确定价格。比如，五个等级的房价分别是100元、120元、144元、173元、243元，相邻的等级的差价均为20%。这样一来，较低的几种房价之间的差额比较小，在酒店供给紧张时，原先要接受100元房价的顾客便可以接受120元的产品。而选择高价的酒店客户，又不会过于计较酒店房间的价格，酒店将价格定得较高一点对他们的入住也不会有什么影响。很显然，这两种方法里，后者有明显的竞争优势。

③酒店房价差别定价方法要与市场细分相联系。比如说，商务散客就对价格挑剔较少。一般来说，散客房价要比团队房价高出 10%~20%，因此，旅游接待酒店和商务型酒店就要根据各自接待的对象定出合乎实际的差价，具体评估自己酒店的客源市场接收水平之后，再制定符合酒店市场定位的合理价格，进而巩固自己在细分市场的地位并提升形象。

3.竞争导向定价法

竞争导向定价法是酒店以市场上竞争者的类似产品的价格作为产品定价参考系的一种定价方法。竞争导向定价法主要包括以下两种方式。

（1）随行就市定价法。酒店为了避免竞争特别是价格竞争带来的损失，可将酒店产品价格保持在市场平均价格水平上，利用这样的价格来获得平均报酬。采用随行就市定价法，酒店不必全面了解消费者对不同价差的反应，也不会引起价格波动。

（2）产品差别定价法。酒店通过不同营销努力，使同种同质的产品在消费者心目中树立起不同的产品形象，进而根据自身特点，选取低于或高于竞争者的价格作为酒店产品价格。这是一种进攻性的定价方法。

（四）酒店产品的定价程序

1.明确定价目标

定价目标是酒店制定的价格在酒店长期发展计划之中所起到的作用，是酒店经营目标的基础，是酒店制定价格策略和选择定价方法的依据。在经营过程中，酒店的定价目标也会直接影响各个职能部门的经营决策，因此首先要确定酒店产品的价格目标，为后面定价方法和价格策略的选择提供依据，也为各个部门的经营提供统一的指导。

2.调研市场

在市场细分的前提下，找到酒店的目标市场，并深入了解目标市场的购买能力与购买习惯，准确判断市场需求。价格的高低影响顾客的需求，要确定价格，就要知道顾客的需求。一般情况下，价格与需求量之间存在着反比关系：产品价格上涨，会抑制顾客对该产品的需求量；反之，则会刺激顾客的需求量。但还有一种特殊情况，当价格上升时，需求量也增加。例如，酒店高档客房，客人往往认为是一种身份和地位的象征，在其定价降低时，顾客反会认为其不能体现身份而不愿入住。价格虽然是影响需求的重要因素，但非价格因素的作用也不容忽视。要确定价格对需求的真正作用程度，应将非价格因素的影响排除在外。

3.分析成本

社会对酒店产品的需求量决定着酒店可为产品制定的最高价格，而酒店的各种成本则决定着酒店产品价格的最低定价。酒店产品的价格至少不能低于酒店在一定生产水平下的固定成本和可变成本的总和，否则，酒店经营就会产生亏损，影响经营目标的实现。酒店成本会随着不同的生产水平而变化，若平均成本随着经验的累积而下降应引起酒店的重视。随着销量增加和经验积累，成本会降低，酒店可制定较低的价格，使价格更富于竞争性。

酒店产品的成本一般包括建筑物、设施设备、劳务人员薪金等。客房作为酒店最重要的产品，其成本费用包括：酒店的修理费用、客房服务人员的劳务费用、客房的折旧费用、各种设备的折旧费用、各种低值易耗品的费用、酒店营业的业务费用、酒店经营管理费用和各项经营保险费用等。

4.竞争分析

竞争分析是指在产品定价时要考察和分析竞争对手向顾客提供的产品和价格。酒店可通过向顾客询问、亲自购买竞争对手的产品、收集竞争对手的价格表等方式进行了解，并据此考虑自身产品的定价。通过比较，若酒店的产品优于对手，价格可以稍高些；若产品与对手类似，价格应与其处于同一水平；如果产品不如对手，那就应该制定较低的价格，并对产品做出改进和完善。

5.选择方法

为了避免出现因为产品定价过高，减少市场对产品的需求，或者定价过低，导致酒店利润得不到保证甚至亏损，酒店应根据定价的目标，选择相应的定价方法，在市场需求和酒店盈利之间找到最佳的平衡点。

6.选择策略

酒店应根据市场和酒店实际，选择定价策略。合适的定价策略既能促进产品销量的扩大、巩固和发展市场地位、维护产品形象，也能调整市场供求关系，引导消费者的需求。

7.确定价格

酒店在为产品确定最终价格时，还要考虑以下因素：第一，顾客的消费心理，主要是顾客对产品价格的感知因素和价值取向；第二，在法律法规和政策允许范围内进行定价；第三，竞争对手的反应，竞争对手是否会针对自己的定价调整其营销组合，是否会引发价格战争；第四，酒店的定价应与自身的形象、定位相符合。

三、酒店价格策略

（一）新产品定价策略

1.撇脂定价策略

撇脂定价策略是指酒店为其产品制定一个远高于成本的价格。定出这样的高价，必须能使顾客相信高价购买这种产品是值得的，而且高定价可使酒店在销量逐渐呈现下滑趋势时，有降低价格的可能来吸引对价格敏感的新顾客。撇脂定价策略适用于以下情况：①市场有足够的购买者，他们的需求缺乏弹性，即使把价格定得很高，市场需求也不会大量减少；②高价使需求减少，但不致抵消高价所带来的利益；③在高价情况下，仍然独家经营，别无竞争者。

2.渗透定价策略

渗透定价策略是一种低价策略，是利用消费者的求实惠、求廉价心理，在新产品进入市场的初期，将其价格定在预期价格之下，以较低价格进行促销，迅速打开销路并占领市场的一种策略。这种定价策略的优点：对一些特点不显著、易仿制的酒店产品实行低价策略，可阻止其他酒店的加入，减少本酒店的竞争压力。但是，这种定价策略会导致投资回收期变长，而且在遇到强劲的竞争对手时，会遭到重大的损失。实施渗透定价策略的条件：①市场需求对价格极为敏感，低价会刺激市场需求迅速增长；②酒店的生产成本和经营费用会随着生产经营经验的增加而下降；③低价不会引起实际和潜在的竞争。

3.满意价格策略

满意价格策略是一种折中价格策略，是介于撇脂定价策略与渗透定价策略之间的一种价格策略，即根据酒店消费者在购买酒店产品中所期望支付的价格，来制定新产品的价格。这样酒店产品在投放市场后既能保证酒店取得一定的利润，也能够为消费者所接受，因而被称为满意价格策略。这种定价策略适合大多数消费者的购买能力和购买心理，比较容易建立较稳定的商业信誉。

（二）心理定价策略

心理定价策略是利用顾客的购买心理，根据顾客对酒店产品与服务的主观评价、个人感情来制定价格的策略。心理定价策略是常用而简单易行的价格策略，包括尾数定价策略、整数定价策略、声望定价策略、招徕定价策略等方法。

1.尾数定价法

尾数定价法是为了迎合顾客喜欢物美价廉的心理，在价格尾数上做文章，即给产品一个零头数结尾的非整数价格，从而给顾客造成经过精确计算的最低价格的心理，使顾客心理上更容易接受酒店产品的价格，促成购买行为的产生。这种定价策略一般适用于价格低的酒店产品或服务。从心理学上分析，整数容易使人产生递增的效果。而尾数则容易产生递减的效果，尾数定价给人一种便宜感。如99元与100元，虽然只差1元，但在顾客的心里，它们却是不同层次的价位，少一位数得到的实惠更多。此外，利用数字对不同文化传统的人所具有的特殊含义来进行尾数定价，也容易迎合顾客的特定心理。在日本和中国，以偶数为尾数定价可以给人一种稳定、安适的感觉，其中尾数为8，被认为是与吉祥如意、发财致富联系在一起的，让顾客花钱花得舒心。

2.整数定价法

消费者在不了解产品的情况下，会以产品的价格判断产品的好坏，即有一分钱一分货的心理。整数定价法可以展现出酒店对自己产品的信心，有力地肯定了产品的应有价值，给顾客信心。对于特别注重品质的产品，比如酒店客房、娱乐设施，经常会采用这样的定价方法。例如，酒店客房的价格基本采用整数定价法，因为酒店的房价往往高于日常生活消费品的价格，顾客常有“穷家富路”的思想准备和爱面子的心理，一般不会靠下意识的感觉确定购买决策，因而如果采用尾数定价反而让人感到酒店显得小气和计较，失去亲切感，而整数定价法可以显示酒店的大度，方便顾客的计算。

3.声望定价法

声望定价法是以高价格标榜产品的高定位，主要是针对酒店顾客“价高质必优”的心理，迎合了顾客通过消费体现自身身份的心理需求，特别适合用于高档产品的定价。酒店的豪华套房、总统套房往往采用这样的定价方法，明确了产品的高市场定位。酒店要根据自己的主要目标客源，考虑价格对产品市场定位带来的影响。采取声望定价策略，必须保证生产或经营产品的高质量，而且高度重视酒店顾客对产品的反应、需求，不断地改善酒店产品的设计和完善售后服务，巩固顾客对酒店产品的信任感。一旦采用了声望定价法，就不宜再降价，否则会使顾客对酒店产品和服务品质产生怀疑。

4.招徕定价法

招徕定价法是指针对顾客冲动性购买的从众心理而采取的一种特别价格策略。酒店在市场营销活动中，有时会对酒店产品采取低价、减价的办法迎合顾客求廉的心态，借机招徕顾客并带动和扩大其他产品的销售。如酒店实施的“特价房”或“特价菜”的促销措施，就是运用这种策略的典型做法，其目的是希望顾客在购买特价品的同时购买其他非低价产品或服务，从而提高酒店的整体利益。在某些节日或特殊节庆活动时，酒店往往会采取招徕价格法，以特殊事件价格来吸引酒店顾客。运用招徕价格法进行营销时，应与相应的广告宣传相配合。

（三）产品组合定价策略

产品组合定价策略是指为了实现整个产品组合利润最大化，在充分考虑不同产品之间的关系，以及个别产品定价高低对总利润的影响等因素基础上，酒店系统地调整产品组合中相关产品的价格。

1.产品线定价策略

产品线定价策略是指酒店为追求整体收益的最大化，为同一产品线中不同的产品制定高低不等的价格，有的产品定价很低，以吸引顾客购买产品线中的其他产品，有的产品定价高，是酒店的获利产品。如有些餐厅将某些高档的菜品，如海鲜品，定一个非常低的价格以吸引顾客，而将其他菜品价格定高些，以获取利润。

2.补充产品定价策略

补充产品定价策略是指酒店将主要产品的价格定得较低，将补充产品的价格定得较高，以低价促进主要产品的销售来带动附带产品的销售。如某酒店在接待大型会议团队客人时，可将会议设备设施的费用收得较低，而将酒店餐饮、客房、娱乐等服务项目的费用收得相对高些，以谋取利润。

3.捆绑优惠定价策略

捆绑优惠定价策略是指顾客成套购买酒店产品的价格低于单独购买其中每项产品的费用总和。该策略的目的是鼓励顾客增加消费项目，扩大销售。

（四）非价格竞争策略

在酒店的竞争中经常会运用价格策略，对于扩大酒店的销售、增加酒店的收入起到了促进作用。但是，随着社会的发展，顾客不仅关注产品的价格，更关注产品的内在价值。因此，在运用价格策略的同时，也要重视非价格竞争策略的运用。

非价格竞争策略是指酒店运用价格以外的营销手段，使产品与竞争产品相区别，并使之具有差别优势，以推动产品销售的竞争方式。

1.开发差异性产品

酒店市场上，顾客的需求是多样化的，差异性策略就是做到“人无我有，人有我优”，满足顾客在其他酒店得不到满足的需求，从而获得顾客的认可，提高自己的市场竞争力。

2.服务个性化

每个顾客的个性都是不同的，如果能针对不同个性的顾客，提供最适合他们的服务，顾客必然对酒店产生忠诚感。

3.打造酒店品牌

品牌对酒店来说是一笔宝贵的资源，尤其对于服务产品，因为顾客在消费之前是不能客观看到产品质量好坏的，只有参考他人的意见，即酒店在社会公众中的口碑。顾客在选择酒店产品时，良好品牌的吸引力比任何宣传、任何降价措施都强。

打造酒店品牌首先必须依靠酒店推出优质产品或服务，依靠品牌的科学运营管理，科学合理地开展品牌营销，解决和处理品牌发展过程中新出现的问题和矛盾，实现酒店品牌的发展壮大与长盛不衰。

4.加强促销宣传

促销能向顾客传递商品信息，对于酒店这样不可移动的产品，积极有效的对外宣传措施对促进产品销售是有很大帮助的。同时可与旅行社、航空公司、会议会展组织等机构保持良好的关系，拓宽酒店产品销售渠道。

四、酒店产品价格调整

酒店在定价之后，并不意味着大功告成，随着市场营销环境的变化，必须对现行价格予以适当的调整。酒店进行价格调整有以下两种形式：一是酒店根据内外情况的变化主动地进行价格调整，二是酒店针对竞争者价格变化而进行的价格调整。无论哪种形式的价格调整，势必会引起消费者一定程度的购买反应，而这一因素又反过来会制约酒店的价格调整。

（一）主动调整价格

主动调整价格是指酒店感受到价格改变的必要性之后率先进行价格的变动。主动调整价格既可以是主动降价，也可以是主动提价。

1.主动降价

虽然降价会影响同行之间的关系，引起价格竞争，但在下述情况下，酒店经常会主动降价：①酒店处于不利情况，如市场供大于求、无法改进产品、促销也难以扩大销路等，只有降价；②酒店处于有利情况，如技术更先进、成本更低，可以降价以提高市场占有率。

2.提高价格

酒店主动提高产品价格有以下两方面的原因：一是通货膨胀、物价上涨、成本增加；二是产品供不应求，不能满足所有顾客的需要。

为了避免提价引起顾客和旅行社等中间商的不满，酒店在提价时，应通过各种传播媒介传递信息，向买方说明情况，争取买方的理解，并帮助解决因提价而产生的问题。

（二）对竞争者价格变更的反应

当酒店发现竞争者的价格发生变化时，贸然跟进或无动于衷都是不对的，正确的做法是迅速地对与竞争者调价有关的问题做出判断：目的是什么？长期的还是短期的？对本酒店的市场占有率、销售量、利润、声誉等方面有何影响？其他酒店有何反应？本酒店有几种应对方案？竞争者对本酒店的反应又如何？

一般来说，在同质产品市场上，如果竞争者降价，酒店必须随之降价，否则大部分顾客将转向价格较低的竞争者；但是，面对竞争者的提价，酒店既可以跟进，也可以暂且观望。如果大多数酒店都维持原价，最终迫使竞争者把价格降低，就会使竞争者涨价失败。

在异质产品市场上，由于每个酒店的产品在质量、品牌、服务、包装、消费者偏好等方面有着明显的不同，所以面对竞争者的调价策略，酒店有着较大的选择余地，既可以选择价格竞争策略跟进，也可以采用非价格竞争手段跟进，还可以综合运用这两种手段应对。

（三）顾客对价格调整的反应

对于酒店价格调整，顾客的反应主要受消费心理因素的影响。

首先，在一定范围内的价格变动是可以被顾客接受的，提价幅度超过可接受价格的上限，则会引起顾客不满，产生抵触情绪，而不愿购买酒店产品；降价幅度低于下限，会导致顾客产生种种疑虑，对实际购买行为产生抑制作用。

其次，在产品知名度因广告而提高、收入增加、通货膨胀等条件下，顾客可接受价格上限会提高；在顾客对产品质量有明确认识、收入减少、价格连续下跌等条件下，下限会降低。

最后，顾客对某种产品降价的理解有很多，比如，酒店财务困难、今后可能停业、档次降低，价格要进一步下降，等再降价时再买。正是因为顾客的不同理解，有时不适当的降价反而会使销量减少。

而对于某种产品的提价则可能这样理解：很多人购买这种产品，我也应赶快购买，以免价格继续上涨；提价意味着产品质量的改进；各种商品价格都在上涨，提价很正常。

第三节 酒店销售渠道策略

一、酒店销售渠道概述

如果我们出差去某地，要提前预订该地某知名酒店，可以采取以下方式：登录携程旅行网等相关网站，登录酒店官网或者微信公众号，委托旅行社代办，直接给酒店打电话或者委托当地的朋友代办。如果觉得上述方式麻烦，不想提前预订，也可以在到达当地后，直奔酒店在总台办理入住手续。消费者购买酒店产品和服务的路径多种多样。本章要讨论的就是酒店产品和服务到达消费者手中这一过程中的有关问题。

（一）酒店销售渠道的概念

酒店销售渠道，也称为酒店分销渠道，是指将酒店产品和服务有偿提供给最终消费者（组织或个人）的各个环节，换言之，就是酒店产品和服务从酒店向消费者转移的过程。它是营销组合中的重要组成部分，也是连接酒店产品和服务产品与顾客的桥梁，其作用在于能使酒店产品和服务更有效、更方便、更快捷地让顾客购买到。

只要能为酒店推销产品和服务，并使顾客更方便享受酒店的产品和服务的组织与个人，无论酒店内外，均是酒店销售渠道的中间环节或称渠道成员。

（二）酒店销售渠道的模式

根据分类的依据不同，可以对酒店的销售模式进行以下几种不同的分类。

1.直接销售渠道和间接销售渠道

根据到达最终消费者所经历的环节，酒店销售渠道可分为以下两种主要模式：直接销售渠道与间接销售渠道。

（1）直接销售渠道。直接销售渠道又称零层次渠道，指酒店不经过任何一个中间环节，将服务和产品直接销售给最终消费者，亦即顾客直接向酒店购买服务和产品的方式。酒店直接销售渠道又可分为三种具体的模式：①酒店直接向前来且有消费需求的顾客销售酒店服务和产品，是酒店的传统营销方式；②有消费需求的顾客通过电话、传真、互联网等各种途径向酒店预订产品的模式；③酒店在其经营范围或区域内自行设立销售点（如机场、港口等），直接向顾客销售，酒店集团成员之间相互代理预订、共享客源等也属于这一模式。

直接销售渠道的优点：酒店对产品价格的控制力强，能根据市场的变化迅速进行价格调整；在与顾客面对面的交易中，能够及时倾听顾客的心声，了解顾客的需求，遇到问题能迅速解决，出现错误能及时改正，提升了顾客的满意度，也为改进和提高产品与服务的质量积累了素材；参与直接渠道的成员均是酒店员工，酒店对渠道成员的控制力强，便于成员间上下一心，协调一致，更好地完成销售任务。

直接销售渠道的缺点：与市场的接触面小，限制了酒店的发展；如果想扩大市场，须投入大量的人力和物力，增加了酒店的运营成本；而且，酒店工作侧重于组织生产和提供服务，相比专业的销售机构的销售能力略显不足。

（2）间接销售渠道。随着酒店业的发展，为了更有效地吸引市场细分化的顾客，很多酒店意识到可以借助中间商经销、代理或帮助销售酒店产品和服务。这种借助中间商的参与，将产品和服务销售给最终消费者的途径便称为间接销售渠道。根据中间商介入的个数不同，实践中，常见的间接销售渠道又可分为一层（单层）渠道、二层渠道和三层渠道。

间接销售渠道的出现，扩大了酒店产品的覆盖面，也有助于把酒店产品和服务迅速推向市场。中间商的参与，还分散了生产商的风险。中间商大量地存货，节省了生产商的仓储、保管等费用，中间商对产品的宣传推广，减少了生产商的广告投入。但是，中间商也是要追求利益的，他们或者通过佣金的形式，或者通过低价进高价出赚取差价的形式，提高了渠道费用，摊薄了酒店的收益；而且，间接销售渠道越长，渠道层级越多，管理的难度也就越大，经常导致对中间商疏于管理，使得服务水平参差不齐，影响产品和酒店的形象。

2.长渠道和短渠道

销售渠道长度由酒店的产品和服务从酒店到消费者手中整个流通过程中经过的中间层次的多少决定，经过的中间层次越多销售渠道就越长，反之，销售渠道就比较短。长渠道是经过两个以上中间环节到达消费者手中的渠道，短渠道是指产品直接到达消费者手中或只经过一个中间环节的渠道。销售渠道越短越好控制，越长越难控制。

3.宽渠道和窄渠道

销售渠道的宽度由酒店在某一市场上并列地使用多少个中间商，即在销售渠道内某一层级上使用同类的中间商数量决定。在窄渠道中，酒店通过极少数批发商或零售商进行销售；而在宽渠道中，则通过众多的批发商或零售商进行销售。

4.单渠道和多渠道

渠道的多少是按酒店所采用的渠道类型的多少来区分的。单渠道指酒店只选择一种模式的销售渠道将产品送达目标市场，多渠道侧指酒店通过两种或两种以上模式的销售渠道将产品送达目标市场。

随着互联网技术发展而出现的在线酒店预订是一种新型的酒店产品和服务销售形式。所谓在线酒店预订是指顾客借助互联网或移动互联网，通过手机、平板、PC等设备，在酒店集团官网平台、OTA（在线旅行社）平台、专业酒店预订平台及其官方微信、客户端上进行酒店信息的查询、预订、下单、评价，并在提交成功后，通过网上支付或前台支付进行酒店预订的消费行为。主要有OTA平台模式、团购平台模式、酒店官网或App（应用程序）直接预订模式。

（三）酒店间接销售渠道的作用

如前所述，间接销售渠道就是借助中间商的力量，完成产品和服务从酒店到最终消费者的转移。那么，什么是中间商？建立有中间商参与的间接渠道有什么作用？

1.旅游中间商的概念

旅游中间商是指在酒店与消费者两者之间，通过参与酒店产品和服务交易获取利润的组织和个人，是酒店商品交易或服务发展的必然产物。

旅游中间商的职能如下。

（1）销售。旅游中间商必须首先与现实的和潜在的顾客接洽，以取得他们的预订委托要求。

（2）促销。旅游中间商有责任为其代理的酒店产品与服务进行促销。酒店应积极向中间商提供相关资料，如宣传手册等；中间商在推销旅游产品时，须将酒店产品和服务纳入其中。

（3）融资。一些旅行社为吸引旅游者，采取先旅游后付费或先付部分费用后结算的方式，预订酒店的费用则由旅行社垫付。

（4）购买。中间商获得顾客的预定要求后，向酒店订房。有时在旅游旺季，酒店接待能力紧张，或有的酒店一直保持很高的入住率，旅游中间商为了确保在“紧俏”时也能满足顾客订房的要求，保证自己的信誉，会向酒店事先批量预订房间，然后再组织客源。但这样对旅游中间商来说会有一定风险，如果一部分客房卖不出去，这笔损失将由旅游中间商自己承担。

（5）承担风险。旅游中间商对代理销售过程中可能出现的损失有共同协商承担风险的责任。例如，旅行团取消，旅行社应向酒店做出部分补偿；又如因航班延误使旅游者滞留在酒店所增加的费用，应由旅行社出面与航空公司协商补偿。

（6）组合产品。旅游中间商分别向酒店、航空公司、出租汽车公司、旅游景点等批量购买单项旅游产品，组合在一起以包价的形式出售给旅游者。

（7）提供信息服务。旅游中间商作为酒店与最终旅游者之间的纽带，应负责向顾客提供各项服务的信息，同时向酒店通报旅游者的需求及旅游者对酒店的反映等信息，以加强两者的沟通与理解，并促进酒店提高服务质量，更好地满足旅游者的需求。

2.间接销售渠道的作用

早期的酒店采用的是直接销售渠道，面对面地将产品和服务销售给顾客，交易过程没有第三者参与，酒店所获利润较高，且能对交易过程进行最直接而有效的监管。就酒店而言，这是一个令人满意的销售模式。今天，大量的小型酒店的销售仍然以这种模式为主，即使大型酒店或者酒店集团，也还保留了这种模式。

但是，随着市场的不断发展和成熟，酒店产品和服务的购买者的数量日益增加，且分布极广，完全依赖直接渠道，虽消耗大量人力、物力、财力，却未必能达到很好的效果，因为分摊到每个单位销售收入的成本太高。而通过借助中间商力量，构建间接渠道，则可简化销售手续，节约销售费用，扩大销售范围，提高销售效率。中间商主要起到以下几方面作用。

（1）提高酒店产品流通效率，节省销售费用。在酒店和顾客的交易中，中间商的介入，减少了交易的次数，使得产品流通的效率大为提高。销售者和购买者的数量越多，旅游中间商介入所减少的交易次数及节约的社会总劳动就越多，这是中间商最大的贡献。

（2）弥补酒店营销财力、人力的不足。由于酒店客源市场无论在地域上还是在人口结构上都分布极广，仅靠酒店自身力量进行营销活动，即使那些实力雄厚、销售网点分布广的酒店也会得不偿失，毕竟它要付出很高的机会成本（即这部分资金如果投向他处也许会获得更大的收益）。利用中间商的销售网络，可以扩大酒店的市场覆盖面，提高其销售效率。

（3）具有强于酒店的营销能力。因为社会分工的不同，相比酒店，旅游中间商更擅长将酒店产品和服务销售给最终消费者。

首先，旅游中间商由从事市场营销的专业人员组成，他们更了解市场，更熟悉消费者，对各种营销技巧掌握得更熟练，更富有营销实践经验，并掌握更多的营销信息和交易关系。因此，由他们来承担营销职能，工作将更有成效，营销费用相对较低，尤其是酒店打算进入某个陌生的地区市场时，旅游中间商的帮助更为重要。

其次，旅游中间商一方面与旅游者联系广泛，另一方面对各酒店的产品、服务特色也很熟悉，因此能向顾客推荐更适合其需要的产品，从而提高顾客满意度，对旅游组合产品的每一组成部分都有好处。

最后，旅游中间商与最终消费者之间的空间距离近，更便于消费者购买。

二、酒店销售渠道的中间商

（一）旅行社

旅游市场上，作为专业化的旅游产品与服务的组合者，旅行社始终扮演着重要角色。随着旅游市场的不断扩大，旅行社业务呈递增趋势，旅游者选择旅行社为其设计安排旅游也呈增长趋势。旅行社是酒店产品和服务销售过程中的重要中间商，酒店的发展与旅行社的发展是彼此依赖的，然而双方的利益又存在着一定的冲突：一方面，在旅游淡季时，酒店希望旅行社能为其带来更多的客源，而在旅游旺季时，旅行社担心的是酒店房间的供应量不足；另一方面，旅行社希望双方交易的价格尽可能低，而酒店的想法却相反。由此可见，酒店与旅行社这种既相互依赖又相互冲突的关系使得两者之间的协作显得非常重要，良好的合作不仅可以解决上述现实中存在的问题，而且可实现整体收益最大化基础上的各自收益最大化。

1.旅行社订房特点

（1）订房数量大。旅行社每年游客的接待量之多，是其他机构和组织无法相比的。就酒店而言，特别是旅游城市或旅游风景区的酒店，旅行社的预订是重要的生意来源。

（2）订房价格低。旅行社购买客房是用来组合旅游产品。为了获得更大的利润空间，为了使产品更具竞争力，旅行社会极力向酒店争取更低的价格。

（3）订房时间集中。旅行社的订房时间多集中在旅游旺季，淡季订房较少。

（4）订房取消率高。旅游业对市场环境变化的敏感性极高，政治、经济、社会和自然环境的变化均能迅速影响旅游市场的需求趋势，导致旅行社的活动计划和安排更改，团队取消订房的现象时常发生。

（5）订房连续性强。因为社会分工的存在，旅行社和酒店的合作关系是长期的、连续的，旅行社和酒店双方应本着面向未来的精神，求同存异，真诚合作。

2.旅行社的类型

（1）旅游代理商。旅游代理商又称为旅游零售商，是从事旅游产品零售业务的旅游中间商，其特征是从旅游产品生产企业或旅游批发商处批量代理销售旅游产品，再以零售价格出售给旅游者。旅游代理商处于旅游产品生产者与旅游者之间、旅游批发商与旅游者之间，起着重要的交换媒介作用。主要业务范围是向旅游者提供广泛和准确的旅游咨询服务；安排旅游者旅游活动中的食宿、交通、观光及晚会、剧场入场券等旅游产品和行李接送；定制单独旅游、个人陪同旅游、团体旅游等旅游产品；安排各种专项旅游；处理旅游活动中所涉及的一切琐碎事宜并提供有关咨询服务。

（2）旅游批发商。旅游批发商通常指经营包价旅游批发业务的旅行社。旅游批发商在分销渠道中，一边连接旅游产品生产者，另一边连接旅游经销商和旅游代理商，不直接面向公众销售。旅游批发商根据市场需要，大量购买旅游生产者的产品如景点观光门票、旅游交通运输工具的座位票、酒店客房、餐饮产品等，并享受批量折扣，然后把它们组合成多种时间和旅游目的地的包价旅游产品，并以一定批量、批发价销售给旅游经销商和旅游代理商，其收入来自旅游产品购进价和销出价之间的差额和代理佣金。旅游经销商由于取得了旅游产品的所有权，因此产品再转卖的所有利益、风险都由其独自享受和承担。

（3）旅游经销商。旅游经销商兼有旅游批发商和旅游代理商的身份，一方面将单项旅游产品组合成旅游线路销售给旅游代理商，另一方面通过自己的销售点面向公众直接销售。

3.酒店与旅行社之间的合作

（1）提供优质的产品和服务。向旅行社提供优质的产品和服务，做好接待工作，是酒店与旅行社之间合作的必要条件。酒店不能因为旅游团队房价享受优惠折扣，提供的产品和服务就偷工减料。无论淡季旺季，从接受预订到顾客离店的售后服务环节，酒店均应一丝不苟，提升顾客的满意度。

（2）加强沟通。酒店应让旅行社充分了解自己的产品与服务，可以通过组织旅行社人员参观、使用，提供足够的宣传资料，如小册子、广告招贴画、视频、幻灯片等，或者以发电子邮件、组织人员访问等形式及时向旅行社通报酒店新产品与服务、新项目、新计划等最新动态，以协助其销售，并争取在旅行社旅游路线促销宣传中取得理想位置。当酒店出现特殊情况时，应及时与旅行社沟通情况，预报酒店的出租高峰期，避免旅行社在不知情的情况下安排团体过来而造成退团现象，挫伤旅行社对酒店的信任。如因经营需要必须提价，应尽早通知旅行社，并取得谅解，否则由于两者沟通不足，临时提价（尤其是旺季）会使旅行社陷入尴尬，引发大批退房，双方都会在经济利益、公众形象上遭受极大损失。

（3）积极激励。酒店可采用多种激励措施提高旅行社代理销售的积极性。如提高佣金比率，对淡季销售发给奖励佣金并及时支付；用优惠的折扣鼓励公司和机构从旅行社进行预订；免费为旅行社人员提供膳宿服务；开展销售竞赛，对销售业绩好的旅行社给予奖励。

（4）加强预订受理工作。酒店应根据旅行社订房的特点，设计专门的预订受理程序，方便旅行社订房。酒店应主动提供房价、订金政策以及其他服务项目（如行李托运费）的付费说明，并以书面形式，一般是客房销售合同，向旅行社明确房价（是否含早餐）、订金、预订截止时间、付款方式等内容。

（5）加强售后工作。旅行团离店并不等于销售工作的结束，酒店应与旅行社保持密切联系，征询其建议与意见，以便改进提高。

（6）重视账款清算。酒店应按照双方之间的合同约定，及时向旅行社收回账款，避免发生呆账坏账，影响酒店的正常运转。

（二）酒店团购平台

团购就是团体购物，是一种新兴的电子商务模式，指认识或不认识的消费者联合起来，加大与商家的谈判能力，以求得最优价格的一种购物方式。根据薄利多销的原理，商家可以给出低于零售价格的团购折扣和单独购买得不到的优质服务。以团购作为核心模式的网站也渗入了酒店销售领域，合作的基本是一些经济型酒店。

团购网站最大的优势在于O2O，O2O是Online to Offline的简称，即消费者线上购买，线下享受服务，线下商务的机会与互联网结合在一起，让互联网成为线下交易的前台。该模式的推广效果可查，每笔交易可跟踪，能充分挖掘线下资源，消费行为更加易于统计，服务方便，优势集中。

团购网站借助手机的实时定位特点，能帮消费者很快找到附近的酒店，大大刺激当地的酒店消费，这也是酒店团购模式对消费者最大的吸引力。团购网站有着强大的流量入口，酒店与其合作，能够借助团购平台进行免费的品牌宣传，一方面能够在淡季提高入住率，另一方面可以将团购用户变成自己的忠实用户。

在实践中，团购网站最大的弊端是重销售而轻服务，团购酒店经常出现团券无法使用、使用有限制，以及酒店与评价不符或点评虚假等状况。消费者有过这样的消费体验，团购到的酒店房间有好有差，即便是相同的标间也会有好坏之分，这是因为酒店在做团购活动时，常常把一些环境、设施不是非常好的房间让团购用户入住。这对于团购用户来说，在服务体验上自然也就不会很好，对酒店、对团购网站本身也会有影响。

（三）订房中心全球分销系统（GDS）

订房中心全球分销系统（Global Distribution System，GDS）是20世纪90年代以来获得迅速发展的新型旅游营销网络平台。GDS是由国际性航空公司分别联合组建，连接酒店、度假村、汽车租赁公司、铁路公司、旅游公司等其他旅游相关行业，提供航班订位及订房等预订和市场营销综合服务的销售系统。

（四）酒店联合体

酒店联合体作为一种新兴模式的旅游中间商逐渐为人们所接受。为了提高自身竞争力，应对市场的竞争，一些具有相似标准的酒店自愿结合起来，成立各种各样的联合组织，这些组织统称为酒店联合体。酒店联合体内的成员酒店，交纳一定费用，用于共同的促销、预订和其他服务，使用一个共同标识，建成一套联合的预订与销售网络，希望创造出一个集体的形象，以赢得更多的顾客。

酒店联合体的功能与酒店连锁类似，如使用共同的预订系统，搞联合的、大规模的促销活动，实行联合采购等；不同之处是联合体的成员酒店在财务、经营管理上是完全独立的，联合体或其他成员无权干涉。

当前世界上的酒店联合体也是名目繁多、五花八门，不仅组织形式各异，连功能也不尽相同，其规模、条件更是相差很远。有的联合体要求其成员具有相似水准，提供相似的设施与服务，面对一个特定的市场；有的联合体，其新成员加入需要严格的申请、调查、投票等手续；有的联合体的加入手续比较简单，要求也不严格，吸纳范围非常广泛；有的联合体只吸收独立的酒店加入，不发展已属于某一酒店连锁的成员，有的联合体则无此限制，但大部分联合体允许其成员使用其他预订系统的服务；有的联合体侧重于联合促销，有的强调联合预订，有的会更注重集体购买；有的联合体开办学校以培训各成员酒店的员工。

酒店联合体在中国的发展，源于OTA兴起带来的挑战。有不少的酒店集团面对OTA给酒店造成的巨大冲击，采取合作、共赢的原则，组建各种类型的联合体。

（五）相关的组织和机构

全国性或地方性的旅游协会、酒店协会等机构的任务就是进行旅游宣传和促销，对酒店产品亦可起到推销的作用，有时成为酒店销售渠道的成员。如中国酒店协会对酒店的评级工作，通过对酒店考察、审核、评定星级，促进酒店经营水平的提高和服务的规范化。

通过这些信息的发布，对优质酒店进行了最权威的宣传，同时向酒店介绍了客源。各地商会、社团组织也是重要的客源。一方面，这些组织和机构的定期活动会使用酒店设施，如客房、宴会、会议及娱乐设施；另一方面，他们对前来咨询的人给予信息帮助，如果酒店能与其建立良好的合作关系，通过这个平台也可向外界推广产品和服务。

三、酒店销售渠道的设计决策

酒店销售渠道如果设计不好，或者在市场发生变化原有的渠道不适应时，均会影响酒店营销目标的实现。因此，在组织和开展酒店营销时，有必要认真研究销售渠道的设计和管理。

（一）酒店销售渠道设计的概念

酒店销售渠道设计是指为了实现酒店的营销目标而对各种备选的渠道结构进行深入的评估和选择，从而开发新型的销售渠道或改进现有销售渠道的过程。

对现有销售渠道的改进或再设计，也称为销售渠道再造。只有当现有的销售渠道不符合酒店发展战略规划或无法满足酒店营销目标要求时，才能考虑对销售渠道进行调整。一般来说，不能草率地对酒店的销售渠道系统进行调整。

（二）酒店销售渠道方案设计的步骤

1.分析市场需求

在进行酒店销售渠道设计之前，必须对酒店的目标消费者的需求进行研究分析，掌握其消费心理和行为习惯。如顾客需要什么样的产品和服务，预订的数量和规格，是否就近预订，是否需要信息、技术支持，能否接受远程服务等。

2.确定渠道目标

在掌握酒店目标市场的需要后，可对每一销售渠道的目标，即每一销售渠道在酒店销售目标中可期望做出的贡献进行描述。一般从以下三个方面进行描述。

（1）销售目标。通过销售量或者销售收入来描述销售渠道目标，如通过酒店官网预订完成酒店15%的客房销售量。

（2）利润目标。通过利润指标描述销售渠道目标，如通过旅行社销售实现25%的利润。

（3）预订成功率。预订成功率反映了一个时间段争取到的客人数量的多少，预订成功率越高，说明争取到的客人就越多。一般酒店会要求旅行社在一个季度内的预订成功率达到70%。

3.分析销售渠道影响因素

影响销售渠道设计的因素，主要有以下四个方面。

（1）市场因素。旅游市场的容量，购买频率的高低，各细分市场的地理分布、人口分布以及不同市场对不同营销方式的反应如何，等等，这些特点无不影响着酒店营销渠道模式的选择。如果目标市场的规模非常大，为方便顾客预订，使用较多的中间商即宽渠道可以达到更大市场覆盖面。如果订单常常来自小批量预订，则需较长的营销渠道；而大批量的团体预订和会议预订则往往通过一个中间商，或由主办单位直接与酒店接洽订房，渠道很短。如果某酒店的主要客人集中于某些特定地区，就应考虑直接在该地设立酒店的办事处，直接销售。而相反，如果酒店的顾客分散在世界各地，则需较多的旅游中间商代理销售。此外，消费者对不同营销方式的态度也是应考虑的因素，例如，80后、90后喜欢网上消费，面对这个市场，酒店务必建立线上预订渠道。

（2）产品因素。产品因素包括产品的质量和性质，质高价优的产品由于被少数富有的购买者重复购买，因此宜采用直接销售渠道或窄短的销售渠道。相反，大众化的产品由于购买对象众多，分布较广，宜采用宽长的销售渠道。对于新产品，由于尚欠知名度，采用间接渠道销售往往需花费较多“口舌”，不如采用直接销售渠道。

产品因素还涉及产品与服务的特点，例如商务酒店宜采用直接销售或较短的渠道，直接与目标市场的公司企业接触；而休闲度假酒店其目标市场分散，更多会利用旅行社代理。同一家酒店的不同产品与服务的销售渠道也不尽相同：客房是酒店预订的主产品，多采用中间环节；而其餐饮、娱乐健身等设施，则重点面向住店客人及当地居民和企业进行直接促销与销售。

（3）酒店因素。

①一家酒店的规模决定了它的最大接待能力，而它所接待的顾客规模及层面分布又影响了它的渠道选择。例如，某酒店可使用客房为500间，假设它全年全部出租，即出租率为100%（不考虑双开率和因离抵时间差所造成的高于100%的出租率情况），则其年最大接待能力为365000人（按一年365天，每间客房住2人计）；而一家只有50间客房的酒店，年最大接待能力为36500人，则它的渠道自然会比前者窄。

②酒店的财力也决定了对营销渠道的选择与控制。力量单薄的小酒店更多地依赖旅行社为其带来客源，减少营销活动的开支；而实力雄厚的大酒店虽然利用旅行社，但也非常重视自身的渠道，如在目标市场区域设立办事处直接销售，建立线上预订系统。同时大酒店在与旅行社的合作中，也比小酒店更有控制权。有的酒店，尤其是国际性酒店，还设立旅游部，将旅行社组团、接团的业务纳入自己的体系。

③酒店营销渠道的选择自然不能有悖于酒店的总体经营意图。如有的酒店希望维持其豪华、高档的形象，则会尽量减少接待旅行团与普通会议的客人，采用更为直接的方式对

目标市场进行促销活动。或者有的酒店对于中间商的信誉、形象非常重视，对目标市场也很有选择性，则应考虑加强酒店的自身销售能力及利用较短的营销渠道。

④酒店营销人员的素质也会影响渠道选择。如酒店自身营销力量有限，人员不具备涉外销售的条件（如相应的专业知识、流利的外语水平、丰富的谈判与营销经验，等等），最好还是委托旅行社或其他旅游中间商代理销售。

（4）中间商因素。影响销售渠道选择的中间商因素包括中间商的存在性、素质和服务质量及使用的成本。如果在有限市场范围内，因为种种原因使渠道中间商不易寻找，或者即便能找到但素质也很一般，在这种情况下，渠道中间商的服务意识和服务质量都不可能很好，酒店就适宜采用直销方式。另外，若酒店采用中间商的成本较高，也可能使酒店从间接销售渠道转为直接销售渠道。

在销售实践中，上述因素不仅影响销售渠道的长度，同时还影响销售渠道的宽度和广度，只是各个不同的影响因素对销售渠道宽度和销售渠道广度的影响程度大小不同而已，自然，影响的形式也表现各异。

4.明确销售渠道方案

销售渠道方案的明确主要涉及以下三个基本因素：中间商的类型、中间商的数量、中间商的权利和义务。

（1）中间商的类型。这主要涉及是否采用中间商、选择哪几类中间商等问题。

（2）中间商的数量。确定中间商的数量有以下三种模式可供选择：广泛性销售渠道、选择性销售渠道和独家销售渠道。广泛性销售渠道是选择尽可能多的中间商进行销售，方便消费者购买；选择性销售渠道是选择较好的中间商进行销售，以提高中间商的销售效率；独家销售渠道是在有限的市场范围内选定一家中间商来销售产品。当酒店迫切希望加强产品形象或非常需要渠道中间商支持的时候，一般都采用独家销售渠道；当新产品刚刚上市，通常采取独家销售渠道，便于酒店对销售渠道的管理和控制，也利于调动中间商的积极性。

（3）中间商的权利和义务。酒店应确定中间商的权利和义务，确定合作条件。主要包括：交易商品的价格和优惠条件，酒店提供的优惠应既能满足自身对利润的要求，又能调动中间商的销售积极性；交易款项的支付方式；酒店对交易商品的价格波动不损害中间商利益的承诺；酒店授予的中间商在负责区域的权力；双方提供的服务和承担的责任。

5.评估销售渠道方案

销售渠道方案确定后，酒店需要对多个销售渠道方案进行评估，选出适合酒店的最优销售渠道方案。销售渠道方案评估的标准有三个：经济性标准、可控性标准和适应性标准。

（1）经济性标准。经济性标准是最重要的评估标准，因为酒店和其他企业一样都是以追求利润为主要目的。在评估销售渠道方案时应从成本和收益两个方面入手，研究每条销售渠道的销售水平和达到这种水平所需花费的成本，分析各种方案的投资收益率及其可能得到的利润额。

（2）可控性标准。产品的流通过程是酒店营销过程的延续，从酒店出发建立的销售渠道，如果酒店不能对其运行有一定的主导性和控制性，就会影响酒店产品的顺畅有效运行。一般来说，采用中间商可控性小些，直接渠道销售可控性大些；销售渠道长，控制难度大，渠道短则可控性较强。酒店必须进行全面比较、权衡，选择最优方案。

（3）适应性标准。酒店是否具有适应环境变化的能力，与其建立的销售渠道是否具有弹性密切相关。但是，每个渠道方案都会因酒店某些固定期间的承诺而失去弹性。

适应性的大小与合同的长短有关，如果酒店同所选择的中间商的合约时间长，而在此期间，其他销售方法更为有效，但因合同的约束，酒店不能随便解除合同，这样酒店选择的销售渠道便缺乏灵活性。因此，必须考虑选择策略的灵活性，不签订时间过长的合约，除非在经济或控制方面具有十分优越的条件。

四、酒店销售渠道管理决策

酒店营销管理人员在设计好销售渠道之后，必须对销售渠道进行管理，包括对销售渠道上成员的选择、激励和评估、调整；另外，无论销售渠道方案如何完善，渠道成员之间难免有一些冲突，酒店营销管理人员还要协调和解决渠道冲突。

（一）选择渠道成员

销售渠道成员直接影响到酒店产品和服务是否能够及时、准确地转移到消费者手中，影响到酒店销售的成本和酒店的服务质量，影响到酒店制定的营销目标是否能顺利实现，影响到产品及酒店在消费者心目中的形象。因此，选择优秀的渠道成员，才能成功地利用中间渠道开展相应的销售活动。渠道成员可能是个人、组织或者企业单位，对酒店而言统称为客户。由于酒店中间商数量众多，规模、实力、经营特点都有所不同，所以，酒店务必仔细了解未来中间商的相关信息（如行业背景、信用情况、资金、业务技术、经营水准等），进行综合评价。

1.中间商的销售能力

中间商的营销经验和能力与市场反馈收集对酒店产品的销售影响很大，建议选择最接近酒店目标顾客的中间商。一个优秀的中间商能利用有效的营销手段鼓励消费者购买，且拥有成熟的销售网络，不仅便于消费者购买，还能及时向酒店反馈最新的市场信息，如客人偏好、消费趋势等，为酒店制定正确的营销策略提供更有效的依据。

2.中间商自身形象和服务的市场应与酒店保持一致

渠道成员的形象代表着酒店的企业形象，双方的形象必须是匹配的。对于拥有卓越品牌的酒店来说，尤其要重视对渠道成员形象的考虑。通常情况下，知名酒店总是与资金实力雄厚、商誉好的渠道成员结为合作伙伴或战略合作伙伴。

渠道成员服务的市场与酒店保持一致，指渠道成员的经营地点与目标市场的接近程度，与目标市场旅游者购买习惯的适应程度。

3.中间商的经营实力和诚信度

中间商的经营规模、财务调度能力、诚信状况都是酒店必须考虑的内容。通过经营规模可以预测它能为酒店带来的预订量和销售额；财务状况反映了它的抗风险能力，财务状况不好，一旦出现问题就会影响酒店的正常经营。

中间商的诚信也十分重要。过去，国内有的酒店由于不了解国外旅游代理商的信誉情况，使得大量账款付之东流。尽管酒店对中间商的选择非常严格，但有时决定权并不一定掌握在酒店手中，旅游中间商同最终消费者一样拥有选择权，尤其是那些规模大、实力强、信誉好的旅游中间商。

（二）渠道管理和激励

酒店通过对渠道成员的管理和激励，促进双方的了解，形成共识，调动渠道成员的积极性，提高销售的效率，最终建立一种和谐共赢的合作关系。

1.建立客户档案

酒店应为中间商建立详细的客户档案，对中间商输送的顾客人数、档次、结款和欠款情况等进行完整记录，作为评价、管理中间商的依据。此外，还可以记录中间商的爱好、有关人员的生日日期等信息实施情感营销。

2.及时沟通，加强培训

酒店应及时为中间商提供有关酒店产品和服务的信息，主动向中间商了解市场动态和工作情况，对于中间商提出的问题及时解答，对于中间商提出的意见和建议要虚心接受并表示感谢。

酒店要加强对中间商的培训，培训既可以采取个别交流、小组讨论和讲座形式，也可以采取参观或现场观摩的方式进行，提高中间商在市场上的销售能力、信誉度和管理能力。

3.实施评估

酒店采取定期或不定期方式对中间商进行评估，重点是评估中间商的绩效，以便了解和调整渠道成员。评估渠道成员是激励的一种方法。为了更好地开展评估工作，在合作初始酒店与中间商签订的合作协议中，就应该明确、详细地规定绩效标准与奖惩条件，如明确中间商的责任、中间商对酒店促销与培训方案的合作程度、中间商对消费者须提供的服务等。

在双方合作协议的基础上，酒店根据客户记录和档案，对中间商的积极性、经营能力、信誉度等进行评价，依据评价结果，给予不同的优惠政策。评估中间商的绩效，主要有以下两种办法可供使用。

第一种评估方法是将中间商的销售绩效与上期的绩效进行比较，并以整个群体的升降百分数作为评价标准。对低于该群体平均水平的中间商，必须加强评估与激励措施。

第二种评估方法是将各中间商的绩效与根据该地区的销售潜量分析所设立的配额相比较。即在销售期过后，根据中间商实际销售额与其潜在销售额的比率，将各中间商按先后名次进行排列。这样一来，酒店的调查与激励措施可以集中于未达既定比率的中间商。

4.激励渠道成员

激励是指酒店为促进渠道成员努力完成酒店制定的销售目标而采取的各种奖励或促进措施的总称。

大多数情况下，间接销售渠道系统的各个渠道成员与酒店分别属于完全独立的不同经济实体，这种关系决定了酒店与渠道成员之间的关系不是严格意义上的上令下行的关系，而是一种合作关系。维系这种渠道成员之间、渠道成员与酒店之间关系的纽带则是双方对利益的一致追求，这是开展渠道激励的根本原因。

酒店依据评估结果的等级，考虑给予中间商不同的奖励，如折扣、佣金或奖金等，除了物质激励外，还可以进行精神激励。

5.采取折扣策略，开展销售竞赛

通过促销等形式，开展销售竞赛，对销售业绩突出的中间商予以重奖，以调动中间商的积极性。例如，旅游淡季时，客源减少，酒店采取提高中间商佣金比例的方式，加大中间商输送客源的力度；为了加快应收账款的回收，酒店采取根据结清款项期限的长短，给予中间商不同的折扣；酒店可以在一定时期列出中间商的销售额，并依销售额大小排出名次，促使落后的中间商为了自己的荣誉而奋力上进，也可促使先进的中间商努力保持已有的荣誉，百尺竿头，更进一步。

（三）渠道冲突

渠道冲突是指某渠道成员从事的活动阻碍或不利于酒店实现自身的目标，进而发生的种种矛盾和纠纷。不同的渠道成员处于不同的位置，分析问题选择不同的角度，有不同的利益诉求，因此，渠道冲突是不可避免的。

1.渠道冲突的类型

（1）水平渠道冲突。水平渠道冲突是指同一渠道模式中，同一层次中间商之间的冲突。例如，某一地区经营同一企业产品的中间商，认为另一家中间商在定价、促销和售后服务等方面过于进取和强势，抢了自己的生意，两者之间产生的冲突。

（2）垂直渠道冲突。垂直渠道冲突是指同一渠道中不同层次渠道成员之间的冲突，这种冲突较之水平渠道冲突要更常见。例如，旅行社可能会抱怨酒店在价格方面控制太紧，留给自己的利润空间太小而与酒店产生冲突。

（3）不同渠道间的冲突。不同渠道间的冲突又称交叉冲突，指企业建立多个营销渠道后，不同类型渠道成员之间的冲突。例如，某酒店既直接向顾客销售客房，也通过旅行社销售客房，同时又在携程、艺龙等网站上销售客房。酒店为了更直接地吸引客人，于是规定直接向酒店打电话订房的价格最低，这就会在不同渠道之间引发冲突。

2.渠道冲突的解决办法

（1）建立合理的利益分配机制。渠道成员之间的利益不一致是渠道冲突产生的最根本原因，为了解决冲突，就要在渠道成员之间建立合理的利益分配机制。用机制促成渠道成员的利益共同化，是解决冲突的根本出路。

（2）明确渠道成员的分工。渠道成员在促销方面产生的冲突、为争夺同一目标市场产生的冲突、争夺大客户产生的冲突等，究其原因是渠道成员之间的市场区域划分不明确，各自的分工、责任和权力划分不明确。所以明确各个渠道企业在广告、促销、服务等方面的责任和范围，可以有效解决上述冲突。

（3）加强信息沟通。不同渠道成员掌握信息的差异，对市场状况的理解的差异也是产生冲突的原因。为此，渠道成员上下之间、同一层面之间应加强信息沟通，增进了解，将矛盾解决在萌芽状态。

（4）深度合作，打造命运共同体。不同渠道成员之间可以通过互相参股、人员互换等形式进行深度合作，打造命运共同体。这有益于彼此交流和解决冲突。

（四）调整渠道决策

酒店在渠道设计和运营后，应加强对渠道的动态管理，定期加以修改和调整以适应市场条件的变化。当消费者购买模式改变、市场扩大、新竞争者加入、新的销售形式出现，修改和调整渠道是必然的选择。就渠道结构内部来看，新陈代谢也是不可避免的，对渠道成员奖优罚劣，淘汰某些不能适应酒店要求、不能适应市场变化的成员以保持渠道的活力。

第九章

现代酒店促销策略

第一节 酒店促销组合

酒店企业要取得良好的沟通效果，必须在明确促销目标的基础上，针对不同的目标市场，综合运用各种促销手段，发挥促销组合的整合功效，实现酒店营销目标。

一、促销与沟通

营销是组织实现自身与消费者之间价值交换的一系列活动。买卖双方之间的有效沟通则是促进销售和实现价值交换的重要环节。

促销是企业与市场沟通的过程，即在卖方和买方或渠道中其他成员之间进行信息传递与沟通，影响他们的态度及行为，以达成共识，实现价值交换的过程。对产品或服务品牌的促销是最常见的促销方式，主要包括人员推销和非人员推销。其中，非人员推销包括广告、公共关系、营业推广、有形展示以及直复营销等。

由此可见，促销的本质就是沟通。沟通是指人与人之间、人与群体之间思想与情感的传递和反馈的过程，以求双方达成共识。沟通的内容和方式是影响营销效果的关键因素。信息沟通原理是企业与市场有效沟通，实现预期目标的重要基础。

信息沟通过程是指信息从发送者到达接收者的过程，严格的营销沟通模式包括发送者、接收者、编码、译码、信息、媒介、反应、反馈和噪声等要素：①发送者是指输出信息的企业或个人；②接收者是指信息的传播对象，包括顾客和公众等；③编码是信息的发送者将所要传递的产品信息通过标志性的符号（如色彩、文字、声音、行动等），以生动、易理解、吸引人的方式设计和表现出来的过程；④译码也称解码，是信息接收者对发送过来的产品信息符号的理解过程；⑤信息是发送者想要传递并希望能被接收者理解的产品或服务的内容及思想；⑥媒介是传递信息的渠道；⑦反应是接收者接触到信息后的态度和行为；⑧反馈是信息接收者将反应返回发送者的信息部分；⑨噪声是指各种影响信息有效传递的干扰因素，如信息不对称、语言沟通不恰当、非语言沟通的偏解、竞争性的广告冲突等，这些都可能引起信息的失真和偏离。

企业实现有效沟通的主要途径包括三种：①信息的发送者必须明确传播对象是谁，将获得什么反应；②必须考虑如何对信息编码，接收者是如何进行译码的，接收者能否按照发送者的意图完成预期的反应行为；③采取何种方式获得有关接收者的反馈信息，及时调整存在偏离目标的情况。

在各种类型的促销手段中，人员推销的面对面的沟通方式使信息源就是推销员，可以得到及时反馈的信息并给予调整。而大众推销，如广告和公共宣传等，则必须依靠营销调研或销售数据来获得反馈，这些都要花费很多时间和精力。

二、酒店促销及其特点

促销作为酒店沟通市场的重要手段之一，在提供酒店产品和服务信息、加强酒店与顾客联系、刺激和影响消费行为以及扩大销售等方面发挥着重要作用。酒店产品服务性的特点，要求企业应结合行业特点明确酒店促销的整合性和互动性，才能进行有效沟通。

酒店促销是通过人员或非人员的方式，与潜在顾客进行有效沟通，传递产品和服务信息，激发顾客购买欲望，影响和促成顾客购买行为的活动总称。

（一）酒店促销的发展趋势

传统的促销活动主要包括广告、销售促进、公共关系和人员推销等基本手段。随着市场环境的变化，特别是酒店企业与市场的链接模式的改变，现代促销方式体现出新的发展趋势，主要表现在：促销原则从单向传达向双向沟通的转变，更强调信息互动、分众、可控和效果的可测性，如分众传媒、社会媒体等；促销形式从单体行动到整合沟通转变，更强调资源的整合效应，如旅游目的地形象宣传、赞助营销、节庆活动以及影视宣传等方面的创新；促销媒介多样化的趋势，如参加国际旅交会、举办专场推介会、举行产品说明会和网络促销等。

酒店作为服务性企业，服务过程和互动过程既是体现顾客价值的重要环节，也是酒店促销活动能否实现有效沟通的关键。酒店促销的是一段服务经历，服务和互动过程与顾客感知相关，即与顾客对这些沟通的理解相关。因此，酒店针对服务中所发生的一切与品牌相关联的顾客接触所进行的宣传和沟通行为都将影响顾客的评价和行为。

（二）酒店促销的特点

1.服务品质是促销的前提

酒店顾客购买的是住店经历和体验，而不是实质性的商品所有权，因此，特色的、标准化和人性化的服务成为酒店宣传和承诺的基础。

2.口碑是最好的宣传

由于服务质量差异性较大，酒店的信誉和市场形象就更为重要。顾客为降低购买风险，倾向于选择可信度更高的亲戚或朋友的意见，以此作为购买决策的主要依据。因此，酒店必须在保证服务质量的基础上，通过良好的口碑宣传来树立信誉和良好形象。

3.把握“真实瞬间”

在员工与顾客面对面交往和互动服务过程中，最有可能通过信息沟通对顾客的购买行为产生影响，在与顾客接触的友好和谐气氛中达到促销的目的。这也是酒店企业一种成本低、效率高且有效的促销方法。

4.无形服务的“有形化”

酒店在促销中必须重视有形证据的提供，尽可能使无形服务具体化。例如：服务宣传册、酒店指南、房价表、菜单等内部促销资料的运用；展现酒店的外观、布局、环境氛围、设备设施；酒店品牌、CIS设计；等等。

5.联合促销的整合作用

酒店是综合性的服务企业，酒店企业的促销效果不仅取决于本身的宣传，更受一个国家、地区及当地旅游资源的形象宣传的影响。因此，酒店促销强调企业与目的地促销活动的协调统一，充分发挥联合促销的作用，提升酒店的地区影响力。

三、酒店促销组合与整合营销沟通

在企业营销活动中，各种促销手段得到综合运用，形成促销组合，以适应不同的市场环境。这些促销方式包括广告、互联网、直接营销、营业推广、专题活动、公共关系、人员推销和有形展示等。每种促销手段有其自身的特点以及应用的条件：通过发布广告传播有关产品的信息，通过各种营业推广活动传递短期刺激购买的有关信息，通过公共关系手段树立或改善自身在公众心目中的形象，通过派遣销售人员面对面地说服潜在购买者。

整合营销沟通概念在20世纪80年代由著名学者舒尔茨博士等学者提出，是对传统促销组合概念的进一步创新和完善。整合营销沟通是一种研究开发和管理全面信息沟通的方法，该观点认为沟通不只是利用电视、印刷品和邮寄广告等可见的媒介来规划和实施，还在一切与顾客接触和互动活动中传递信息，甚至比传统媒介沟通更有效。整合营销沟通策略（Integrated Marketing Communication，IMC）是通过各种营销信息沟通方式的选择、运用与有机组合的方法，在卖方与买方之间传播商品和服务信息，并以此影响其购买态度和行为的过程。

今天的顾客可以通过更多的渠道获得酒店产品和服务的信息，包括：传统促销工具的宣传信息，产品设计与品牌信息，服务人员、系统和技术的功能以及传递服务场景的信息，参与服务互动的其他顾客或传递口碑的社会化媒介信息，等等。这些信息来源增加了酒店企业或品牌的信息类型和数量，也提高了信息的复杂程度。如果顾客通过不同渠道接收的信息相互冲突，同时企业又缺乏清晰一致的形象，就会造成顾客价值感知的误差。

酒店整合营销沟通就是从整体沟通效果出发，以统一的方式运用促销工具，将服务过程中一切与顾客接触的沟通因素进行整合的战略。酒店是高固定成本的服务产业，相对于有形产品的生产行业来说，有效的信息沟通和促销在一定意义上成为酒店企业经营制胜的关键。

目前，全球数据以惊人的速度呈爆炸式增长，它对营销传播的影响非常明显。在大数据背景下，营销传播面临着更多的机遇和挑战，酒店企业只有把握未来营销传播的变化趋势，精准获取信息、传播信息，才能做好品牌营销。

第二节　酒店促销组合策略

酒店促销组合策略是对促销对象、促销目标、促销投入、促销方式、促销效果进行科学的选择、匹配、控制和评价的决策过程。

一、酒店促销组合决策程序

（一）分析促销环境

分析促销环境主要是对企业内部和外部环境的概括和分析，是企业制定促销策略的主要依据。酒店促销组合策略的确定也应对其环境进行分析，包括对市场需求、竞争对手促销策略、经济环境、法律环境等宏观因素的分析，以及对消费者需求特征、购买特征等外部环境的分析，也包括对企业人力和财力的因素分析，使内外环境和条件协调平衡，从而实现经营目标。

（二）确定促销目标

正确的促销组合决策取决于组织要实现什么样的目标，即酒店必须明确对特定目标市场进行促销要达到的目的。首先要确定促销的目标对象，是潜在顾客还是现实顾客，是顾客购买过程的决策者还是影响者，是个人还是群体，是一般公众还是特殊公众，等等。酒店企业只有清楚地认识到目标受众是谁，有针对性地进行信息编辑和传递，才能进行有效的沟通。

酒店促销目标就是把目标受众从目前对企业或产品较低的心理认知程度，推向更高层次的或直接达成购买行为的心理阶段。总体来看，促销沟通目标可分为两类：销售导向目标和传播导向目标。销售导向目标包括更大的市场占有率、销售额、利润和回购率等，这类目标有明确的时间限制，对顾客态度和行为的影响存在时滞效应；传播导向目标包括激发和培养潜在顾客的好奇和偏好、提高酒店认知度和美誉度、改变顾客对品牌的态度和信念等内容。

酒店在明确促销对象的基础上必须对目标市场进行市场调查，全面了解市场的潜在、现实群体及其影响者状况，掌握目标受众的需求、态度和偏好及其心理认知状态，确定促销目标，采取相应手段，促使和引导顾客完成购买行为。

（三）制定促销预算

由于企业促销的过程和效果都要受到很多因素的影响，酒店应根据自身经营特点、产品特点、经济实力以及市场需求状况精心策划、组织、安排各种促销方案，使之达到事半功倍的效果。

在诸多预算方法中，目标任务预算法是一种相对比较科学的方法，它是以将要实现的任务为基础进行预算，而不是简单地依靠历史数据推算。该方法首先要求决策者制定出详细、具体和可操作的促销目标，如“在两周内，使目标顾客了解本产品的比例从2%增长到3%”。其次确定达成这些目标的途径和方法，如“两周内电视广告出现的时长和频率”。最后估计达成促销目标所需费用并得出总的促销预算额。这种预算方法可以从投入总额上加以控制，减少各环节预算的冲突，但是准确测量各项目标的费用有一定难度。此外，量力而行法、销售百分比法以及竞争均势法也是制定促销预算的常用方法。

（四）促销组合设计

促销组合设计的有效性直接影响营销活动的整体效应。酒店应遵循促销组合设计的基本原则：一是与营销组合中产品、价格、渠道等其他营销手段保持协调统一；二是企业的促销组合应随市场变化而及时进行调整，体现组合的动态适应性；三是充分发挥各种促销手段的优势，降低促销成本，获得最佳经济效益。

有两种基本的促销组合策略，即推动策略和拉引策略可供企业选择。在通常情况下，企业也可以把上述两种策略配合起来使用，在向中间商大力促销的同时，通过大量的广告刺激市场的需要。

推动策略是指酒店借助销售渠道，通过中间商将产品和服务信息传达给消费者的促销策略，以人员推销、公共关系和营业推广等方式为主。例如，度假酒店产品的季节性较强，其促销活动主要采取“推”式策略，通过旅行社进行产品促销，以此扩大市场销售。在酒店服务性企业中，该方式被应用于内部营销中，即通过内部员工向顾客传达促销信息以促成交易和形成客户关系。

拉引策略则是酒店通过以广告和销售促进为主的促销方式，直接将产品和服务信息传达到最终市场，诱导消费者的购买欲望，促使消费者购买欲望拉动渠道中间商的需求，以此扩大销量。酒店直接针对末端顾客进行促销宣传，可以通过树立良好的企业形象扩大产品知名度和市场覆盖面，增强消费者购买欲望和坚定购买信心。

（五）选择促销媒介

正确选择传播信息的媒体将直接影响促销活动的沟通效果。信息时代，大众传媒日益多样化，不同媒体针对的受众和覆盖范围有所不同，酒店必须选择目标顾客关注的媒体作为沟通渠道才能取得较好的效果。现代酒店越来越重视人际传播渠道以及在现代通信技术支持下的一对一个性化沟通。电子沟通系统的发展已经突破了酒店与消费者沟通的时间和地点限制，而且可以帮助酒店细分、选择和吸引特定的沟通对象。

促销媒体一般可分为人员沟通和非人员沟通方式，而企业实践往往将两者结合在一起使用，以此获得最佳效果。

人员沟通渠道是指两人或多人之间进行直接面对面的信息交流方式。它包括以下两种途径：一是企业可直接控制的传播媒体，如人员推销；二是不受企业控制的媒体，以目标市场的相关群体的口碑效应为代表的“口头传播”。这些媒体具有双向沟通的互动功能，买卖双方可以及时了解对方的反应，做出调整和应对，特别是有利于旅游服务性产品促销的有效沟通。

非人员沟通渠道则是运用某种媒介物，如媒体、事件、气氛等非人员因素向受众传播特定信息的沟通方式，如企业发布的各种形式的广告、销售促进、公共关系等，可以快速传播信息，扩大受众市场覆盖面，但信息反馈效果差。随着科技的进步，信息传播媒体得到迅速发展。网络的出现不仅继承了传统印刷媒体（如报纸、杂志）和电子媒体（广播、电视）的优点，又弥补了它们单向告知特点所带来的不足，成为旅游促销的重要载体。以数字技术、网络技术、移动通信技术为基础的网络新媒体（互联网、数字电视、移动电视和手机、社区媒体等），向用户提供集成信息和娱乐服务。

（六）评价促销效果

衡量和评价促销效果的目的在于取得反馈信息，据此决定下一步的信息沟通方案，并管理和协调促销沟通过程。促销效果是指受众对信息传播之后产生直接或间接的反应。它可以分为两类：一是传播效果，即对目标受众心理的影响，如是否认识和识别了所发信息的内容、品牌，是否由此产生购买意向，是否形成对企业或产品有利的态度；二是销售效果，即沟通活动促进商品销售在销售量、利润、市场份额等方面的变化情况。酒店根据评估结果，应及时完善和调整促销组合，保证营销组合的整体效应。

二、影响促销组合决策的主要因素

在制定促销组合策略时需要考虑许多因素，包括企业目标、产品和服务、目标市场及其他影响因素。

（一）企业目标

来自企业方面的影响因素包括酒店企业的促销目标及促销组合方式。一方面，酒店不同时期、不同市场条件下有不同的具体的促销目标，促销组合也会有所差异。例如，如果某酒店在某一特定市场的目标是迅速增加销售量，扩大市场份额，则促销组合应注重广告和销售促进，强调短期效益；如果目标是树立企业形象，提高知名度和信誉度，则促销组合应注重公关宣传、节事活动及赞助营销等方式，获得长期效益。另一方面，企业采取推动还是拉引的策略，直接影响促销组合的各个手段的选择和运用侧重。因此，在很多新产品上市时，中间商往往过高估计市场风险而不愿意经销，企业可以采用拉引策略，以此带动中间商的购买趋向。反之，在中间商与企业双方有较高合作意愿的情况下，则采取推动策略，即以人员推销为主要方式的促销方式，可以降低市场风险，缩短销售周期。

（二）产品和服务

酒店提供各种产品和服务以满足不同类型的目标市场需求，其促销策略各有不同。例如，酒店针对商务散客、度假或会议团体旅游市场所做的促销方式是不同的，前者在广告和营业推广方面投入较多，而在人员推销方面投入较少；而后者则相反，在人员推销、公共关系及酒店形象宣传方面投入较多，其中，人员推销更多地用于价格和风险较高的产品。

促销策略因产品所处生命周期的不同阶段而有所变化。在导入期，促销的重点是提高旅游产品的知名度，应采用以广告为主的组合方式促销；在成长期，旅游广告仍是重要的促销形式，同时还要配合人员推销和公共宣传；在成熟期，采取营业推广、说服性广告以及其他营销手段的综合运用，促进现实购买；在衰退期，多采用提醒式促销信息，尽量延长周期。

（三）目标市场

酒店促销的目标受众对企业促销信息的反应差异主要受其人口特征、社会背景、知识层次、心理特征以及生活方式等因素的影响。一方面，目标受众地域范围广，应多采用酒店广告进行促销；在小规模的本地市场销售，则应以人员推销为主。另一方面，在消费者购买心理准备的不同阶段，促销工具的效果是不同的。广告与公共关系在认知和熟悉阶段一起扮演着重要角色；在消费者的喜爱、偏好和信赖阶段，以广告相辅助的人员推销效果显著；消费者决定购买主要归功于推销人员的沟通和营业推广。

（四）其他影响因素

酒店还应考虑经济前景、政策法律以及新技术应用等方面的变化，及时调整促销组合。例如，在通货膨胀时期，顾客对价格十分敏感，酒店可加大销售促进力度，委派销售人员及时提供信息咨询服务，帮助顾客明智地挑选物有所值的产品；在网络技术快速发展的今天，酒店应该充分利用网络媒介的资源和优势进行促销组合设计，实现酒店与市场的有效沟通，如微电影营销。

此外，面对激烈的市场竞争，酒店企业在利用促销组合策略吸引顾客，获得更多利润的同时，必须关注营销道德的问题。一些企业为了追求利润最大化，甚至不惜牺牲社会公众的利益，使用价格欺诈、虚假广告、强行推销等不道德的促销手段，甚至触犯法律，严重影响了企业的信誉和形象。政府、社会公众、行业组织等外部因素构成了酒店营销道德的他律力量，酒店促销活动应树立社会营销观念，遵循相关法律原则，自觉自主地符合道德规范要求，加强企业内部文化建设和道德建设，认真履行企业的社会责任。

第三节 酒店广告

广告是酒店促销组合中主要的信息传递系统之一。尽管因酒店产品的特殊性对广告的应用效果有一定的局限性，但是广告优势功能是其他促销手段无法替代的。因此，酒店只有了解酒店广告宣传的特点与方法，利用现代化的科技手段，有针对性地进行广告决策，才能与目标市场进行有效沟通。

一、酒店广告概述

（一）酒店广告及其特点

1.广告

市场营销学将广告定义为：组织或个人以付费的形式，借助各种媒体工具有意识地影响目标人群的观念和行为，从而达到营销目的的非人员促销方式。广告在企业促销活动中的应用最为广泛，主要用于影响和塑造目标受众的观念和行为，树立产品或企业形象，获取经济效益。广告不仅包括以盈利为主的商业性广告，还包括由各类社会组织、慈善机构、专业团体和政府部门等制作的非营利性的公益广告。

从定义中看出，广告有以下特点。

（1）大众化。广告是一种高度公开的大众化的信息沟通方式，其信息覆盖面相当大，可以使企业及其产品信息在短时间内迅速扩散，同时，这种公开性能够减轻顾客对于品牌诚信所产生的疑虑。

（2）告知性。广告向顾客提供的是告知性信息，其主要目的是提高市场知晓率，具有单向通知和多次重复的特性。

（3）艺术性。广告可以利用声音、色彩、影像等艺术和技术手段，具有很强的表现力和吸引力。

（4）非人员促销。由于广告是通过传媒间接向大众进行宣传，不能及时获得相应的反馈，因此，广告属于非人员促销方式，且有一定的滞后性。

（5）有偿性。广告主需要向媒体支付相应的费用，以此实现信息的传递和预期的目标。

2.酒店广告

从广告的特点来看，它更适合于具有标准化特点的制造业有形商品的促销，可以利用短时段、高重复频率等特点突出产品特点，强化受众记忆，是促销组合中最重要的因素。而在服务特点突出的酒店产品促销活动中却存在很多局限性。如何在形象地表现酒店产品的同时突出隐含的无形服务的价值、展现特色文化的内涵、发挥广告在酒店促销中的作用等问题，是酒店企业关注的焦点。

酒店广告是酒店通过各种传播媒介，以付费的方式向目标市场的公众传递有关酒店的信息，以此影响顾客行为、树立酒店形象、促进销售的一种促销形式。广告不仅仅是传媒中付费的版面和时间，也包括酒店标志、手册、宣传册和传单、卡片，一系列印有酒店名称的商品和赠品，以及标有酒店名称和标志的物品，如毛巾、亚麻制品、陶瓷和玻璃器皿，甚至服务人员的工装等。任何能将酒店名称或有关酒店的信息传递给大众的方式都可被称为酒店广告。

在实践中，酒店营销者必须把广告和其他各种促销方式结合起来才能达到宣传促销的理想效果。互联网、数据库技术、公共关系以及人员推销等手段都会增加广告的有效性。这些手段的重点是分享和管理顾客信息，以便有效地定位沟通。

由于酒店服务的特点使顾客购买行为影响因素更为复杂，如评价和选择酒店的标准多样，需求价格弹性较大，主观情感因素更强，受相关群体口碑影响更强，等等。因此，酒店可以利用广告的告知性强、覆盖面广的特点，提高顾客的认知和知晓度，从而在酒店促销组合活动中发挥重要的作用。

酒店广告除了一般广告的基本特点之外，还有其特殊性，主要表现如下。

（1）沟通的互动性。互动的本质是双向沟通。酒店的产品是关于顾客体验的，体验的无形性给了广告塑造顾客体验的机会。广告可以通过改变顾客对酒店服务接触的感知、体验或回忆来对顾客产生潜移默化的影响。酒店服务使顾客难以明确和判断产品的预期利益，而广告可以提升期望或引起被体验所证实的假设。酒店广告应克服一般广告单向告知的局限性，加强信息诉求点的情感与理性统一的设计原则，提供高互动性的网络交流平台，运用服务氛围因素进行体验场景设计，向顾客传递关于特色、优势和效益的各种信息，加深产品认知和记忆，从而做出正确判断，满足顾客体验需求。

（2）信息的立体化。酒店产品的综合性特点，其内容既包括硬件条件及环境，也包括接待设施为载体的无形服务，同时还涉及旅游地相关机构、企业和服务人员等影响因素。因此，酒店必须多渠道、多途径地向旅游者提供完整、立体化的产品信息，既包括旅游地的文化、环境、景区、餐饮住宿、购物服务等直接产品信息，也包括帮助旅游者提高消费预期的旅游常识、文化特色、审美鉴赏以及辅助性服务的间接信息，引导旅游者的消费愿望和行为，从而更有效地推广酒店产品和形象。

（3）内容的个性化。随着新媒体技术的应用，“定制”营销活动得以快速发展，基于市场细分基础上的酒店广告信息的个性化和针对性将更加鲜明，广告的制作与发布也将更加向“个性定制”的方向发展。在竞争日益激烈的市场环境下，服务的差异正逐步缩小，企业品牌则成为顾客区分差别的显著标志。因此，酒店在做广告宣传时不能只说“利益、形象”，更要说“个性”，即标志和图案来表现品牌的特定个性，是指独具一格、经久不衰。酒店广告应该有鲜明的主题，体现产品的情感刺激和与众不同的特色诉求，增强促销活动的吸引力。

（4）主体多元化。酒店促销主体包括目的地政府机构、酒店企业以及服务人员等，呈现多元化特征。因此，酒店广告除了单项产品和服务广告、酒店活动宣传、季节营业推广等之外，还包括与目的地联合促销的广告、酒店形象宣传广告等。

在互联网迅速发展的今天，酒店应该结合酒店广告的特点，采用各种传播媒体，不断创新广告的沟通模式，有效发挥广告在酒店促销中的重要作用。

（二）酒店广告的主要类型

从不同角度，酒店广告可以划分为不同的类型，具体如下。

1.按照内容，酒店广告可以分为产品型广告和组织型广告

产品型广告，也称销售型广告，是指酒店针对最终用户或渠道成员推销产品或服务，

以求促进销售的广告类型。而组织型广告，也称概念型广告，是指酒店或目的地组织为提高酒店的形象、声誉或推广其理念，而不是推销特定产品的广告类型。在旅游业中，此类广告的使用更加广泛，其目标是提高商誉或改进组织同各种群体的关系，这些群体不仅指顾客，也包括现有和潜在的渠道成员、供应商、股东、雇员以及一般公众。

2.按照促销目标，酒店广告可分为告知性广告、劝说性广告和提醒性广告

告知性广告是指向目标受众传达新产品信息，建立初始需求，以此传播品牌观念的广告类型。这类广告一般被使用在产品生命周期的早期阶段，引导潜在顾客的消费愿望和预期观念的形成，促使其向现实市场的转化。劝说性广告，也称竞争性广告，是为特定产品品牌建立选择性的需求，以抵御竞争者的同类产品的市场争夺。比较性广告属于该种类型，是针对竞争对手，将产品的特性加以比较，突出本企业产品优点的一种方式。比较性广告是备受国外众多针锋相对的竞争对手青睐的广告策略之一，但是在中国，企业必须符合《中华人民共和国广告法》的相关规定，在不贬低其他生产经营者的商品或者服务的前提下合理使用。提醒性广告是将产品名称持续地展现给公众，提醒目标受众的重复购买意向。当产品已经赢得了品牌偏好或品牌持久性时，这种广告可能在市场成熟期和衰退期有着更明显的作用。例如，假日酒店的品牌知名度已经很高，主要依赖提醒性广告，利用诸如航空类报纸、旅游专业杂志等媒体持续宣传酒店，提出“我们一直在努力为您做好每一件事”的口号，在目标受众中形成了很高的品牌认同。

3.按照性质，酒店广告可分为教育性广告和宣传性广告

教育性广告是向一个特定的细分市场宣传酒店的优势或它的某项产品，或提供特定服务项目的观念引导和消费指引，具有一定的公益效应，如鼓励顾客减少对客房六小件（一次性洗漱用品）的使用、保护环境的酒店宣传和广告等，以中期效应为目标。宣传性广告是以塑造和提升酒店形象和格调为出发点，对其经营理念和企业文化进行宣传的广告方式。

随着网络技术的快速发展，旅游企业的广告模式也在不断完善和创新，许多企业采取垂直型协作广告、合作型广告以及联合促销等方式，对旅游地、企业和产品进行整合传播，以此赢得更广泛的市场。

二、酒店广告决策过程

如何有效发挥酒店广告的作用，取决于酒店对广告科学决策及有效管理的过程。酒店广告的决策过程就是在企业营销战略目标的基础上，确定广告目标，进行广告预算，并制定信息和媒体的设计及选择，最后对广告效果进行评价和调整的动态管理过程。

（一）确定酒店广告目标

广告目标是指在一个特定时期对特定观众所要完成的特定的传播任务。广告目标必须与企业整体战略目标、目标市场、营销组合策略以及竞争形势相统一，市场定位和组合策略决定了广告在整个营销计划中的地位和作用。

结合酒店广告的特点，酒店必须在明确目标受众的基础上确定广告的促销目标。酒店广告目标应该包括以下两个层次：一是传播目标，即前述的教育性和宣传性广告，是面向公众和潜在市场的概念型广告的传播效果，注重吸引和引导受众持续关注某酒店产品，传达有关产品的品牌观念和树立市场形象，以此衡量广告在创意、制作等方面的市场认知度；二是销售目标，即直接面向目标消费者和中间商以增加销售为目的，衡量广告的经济效果，包括目标市场覆盖率、广告到达率、销售额、利润、重复购买率以及市场成长性等指标。在企业实践中，以上两种目标应该综合运用，既要关注短期的销售目标，也要重视广告的传播目标，实现市场的稳定和长期发展。

（二）酒店广告预算决策

广告的高额成本是酒店使用广告促销方式所面临的一个难题。如何有效控制广告成本、进行科学的预算管理，将直接影响酒店促销效果的好坏。广告预算决策主要是要权衡广告费用的投入量与由此而带来的广告效益。对于需要进行普通的形象宣传或者逐渐创立品牌的促销目标来说，则选择投入长期广告，即概念型广告；而对于针对酒店季节或竞争对手而增加销售的促销目标来说，则选择短期广告，即销售型广告。销售型广告是实现企业促销目标、获得收益的重要手段。无论哪种类型，酒店都要结合自身的具体情况，综合运用长期广告和短期广告，从广告载体、手段及信息等方面确定广告投入。

（三）酒店广告信息决策

广告信息设计是影响酒店促销活动成败的关键环节。广告信息决策，即信息的编码过程，是企业按照目标受众的需要、社会背景和文化程度等因素，构思、设计并发送他们能够理解和接受的产品和服务的广告信息。在信息爆炸的时代，企业要想争取和保持消费者的注意力，广告信息的设计必须具有独创性、艺术性和吸引力，才能迅速得到目标受众的注意和接受。

一个成功的广告信息应该是诉求和形式两个方面的有机结合，体现广告的创意性。

1.信息的诉求策略

广告的诉求，也称主题、创意、独特的销售主张等，是说服受众对广告主的观念或思想做出积极反应的一种手段。酒店在确定广告诉求时，必须结合情感号召与理性介绍，一方面考虑顾客的需求是什么，通过互动、情感性信息的编辑来设计广告内容；另一方面向顾客提供理性的立体化的信息，消除购买的疑虑和担忧，应对突发问题，找到产品和服务与顾客之间的感情契合点。当诉求与顾客的心智产生共鸣时，顾客才能有积极的反应。信息诉求包括理性诉求和情感诉求两种。

理性诉求是从顾客需求出发，强调产品或服务的特性，以及拥有或使用该产品所能带给消费者的利益。理性诉求立足于顾客的切身利益，在旅游者出行决策的过程中起着不可替代的作用，尤其是购买阶段。

情感诉求是通过直接作用于目标受众的情绪、情感等，形成或改变旅游者的品牌态度。这类广告不会直接宣传产品或服务带来的好处，而是渲染一种气氛，表现某种情感，从而引起受众共鸣。

2.信息的形式策略

信息内容是诉求策略要解决“说什么”，而信息形式则侧重“怎么说”，也就是信息的结构和表现形式。广告的最终目的是通过某种方式来赢得目标市场的注意和兴趣。因此，酒店或广告代理商必须结合所利用的信息媒体特点，寻找一种有效的信息表达方式，完成促销目标。广告设计就是创作广告画面来表现广告主题思想、勾画广告意境、展现广告文案的过程。酒店广告信息侧重利用生活片段、生活方式、虚拟幻境、环境与氛围、专家名人效应以及多感官刺激等表达方式。此外，酒店广告文案作为广告设计中举足轻重的组成部分，其结构主要包括标题、广告语、正文和附文四个部分。其中，广告语作为对酒店产品和服务价值的简洁凝练、生动形象的信息设计，在促销中发挥着重要的作用。

（四）酒店广告媒体决策

无论是多么富有创意的广告信息，都必须有效地传递给目标受众，才可能实现广告目标。广告信息的传递者——广告媒体，是广告宣传目的和结果之间的重要桥梁，也称“广告载体”。酒店广告媒体决策是指通过具体分析评价各类媒体的特点及局限性，找出适合广告目标和目标受众要求的媒体，是提高广告传播效果的物质技术保证。

1.酒店广告媒体选择的影响因素

有效的广告媒体选择是由受众的习惯和文化程度、商品的性能和使用范围、媒体的性质和传播效果、广告的制作和成本费用以及目标市场现状和趋势等因素所决定的。

（1）目标受众的媒体视听习惯。受众的生活习惯、职业、年龄、文化程度、收入水平、宗教信仰等都存在一定的差异，习惯不同，文化程度不同，其接触媒体的习惯也不一样。因此，企业选择媒体时必须要分析目标受众的习惯和文化程度等各种情况。例如，高端商务旅游者、普通退休观光客对媒体的偏好程度就有所不同。

（2）酒店产品的特殊性。企业必须结合酒店产品的特点、功能要求，适当选择广告媒体。旅游团队项目广告媒体适合采用专业杂志，而散客则适合大众报纸、电视等媒体；酒店广告宣传适合选择户外广告、机场广告以及专业杂志广告等，而景观则适合选择杂志彩页广告和电视广告。

（3）广告媒体的性质和传播效果。酒店产品具有时效强、受众分散以及体验性等特点，酒店广告则比较适合采用报纸、杂志、电视、户外广告、直邮广告以及网络广告等方式进行信息传播。

（4）广告媒体的成本水平。媒体成本构成广告成本的大部分，是广告媒体选择的重要因素。广告媒体成本费用是按照受众的数量而设定的。酒店应结合广告的预算情况，选择适合目标受众、成本较低、覆盖率高的广告媒体，以求最佳广告效益。因此，酒店选择媒体可采取分散式和集中式投放。集中式投放是指企业广告预算较少，则将全部媒体费用集中投放到一种或较少几种媒体的组合上，这样可以使广告信息集中对特定受众产生显著影响。而分散式则适合预算充盈的企业，采用多种媒体组合来接触目标受众，可以实现分众传播的效果，有利于企业差异化经营，提高信息的覆盖率和到达率。在考虑媒体成本时，不但要考虑受众的数量因素，还要考虑媒体受众的总体消费水平及购买力情况，以取得较好的广告经济效益。

2.酒店广告媒体的类型及发展趋势

酒店广告媒体有三类，分别是印刷类、电子类和网络类，主要包括印刷传播媒体、电子传播媒体、邮政媒体、户外传播媒体、销售现场传播媒体、实物传播媒体等。每种广告媒体在提高酒店知名度、推销酒店产品和服务、开拓新的市场等方面都能起到一定作用，但各有其优点和局限性。酒店必须了解各媒体在触及面、频率和影响等方面所具备的能力，才能选择广告媒体的类型，评估并选择具体媒体，进行科学的决策。

随着市场环境的改变，酒店广告媒体的选择也呈现多样化、整合化和网络化的趋势。

（1）电视媒体模式的创新。作为大众媒体的电视在传统消费品的宣传活动中是最有效的传播方式。但是，由于旅游服务的特殊性和旅游者对媒体的偏好，电视不能满足目标受众对立体化信息的要求，也不能保证在高成本、短时间的时段将旅游产品和服务进行详细介绍，因此，电视媒体在酒店广告宣传中并不占主导地位。面对电视媒体的旅游市场份额逐年减少的状况，酒店企业应如何整合电视媒体资源、提升沟通效果成为关注的焦点。

植入式广告是电视媒体创新模式之一，是指将酒店产品或品牌及其代表性的视觉符号甚至服务内容策略性地融入电影、电视剧或电视节目中，通过场景的再现，让观众留下对产品及品牌的印象，达到营销的目的。植入式广告注重建立电视台与酒店广告主之间的深度合作关系，强调广告与节目的融合，节目的个性及在观众中的影响力可以直接投射到企业品牌身上，而且广告的收视率完全等同于节目的收视率，并更容易实现与消费者的深度沟通，可以降低甚至消除观众对广告的抵触心理。

（2）社会媒体的关注度明显。社会媒体是一种给予用户极大参与空间的新型在线媒体，如博客、微博、微信、论坛、社交类网站、内容社区、电子公告牌系统（Bulletin Board System，BBS）等依托Web2.0的网络沟通平台和工具而构建的在线平台。当前，社会媒体用户群增长迅速，特别是名人代言或评论的市场效应十分明显，酒店只有在深入了解社会媒体对于广告效果的影响的基础上，才能更好地运用这个新兴的平台与消费者互动。例如，如何有效运用社会媒体渠道提高用户忠诚度，获得更多商业线索，高效推动电子商务拓展，等等。

（3）媒体的整合效应提升。旅游业是相互依附性很强的产业，酒店的生存和发展离不开各行各业的帮助和支持，因此加强与外部的合作，开展联合促销就显得尤为重要。目前，旅游广告媒体的整合包括媒体间整合和产业链间的一体化整合。前者表现为强势媒体强强联合，弱势媒体也纷纷加入联盟或合作组织以求获得竞争优势和规模效益，通过规模效应提升媒体价值。后者则通过向上下游整合，实现产业升级。另外，跨界超媒体的发展，即有线电视网、互联网、电信网的“三网”融合，将带来一场新的媒体革命，为实现跨媒体平台线上线下的整合营销沟通奠定了重要基础。

第四节 酒店营业推广

营业推广是传统促销组合要素之一，其主要功能表现为销售导向性的短期促销活动，对促进买卖双方达成交易，实现购买行为方面有明显作用。酒店应该结合酒店产品的特点，正确使用营业推广手段，有效实现预期销售目标。

一、酒店营业推广概述

（一）酒店营业推广及其特点

营业推广，也称销售促进，是指各种短期的、用于鼓励购买或销售产品和服务的促销手段。它与其他促销手段不同，广告、公关、人员推销等手段具有常规性、连续性和周期性特点，而营业推广则是临时的、短暂的、非周期性的及奖励性的促销方法，并且强调其对象不局限于消费者，还延伸至分销网络和销售队伍。

旅游产品的易损性特点意味着企业营销者必须跟踪市场，进行需求管理，以应对市场的波动。营业推广的方法特别适合于这种短期的需求调节，因而是大多数旅游产品营销的重要手段。酒店营业推广的特点主要表现在以下几个方面。

1.销售导向

如果说广告、公关从战略角度创造了企业及产品的形象感知，那么营业推广则从战术上，以销售为导向的优惠价格为主，将顾客感知与态度转化为实际的购买，实现短期内销售量最大。因此，在酒店促销组合中，营业推广与其他促销手段必须协调运用才能发挥组合各种手段的互补优势。

2.针对性强

酒店营业推广根据特定目标顾客的心理和营销环境，采取针对性很强的促销方法，向消费者提供特殊的购买机会，因而具有强烈的吸引力和诱惑力，立即促成购买行为，收到立竿见影的功效。

3.可测量性

由于营业推广是针对特定时期、特定目标市场所采取的各种短期性促销方式，预期目标和预算投入明确，因此，营业推广的活动效果易于测量和评估，便于企业跟踪管理。而其他促销方式，如广告、公共关系有效性测量则相对困难。

尽管营业推广有其他促销手段不可替代的功效，但它的方法多属于价格竞争手段，过度使用则导致恶性价格竞争，降低忠诚顾客的价值预期，从而影响企业形象和信誉。因此，酒店应该正确选择营业推广手段的应用时机和条件，与企业促销目标相匹配，才能有效发挥其作用。一般来说，旅游营业推广的使用条件包括：新产品和服务的推广，非高峰期销量的提高，重大事件、节假日促销，销售代表和中介的各种激励，等等。

（二）酒店营业推广的类型

酒店营业推广的对象有以下三种：旅游者、旅游中间商和旅游产品销售人员。

1.针对旅游者的营业推广

以旅游者为促销日标的营业推广是通过提供特殊的奖励或诱惑，促使其在特定时间购买特定产品的促销活动，包括吸引新顾客、奖励忠诚顾客以及促进额外购买等。其主要方式有以下几种。

（1）赠送。赠送是指通过报纸、直邮、杂志或销售点向特定旅游者发放免费赠券，如酒店免费早餐券、新品试用券以及航空公司的奖励机票等。

（2）发放优惠券。发放优惠券是指针对特定顾客，对某些产品或服务以优惠价格进行促销的方式。

（3）奖励。奖励是鼓励顾客的重复购买或额外购买的促销方式，如各种抽奖就是属此类。

（4）现场演示。销售点的示范表演可以提高顾客的感性认知和体验愿望，有效提高深度购买和额外购买的销售效果。

2.针对旅游中间商的营业推广

这种营业推广也被称为贸易促销，通过对中间商提供优惠和鼓励政策来增加销售量，扩大与顾客之间的沟通渠道。其采用的主要方式有以下几种。

（1）对中间商的折让。旅游产品生产者通常给予中间商价格上的优惠，某些优惠政策甚至已成为行业惯例。例如，酒店通常给予有业务往来的旅行社一定比例的价格折扣，对20人以上的旅行团免收2个人的房费。

（2）给予推广津贴。旅游零售商在为某条新线路赢得一批顾客后，在佣金之外还能得到一定比例的补贴，激励中间商更好地推广新产品。

（3）开展销售竞赛。根据中间商实绩，给优胜者以不同的奖励，如现金、实物奖和免费旅游度假等。

（4）工商联营。酒店分担一定的市场营销费用，如广告费用、摊位费用，建立稳定的购销关系。

（5）举办贸易展览会、交易会或博览会、业务会议等，进行旅游促销。

3.针对旅游产品销售人员的营业推广

这种营业推广主要是针对酒店内部的销售人员，鼓励他们积极推销产品或处理某些老产品，或促使他们积极开拓新市场。一般可采用的形式有销售竞赛、免费提供人员培训、技术指导、销售集会等。

酒店在使用以上营业推广手段时，应注意各种方法的各种条件，不能无选择地过分注重短期效益，失去顾客对企业的信任和忠诚，而应根据企业经营环境的现状，适当使用和调整推广方案，使其给企业带来有效的市场增长态势。

二、酒店营业推广策划程序

（一）确定营业推广目标和主题

首先，企业必须明确营业推广的目标受众，才能有针对性地制订具体的推广方案；其次，根据特定顾客确定具体的推广目标，如推广新产品和服务，扩大短期销量，提高忠诚度等；最后，设计营业推广的主题，体现准确、新颖、创意的特点，有效提升内部员工的工作士气，促成顾客购买行为。

（二）选择营业推广工具

根据不同目标受众和推广目标，综合分析选择推广工具。酒店常用的营业推广工具包括价格折扣（包价促销）、免费赠送、积分奖励、赠券、竞赛与抽奖等，此外，还有联合促销、会员制促销及顾客忠诚计划等。

（三）营业推广方案设计

该环节的主要工作是制订推广计划和预算。设计内容包括阶段性目标、促销组织手段的协调与配合、推广时机和期限、预算及执行时间表等。

（四）评定营业推广效果

营业推广效果是即时和短期的，因此，企业的紧密跟踪、及时调整显得更加重要。评估方法主要是对促销前后的销售情况进行对比，结合市场份额的变化分析促销的效果，也可以通过顾客购买认知和行为的改变了解推广活动的影响。

参考文献

[1] 陈明，李俊.酒店管理与数字化运营概论[M].北京：旅游教育出版社，2022.
[2] 王唯.当代视域下酒店的管理与经营变革[M].长春：吉林大学出版社，2022.
[3] 张晶，唐为成.咖啡文化[M].杭州：浙江大学出版社，2022.
[4] 刘昭晖.酒店网络营销实务——酒店・宾馆・客栈・民宿营销管理[M].北京：清华大学出版社，2022.
[5] 苗淑萍，谢强.餐饮市场营销与实训[M].北京：高等教育出版社，2022.
[6] 孙梦阳，赵晓燕.酒店市场营销实务[M].4版.北京：北京航空航天大学出版社，2022.
[7] 皮常玲，焦念涛，郑向敏.酒店安全控制与管理[M].3版.重庆：重庆大学出版社，2021.
[8] 邓应华，肖晓莺，黄武.旅游学概论[M].北京：清华大学出版社，2021.
[9] 张瑜.新时期酒店管理理论与实务研究[M].长春：吉林科学技术出版社，2021.
[10] 徐公仁.酒店管理模拟沙盘实训教程[M].2版.北京：北京交通大学出版社，2021.
[11] 穆林.互联网时代的酒店管理[M].北京：中国轻工业出版社，2021.
[12] 杨静怡.酒店情境英语[M].北京：经济科学出版社，2021.
[13] 张瑞星，张雯，谢丽梅.酒店管理概论[M].北京：北京师范大学出版社，2021.
[14] 容莉.酒店精益管理与过程控制:互联网思维下的酒店管理[M].北京：化学工业出版社，2021.
[15] 魏洁文，姜国华.酒店管理系列酒店人力资源管理实务[M].2版.北京：中国人民大学出版社，2021.
[16] 丁林.酒店管理概论[M].北京：机械工业出版社，2020.
[17] 王晓亚.酒店服务质量管理[M].哈尔滨：哈尔滨出版社，2020.
[18] 罗东霞.酒店运营管理[M].北京：中国旅游出版社，2020.
[19] 李红艳.酒店工程管理与实务[M].北京：北京理工大学出版社，2020.
[20] 吴旭，钱立新，谢丽英.酒店企业学院课程管理[M].长春：吉林人民出版社，2020.
[21] 方伟群.酒店财务管理操作实务[M].2版.北京：中国旅游出版社，2020.
[22] 黄秀琳，林春容.酒店服务与管理教学案例集萃[M].厦门：厦门大学出版社，2020.
[23] 王晓均.酒店餐饮精细化管理从入门到精通[M].北京：中国铁道出版社，2020.

[24] 刘晓刚.酒店管理服务研究[M].长春：吉林出版集团股份有限公司，2020.
[25] 周亚，李玲，谭丹.酒店管理概论[M].西安：西安交通大学出版社，2018.
[26] 周丽颖.现代酒店管理[M].北京：机械工业出版社，2018.
[27] 谷慧敏，秦宇，冉小峰.酒店业发展与创新的探索和实践：酒店管理专业硕士论文集[M].北京：旅游教育出版社，2018.
[28] 李伟清.酒店运营管理[M].重庆：重庆大学出版社，2018.
[29] 游富相.酒店人力资源管理[M].2版. 杭州：浙江大学出版社，2018.